Buch

»Du sollst Vater und Mutter ehren« verlangt die Bibel – egal, ob die
Eltern dich beschimpft und geschlagen, verhöhnt und gequält haben?
Millionen von Menschen erlebten ihre Kindheit als Alptraum. Aber
weil sie wehrlose, abhängige Opfer waren, können sie die Schuldigen
nicht benennen, richten negative Gefühle ohnmächtig gegen sich
selbst. Im Erwachsenenalter wirkt die vergiftete Kindheit immer noch
nach – mangelndes Selbstwertgefühl und latente Aggressionen sind die
Folgen.
Susan Forward, Autorin des Bestsellers *Liebe als Leid*, will helfen,
diesen Teufelskreis zu durchbrechen. Anhand zahlreicher Beispiele aus
ihrer psychotherapeutischen Praxis erklärt sie im vorliegenden Buch
zunächst detailliert und einfühlsam die subtilen Mechanismen, die
zwischen Eltern und Kindern wirken. Anschließend erläutert sie
Schritt für Schritt, wie Erwachsene endlich den düsteren Schatten ihrer
Vergangenheit entkommen können.

Autorin

Susan Forward wurde schlagartig berühmt mit einer Untersuchung
über Kinder im Beziehungsgefüge der Familie, dem ersten Buch zu
diesem Thema in den USA überhaupt. Die Psychotherapeutin mit
eigener Praxis arbeitet seit Jahren auch für Hörfunk, Fernsehen und
Verlage.

Im Goldmann Verlag liegen von der Autorin außerdem vor:

Liebe als Leid (11488)
Die dunkle Seite der Liebe (12446)

Susan Forward

Vergiftete Kindheit

Vom Mißbrauch elterlicher Macht
und seinen Folgen

Aus dem Amerikanischen
von Annette Charpentier

GOLDMANN VERLAG

Die amerikanische Originalausgabe erschien unter dem Titel
*Toxic Parents: Overcoming Their Hurtful Legacy and Reclaiming
Your Life* bei Bantam Books, New York.

Für meine Kinder

Umwelthinweis:
Alle bedruckten Materialien dieses Taschenbuches
sind chlorfrei und umweltschonend

Der Goldmann Verlag
ist ein Unternehmen der Verlagsgruppe Bertelsmann

Made in Germany
Genehmigte Taschenbuchausgabe
© 1989 by Susan Forward
© der deutschsprachigen Ausgabe 1990
by C. Bertelsmann Verlag GmbH, München
Umschlaggestaltung: Design Team München
Druck: Presse-Druck Augsburg
Verlagsnummer: 12442
SK · Herstellung: Ludwig Weidenbeck/sc
ISBN 3-442-12442-5

10 9 8 7 6 5 4 3 2

Inhalt

Einführung

»Klar, mein Vater hat mich immer verprügelt, aber nur, damit ich gehorchte. Ich kapiere nicht, was das mit meiner kaputten Ehe zu tun haben soll.«

Gordon

Gordon, 38, ist ein erfolgreicher Orthopäde, der zu mir kam, als seine Frau ihn nach sechsjähriger Ehe zu verlassen drohte. Er versuchte verzweifelt, sie zurückzugewinnen, aber sie wollte es nicht einmal in Erwägung ziehen, wenn er nicht professionelle Hilfe suchte, um sein unkontrollierbares Temperament zu zügeln. Sie hatte Angst vor seinen unvermittelten Ausbrüchen und fühlte sich durch seine unausgesetzte Kritik ausgelaugt. Gordon wußte zwar, daß er oft aufbrauste und unaufhörlich meckerte, aber dennoch war er schockiert, als seine Frau ihn verließ.

Ich bat Gordon, mir von sich zu erzählen, und stellte ein paar gezielte Fragen. Als wir auf seine Eltern kamen, lächelte er und schilderte sie mir in den glühendsten Farben, besonders seinen Vater, einen bekannten Herzspezialisten:

»Ohne ihn wäre ich wohl nicht Arzt geworden. Er ist der Größte. Seine Patienten halten ihn für einen Heiligen.«

Als ich ihn aber nach seiner heutigen Beziehung zum Vater fragte, lachte er nervös und antwortete:

»Alles war großartig... bis ich ihm sagte, daß ich überlege, mich mit ganzheitlicher Medizin zu befassen. Man hätte meinen können, ich hätte gesagt, ich wolle Massenmörder werden. Das war vor drei Monaten, und jedesmal, wenn wir nun miteinander reden, wütet er, daß er mich nicht habe Medizin studieren lassen, damit ich zum Wunderheiler würde. Gestern war es wirklich schlimm. Er regte sich auf und meinte, ich sei die längste Zeit sein Sohn gewesen. Das hat wirklich weh getan. Ich weiß nicht – vielleicht ist ganzheitliche Medizin doch keine so gute Idee.«

Während Gordon seinen Vater beschrieb, der offensichtlich doch nicht so wunderbar war, wie er mir einreden wollte, bemerkte ich, daß er seine Hände sehr aufgeregt umeinanderschlang. Als ihm auffiel, was er tat, nahm er sich zusammen, indem er die Fingerspitzen aneinanderlegte wie ein Professor hinter dem Schreibtisch. Das schien eine Geste zu sein, die er seinem Vater abgeguckt hatte.

Ich fragte Gordon, ob sein Vater immer so tyrannisch gewesen sei.

»Nein, eigentlich nicht. Er brüllte uns zwar ziemlich oft an, und ab und zu bekam ich einen Klaps wie jedes andere Kind. Aber einen Tyrannen würde ich ihn nicht nennen.«

Mir fiel auf, wie er das Wort *Klaps* aussprach. Irgend etwas veränderte sich in seiner Stimme. Ich fragte ihn danach. Es stellte sich heraus, daß sein Vater ihn zwei- bis dreimal in der Woche mit einem Gürtel geschlagen hatte! Gordon brauchte nicht viel zu tun, um diese Prügel heraufzubeschwören: eine trotzige Antwort, eine nicht besonders gute Note oder ein Vergessen galt als ausgemachtes »Vergehen«. Den Vater scherte nicht, wohin er den Jungen schlug. Gordon erinnerte sich an Schläge auf Rücken, Beine, Arme, Hände und Hinterteil. Ich fragte ihn, wie stark die Schmerzen gewesen seien, die sein Vater ihm zugefügt hatte.

»Es hat nicht geblutet oder so, und hinterher war alles rasch wieder gut. Er mußte mich nur einfach zur Räson bringen.«
«Aber Sie hatten Angst vor ihm, oder?«

»Ich hatte Todesangst, aber hat man die nicht immer vor seinen Eltern?«

Gordon sah mich nicht an und fühlte sich offensichtlich äußerst unbehaglich. Ich rückte meinen Stuhl näher zu ihm und fuhr sanft fort:

»Ihre Frau ist Kinderärztin. Wenn sie in ihrer Praxis ein Kind mit den gleichen Flecken am Körper sähe, die Sie von den ›Klapsen‹ Ihres Vaters zurückbehalten haben, wäre sie da nicht dem Gesetz nach verpflichtet, dies den zuständigen Behörden zu melden?«

Gordon brauchte mir darauf keine Antwort zu geben. Seine Augen füllten sich bei dieser Erkenntnis mit Tränen. Er flüsterte:

»Ich habe einen schrecklichen Knoten im Magen.«

Gordons Verteidigungsmechanismen waren zusammengebrochen. Er litt zwar stark, doch zum ersten Mal hatte er die lange verschüttete Quelle seiner Unbeherrschtheit aufgedeckt. Seit seiner Kindheit hatte in ihm ein Vulkan des Zorns gegen seinen Vater getobt, und wann immer der Druck zu stark geworden war, brach er aus und wütete gegen jeden, der ihm gerade über den Weg lief, für gewöhnlich seine Frau. Mir wurde klar, was wir tun mußten: den geschlagenen kleinen Jungen in ihm heilen.

Als ich an jenem Abend nach Hause kam, dachte ich immer noch über Gordon nach. Ich sah vor mir, wie seine Augen sich bei der Erkenntnis, daß er mißhandelt worden war, mit Tränen füllten. Ich dachte an die Hunderte von erwachsenen Männern und Frauen, mit denen ich gearbeitet hatte und deren tagtägliches Leben von Mustern beeinflußt wurde, die in der Kindheit von emotional destruktiven Eltern gesetzt worden waren. Mir wurde klar, daß es Millionen von ihnen geben mußte und daß sie keine Ahnung hatten, warum etwas in ihrem Leben nicht stimmte. Doch man konnte ihnen helfen. Daraufhin beschloß ich, dieses Buch zu schreiben.

Warum in die Vergangenheit blicken?

Gordons Geschichte ist nicht ungewöhnlich. Ich habe in achtzehn Jahren als Therapeutin Tausende von Patienten gesehen, in meiner Privatpraxis und in Krankenhausgruppen, und die Selbstachtung einer deutlichen Mehrheit war beeinträchtigt, weil ein Elternteil regelmäßig schlug, kritisierte oder darüber »scherzte«, wie dumm, häßlich oder ungewollt ihre Kinder seien. Oder sie wurden mit Schuldgefühlen überladen, sexuell mißhandelt, mit zuviel Verantwortung belastet oder zu sehr beschützt. Wie Gordon sehen nur wenige die Verbindung zwischen dem Verhalten ihrer Eltern und ihren Problemen. Es handelt sich um einen weitverbreiteten emotionalen »blinden Fleck«. Wir haben einfach Schwierigkeiten zu erkennen, daß die Beziehung zu den Eltern unser gesamtes Leben entscheidend beeinflußt.

Der Schwerpunkt vieler Therapeuten, der ursprünglich stark zur Analyse der frühen Lebensjahre neigte, hat sich vom »Damals« zum »Hier und Jetzt« bewegt. Die Betonung liegt heute auf der Überprüfung und Veränderung gegenwärtigen Verhaltens, jetziger Beziehungen und Schwierigkeiten. Das hängt wohl auch mit der Weigerung der Klienten zusammen, viel Zeit und Geld in traditionelle Therapien zu investieren, die oftmals nur einen geringen Erfolg haben.

Ich bin eine entschiedene Vertreterin der Kurzzeittherapie, die darauf abzielt, zerstörerische Verhaltensweisen zu ändern. Meine Erfahrung hat mich jedoch gelehrt, daß es nicht ausreicht, nur Symptome zu behandeln. Man muß sich auch um deren Ursachen kümmern. Eine Therapie ist höchst wirksam, wenn sie ein doppeltes Ziel verfolgt: das gegenwärtige selbstzerstörerische Verhalten zu ändern und sich von den Traumata der Vergangenheit abzulösen.

Gordon mußte bestimmte Techniken erlernen, um seine Wut zu zügeln, aber um sich dauerhaft zu ändern und auch unter Belastung keinen Rückfall zu erleben, mußte er zurückgehen und mit dem Leid seiner Kindheit fertig werden.

Unsere Eltern pflanzen sozusagen seelische und emotionale Samenkörner in uns, die mit uns wachsen. In manchen Familien sind es die Samen von Liebe, Respekt und Unabhängigkeit. In anderen sind es jedoch die Samen von Angst, Verpflichtung und Schuld.

Wenn Sie zu dieser zweiten Gruppe gehören, ist dieses Buch für Sie bestimmt. Beim Erwachsenwerden wachsen diese Samenkörner zu unsichtbarem Unkraut, das Ihr Leben so stark durchdringt, wie Sie es sich nie hätten träumen lassen. Seine Ausläufer haben vielleicht Ihre Beziehungen, Ihr Berufsleben oder Ihre Familie beeinträchtigt, gewiß aber haben sie Ihre Selbstachtung und Ihr Selbstvertrauen untergraben.

Dieses Buch möchte Ihnen helfen, das Unkraut zu erkennen und auszujäten.

Was ist eine »vergiftete Kindheit«?

Alle Eltern sind mitunter unzulänglich. Ich habe bei der Erziehung meiner eigenen Kinder schreckliche Fehler begangen, die ihnen (und mir) viel Leid zufügten. Kein Elternteil kann immerzu emotional zur Verfügung stehen. Es ist völlig normal, daß Eltern ihre Kinder ab und zu anschreien. Und die meisten Eltern geben ihren Kindern auch einmal einen Klaps, wenngleich selten. Machen diese Fehler sie schon zu grausamen oder ungeeigneten Eltern?

Natürlich nicht. Eltern sind auch nur Menschen und haben ihre eigenen Probleme. Und die meisten Kinder können einen gelegentlichen Wutausbruch bewältigen, solange sie genug ausgleichende Liebe und Verständnis bekommen.

Aber es gibt viele Eltern, deren negative Verhaltensweisen das Leben ihrer Kinder beherrschen, so daß Schäden entstehen.

Als ich nach einem Begriff suchte, der beschreibt, was diese Eltern auszeichnet, fiel mir wieder »giftig« ein. Sie vergiften die Kindheit, und wie eine giftige Chemikalie verbreitet sich der emotionale Schaden, den diese Eltern zufügen, im Kind und wird mit der Zeit zum Schmerz. Welches Wort wäre besser geeignet als »giftig«, um Eltern zu beschreiben, die ihren Kindern ständig Traumata, Mißhandlungen und Demütigungen zufügen und dies oft über die Kindheit hinaus?

In manchen Fällen braucht es gar keine Beständigkeit elterlicher Gewalt. Sexueller oder körperlicher Mißbrauch etwa können so traumatisch sein, daß ein einziger Vorfall ausreicht, um großen emotionalen Schaden anzurichten.

Leider halten viele elterliche Fürsorge immer noch für etwas, das man aus dem Hut hervorzaubern kann. Unsere Eltern haben sie vorwiegend von ihren Eltern gelernt, und viele der von der Zeit geheiligten Methoden wurden so von einer Generation an die nächste weitergereicht; dabei handelt es sich allzuoft um schlechte Ratschläge, die sich als Weisheit ausgeben (wie: »Wer sein Kind liebt, spart mit der Rute nicht«).

Was giftige Eltern einem Kind antun

Ob die Schläge der Eltern ihre Kinder vergiftet haben, ob sie zu oft allein gelassen wurden, sexuell mißbraucht oder wie ein Dummkopf behandelt worden sind, ständig beschützt oder mit Schuldgefühlen überfrachtet – fast alle Opfer leiden am gleichen Symptom: an beeinträchtigter Selbstachtung, die zu selbstzerstörischem Verhalten führt. Auf die eine oder andere Weise fühlen sich alle wertlos und halten sich nicht für liebenswert.

Das hängt damit zusammen, daß die Kinder giftiger Eltern sich selbst die Schuld für die Mißhandlungen geben, die sie erdulden mußten. Es ist für ein wehrloses, abhängiges Kind leichter, sich an der Wut des Vaters schuldig zu fühlen, statt die schreckliche Tatsache zu akzeptieren, daß man ihm nicht vertrauen konnte.

Wenn diese Kinder heranwachsen, tragen sie weiterhin an der Bürde aus Schuld- und Minderwertigkeitsgefühlen, so daß es extrem schwierig wird, ein positives Selbstbild herauszubilden.

Der daraus folgende Mangel an Selbstvertrauen und Selbstwertgefühl kann jeden Aspekt ihres Lebens beeinträchtigen.

Fühlen Sie Ihren seelischen Puls

Es ist nicht immer leicht, festzustellen, ob Ihre Eltern giftig waren oder nicht. Eine große Zahl von Menschen hat eine komplizierte Beziehung zu ihren Eltern. Das allein bedeutet noch nicht, daß die Eltern emotional destruktiv sind. Viele sind sich auch nicht klar darüber, ob sie nun mißhandelt wurden oder einfach »übersensibel« waren.

Ich habe einen Fragebogen entwickelt, um Ihnen zu helfen, diese Frage zu beantworten. Bei einigen Fragen fühlen Sie sich vielleicht unbehaglich oder ängstlich. Das ist normal. Es ist immer schwer, sich zuzugestehen, daß unsere Eltern uns weh getan haben. Vielleicht ist es schmerzlich, aber eine emotionale Reaktion ist etwas sehr Gesundes.

Der Einfachheit halber beziehen sich die Fragen auf beide Eltern, auch wenn die Antwort vielleicht nur mit einem Elternteil zu tun hat.

I. Ihre Beziehung zu den Eltern in der Kindheit

1. Haben Ihre Eltern Sie als schlecht oder wertlos bezeichnet? Haben sie Ihnen beleidigende Schimpfnamen gegeben? Haben sie Sie beständig kritisiert?
2. Haben Ihre Eltern körperliche Gewalt angewendet, um Sie zu disziplinieren? Wurden Sie mit einem Gürtel, Haarbürsten oder anderen Objekten geschlagen?
3. Haben Ihre Eltern getrunken oder Drogen genommen? Fühlten Sie sich dadurch verwirrt, unbehaglich, ängstlich, verletzt oder beschämt?
4. Waren Ihre Eltern ernsthaft depressiv oder unzugänglich aufgrund emotionaler Probleme, einer seelischen oder körperlichen Krankheit?
5. Mußten Sie sich aufgrund dieser Probleme um Ihre Eltern kümmern?
6. Taten Ihre Eltern irgend etwas, das geheimgehalten werden mußte? Wurden Sie auf irgendeine Weise sexuell belästigt?
7. Hatten Sie meistens Angst vor Ihren Eltern?
8. Hatten Sie Angst, Ihre Wut auf die Eltern auszudrücken?

II. Ihr Leben als Erwachsener

1. Leben Sie in einer destruktiv geprägten Beziehung?
2. Glauben Sie, daß Sie, wenn Sie jemandem zu nahe kommen, verletzt oder verlassen werden?
3. Erwarten Sie immer das Schlimmste von den Menschen und vom Leben im allgemeinen?

4. Finden Sie es schwierig, zu erkennen, wer Sie sind, was Sie fühlen und was Sie wollen?
5. Haben Sie Angst, daß niemand Sie leiden könnte, wenn man erkennen würde, wie Sie wirklich sind?
6. Haben Sie, wenn Sie Erfolg haben, Angst, jemand könnte herausfinden, daß Sie ein Schwindler sind?
7. Werden Sie oft ohne einen ersichtlichen Grund traurig oder wütend?
8. Sind Sie ein Perfektionist?
9. Finden Sie es schwierig, sich zu entspannen und zu freuen?
10. Finden Sie, daß Sie sich trotz aller gegenteiliger Absichten »wie Ihre Eltern verhalten«?

III. Ihre Beziehung zu den Eltern heute

1. Behandeln Ihre Eltern Sie immer noch wie ein Kind?
2. Beruhen viele wichtige Entscheidungen in Ihrem Leben darauf, ob sie das Wohlwollen Ihrer Eltern fanden?
3. Erleben Sie intensive emotionale oder körperliche Reaktionen in Erwartung eines Besuchs bei den Eltern oder anschließend?
4. Haben Sie Angst, mit den Eltern nicht einer Meinung zu sein?
5. Manipulieren Ihre Eltern Sie mit Drohungen oder Schuldgefühlen?
6. Manipulieren Ihre Eltern Sie mit Geld?
7. Fühlen Sie sich verantwortlich dafür, wie sich Ihre Eltern fühlen? Halten Sie es für Ihre Schuld, wenn sie unglücklich sind? Ist es Ihre Aufgabe, dafür zu sorgen, daß es ihnen wieder bessergeht?
8. Glauben Sie, daß nichts gut genug für Ihre Eltern ist, gleichgültig, was Sie auch tun?
9. Glauben Sie, daß sich Ihre Eltern eines Tages zum Besseren verändern werden?

Wenn Sie nur auf ein Drittel dieser Fragen mit Ja geantwortet haben, wird Ihnen dieses Buch helfen können. Auch wenn einige Kapitel scheinbar nichts mit Ihrer Situation zu tun haben, ist es wichtig, zu wissen, daß alle giftigen Eltern, egal, welcher Mißhandlung sie sich bedienen, grundsätzlich die gleichen Narben hinterlassen. Ihre Eltern waren zum Beispiel keine Alkoholiker, aber das Chaos, die Instabilität und der Verlust der Kindheit, die ein alkoholsüchtiges Zuhause charakterisieren, gelten für Kinder aus anderen Familien mit giftigen Eltern ebenso. Die Prinzipien und Techniken der Heilung sind für alle erwachsenen Kinder ähnlich, daher bitte ich Sie, keines der Kapitel zu überschlagen.

Wie befreit man sich vom Erbe einer vergifteten Kindheit?

Wenn Sie eine vergiftete Kindheit hinter sich haben, gibt es viele Wege, Ihr Erbe aus Verzerrungen, Schuldgefühlen und Selbstzweifeln abzuschütteln. Ich werde die verschiedenen Strategien in diesem Buch beschreiben. Und ich möchte Sie bitten, es mit großer Hoffnung zu beginnen, aber nicht mit der Illusion, daß Ihre Eltern sich auf wunderbare Weise ändern, sondern mit der realistischen Hoffnung, daß Sie sich psychologisch von deren mächtigem und destruktivem Einfluß befreien können. Sie müssen nur den Mut dazu aufbringen. Sie können es.

Eine Reihe von Schritten wird diesen Einfluß erkennbar machen und lehren, mit ihm umzugehen, gleich, ob Sie mit Ihren Eltern im Zwist leben, eine höfliche, aber oberflächliche Beziehung unterhalten, sie seit Jahren nicht mehr gesehen haben, oder ob sie bereits gestorben sind!

So seltsam es auch scheint – viele Menschen werden immer noch von ihren Eltern kontrolliert, auch wenn diese längst tot sind. Die Geister, die sie heimsuchen, sind nicht im übernatürlichen Sinne wirklich, aber im psychologischen. Forderungen, Erwartungen und Schuldgefühle können den Tod eines Elternteils überdauern.

Sie haben die Notwendigkeit, sich vom Einfluß Ihrer Eltern zu befreien, vielleicht schon erkannt. Vielleicht haben Sie sie auch schon damit konfrontiert. Eine meiner Klientinnen sagte gern: »Meine Eltern haben keine Kontrolle über mein Leben . . . ich hasse sie, und das wissen sie.« Aber sie kam zu der Erkenntnis, daß ihre Eltern sie immer noch manipulierten, indem sie ihre Wut anfachten, und die Energie, die sie in diese Wut steckte, fehlte ihr in anderen Bereichen des Lebens. Konfrontation ist ein wichtiger Schritt, aber sie erfordert einen klaren Kopf.

Bin ich nicht selbst dafür verantwortlich, wie ich bin?

Inzwischen denken Sie vielleicht: »Halt mal, fast alle anderen Bücher und Experten sagen, daß ich niemand anderen für meine Probleme verantwortlich machen soll.«

Unsinn. Ihre Eltern sind dafür verantwortlich, was sie Ihnen antaten. Verantwortung für Ihr Erwachsenenleben tragen natürlich Sie, aber dieses Leben wurde überwiegend durch Erfahrungen geprägt, über die Sie keine Kontrolle hatten. Tatsache ist:

Sie sind nicht dafür verantwortlich, was man Ihnen als wehrloses Kind antat!

Sie sind dafür verantwortlich, etwas dagegen zu tun!

Was kann dieses Buch für Sie tun?

Mit diesem Buch stehen Sie am Anfang einer wichtigen Reise. Es handelt sich um eine Entdeckungsreise zur Wahrheit. Danach werden Sie über Ihr Leben besser verfügen als je zuvor. Ich möchte Ihnen keine großartigen Versprechungen machen, daß Ihre Probleme über Nacht verschwinden, aber wenn Sie den Mut und die Kraft aufbringen, die Arbeit mit diesem Buch zu leisten, werden Sie fähig sein, viel von der Macht von ihren Eltern zurückzufordern, auf die Sie als menschliches Wesen Anspruch haben.

Doch diese Arbeit ist mit starken Emotionen verbunden. Wenn Ihre Verteidigungsmechanismen fortfallen, entdecken Sie Gefühle von Wut, Angst, Verletztsein, Verwirrung und von Kummer. Die Zerstörung Ihres lebenslangen Elternbildes kann starke Gefühle von Verlust und Verlassenwerden auslösen. Ich möchte, daß Sie das Material in diesem Buch in Ihrem eigenen Tempo angehen. Wenn einiges davon Ihnen Unbehagen bereitet, nehmen Sie sich Zeit. Wichtig ist der Fortschritt, nicht das Tempo.

Zur Verdeutlichung meiner Vorstellungen habe ich ausführliche Fallbeispiele aus meiner Praxis zitiert. Einige wurden direkt von Tonbandaufzeichnungen übertragen, andere aus schriftlichen Notizen rekonstruiert. Alle Briefe in diesem Buch entstammen meinen Akten und werden in ihrer Originalfassung wiedergegeben. Die nicht aufgezeichneten Therapiestunden, die ich rekonstruierte, stehen mir noch lebhaft vor Augen, und ich habe mir große Mühe gegeben, sie möglichst genau wiederzugeben. Aus rechtlichen Gründen wurden die Namen und näheren Umstände verändert, aber nie wurde »dramatisiert«.

Manche Fälle scheinen sehr dramatisch, sind aber in Wirklichkeit typisch. Ich habe nicht nach den provokativsten oder theatralischsten Beispielen gesucht, sondern eher solche ausgewählt, die den therapeutischen Alltag repräsentieren. Die in diesem Buch angesprochenen Themen stellen keine Abweichungen von der Normalität dar, sondern deren Bestandteil.

Das Buch besteht aus zwei Teilen. Im ersten untersuchen wir, wie die verschiedenen Typen giftiger Eltern sich verhalten. Wir erforschen die verschiedenen Methoden, mit denen die Eltern Ihnen weh taten und immer noch Leid zufügen. Dieses Verständnis bereitet auf den zweiten Teil vor, in dem ich bestimmte Verhaltenstechniken schildere, um Ihnen zu ermöglichen, das Machtgleichgewicht in der Beziehung zu Ihren giftigen Eltern wiederherzustellen.

Der Prozeß, die negative Macht der Eltern zu verringern, ist ein allmählicher. Doch dabei wird schließlich Ihre innere Kraft freigesetzt, das Selbst, das in all den Jahren verborgen blieb, die einzigartige, liebende Person, die Sie eigentlich werden sollten. Wir versuchen gemeinsam, diese Person zu befreien, damit Sie endlich selbst über Ihr Leben verfügen.

Erster Teil
Vergiftete Kindheit

1. Allmächtige Eltern

Der Mythos elterlicher Perfektion

Die alten Griechen hatten ein Problem. Die Götter blickten von ihrem ätherischen Spielplatz auf dem Olymp auf sie herab und beurteilten alles, was die Griechen so gerade taten. Und wenn es den Göttern mißfiel, geizten sie nicht mit Strafen. Sie brauchten nicht freundlich zu sein, sie brauchten nicht gerecht zu sein, sie brauchten nicht einmal recht zu haben. Sie konnten sogar absolut unvernünftig sein. Aus einer Laune heraus konnten sie die Menschen in ein Echo verwandeln oder bis in alle Ewigkeit einen Felsbrocken bergan rollen lassen. Man braucht kaum zu erwähnen, daß die Unberechenbarkeit dieser Götter ziemlich viel Angst und Verwirrung unter ihrem sterblichen Gefolge hervorrief.

So ähnlich geht es in vielen Beziehungen zwischen Kindern und ihren giftigen Eltern zu. Ein unberechenbarer Elternteil ist in den Augen eines Kindes ein furchterregender Gott.

Wenn wir klein sind, bedeuten die gottähnlichen Eltern alles für uns. Ohne sie wären wir ohne Liebe, ungeschützt, ohne Zuhause und Nahrung und müßten in beständigem Schrecken leben, weil wir allein nicht überleben könnten. Sie sind unsere allmächtigen Versorger. Was immer wir brauchen, sie stellen es zur Verfügung.

Da nichts und niemand sich gegen sie stellen kann, glauben wir, sie seien perfekt. Wenn sich unsere Welt über das Bettchen hinaus ausweitet, müssen wir dieses Bild von Perfektion als Schutzmechanismus gegen die großen Unbekannten, denen wir immer häufiger begegnen, aufrechterhalten. Solange wir unsere Eltern für perfekt halten, fühlen wir uns beschützt. Im zweiten und dritten Lebensjahr jedoch beginnen wir, unsere Unabhängigkeit zu behaupten. Wir widersetzen uns der Sauberkeitserziehung und ergehen uns in der »Trotzphase«. Wir genießen das Wort »nein«, weil es uns ermöglicht, etwas Kontrolle über unser Leben zu gewinnen, während »ja« einfach Nachgeben bedeutet. Wir kämpfen um unsere Identität und etablieren einen eigenen Willen.

Der Prozeß der Loslösung von den Eltern erreicht während der Pubertät und Adoleszenz den Höhepunkt, wenn wir aktiv elterliche Werte, Neigungen und Autorität herausfordern. In einer einigermaßen stabilen Familie können die Eltern die Ängste aushalten, die diese Veränderungen hervorrufen. Sie werden überwiegend versuchen, die sich herausschälende Unabhängigkeit des Kindes zu tolerieren, wenn nicht sogar zu ermutigen. Der Satz: »Das geht vorüber« wird zur Standardphrase verständnisvoller Eltern. Sie erinnern sich an ihre eigenen Teenagerjahre und akzeptieren Rebellion als normales Stadium emotionaler Entwicklung.

Doch giftige Eltern sind nicht so verständnisvoll. Von der Sauberkeitserziehung bis zur Adoleszenz neigen sie dazu, Rebellion oder selbst individuelle Unterschiede als persönlichen Angriff zu betrachten. Sie verteidigen sich, indem sie die Abhängigkeit und Hilflosigkeit ihres Kindes bestätigen. Statt eine gesunde Entwicklung zu fördern, untergraben sie diese oft unbewußt, häufig in dem Glauben, im Interesse des Kindes zu handeln. Sie bedienen sich vielleicht Phrasen wie: »Das formt den Charakter«, oder: »Sie muß lernen, gut und böse zu unterscheiden«, doch damit schaden sie in Wirklichkeit der Selbstachtung des Kindes und beeinträchtigen die aufkeimende Unabhängigkeit. Gleich, wie sehr die Eltern sich im Recht glauben, diese Haltung verwirrt ein Kind, erstaunt es mit ihrer Feindseligkeit, ihrer Heftigkeit und Unvermitteltheit.

Gesellschaften und Religionen sind sich einig darin, daß die Allmacht elterlicher Autorität aufrechterhalten werden sollte. Man darf Mann, Frau, Liebhaber, Geschwistern, Arbeitgebern und Freunden gegenüber Wut zeigen, aber es gilt fast als Tabu, selbstsicher mit unseren Eltern umzugehen. Wie oft haben wir den Satz gehört: »Gib deiner Mutter keine Widerworte«, oder: »Wage es nicht, deinen Vater anzubrüllen.« Die jüdäisch-christliche Tradition inthronisierte dieses Tabu in unserem kollektiven Unbewußten, indem sie einen »Gottvater« aufstellte und uns anleitete »Vater und Mutter zu ehren«. Dieser Gedanke findet seinen Ausdruck in Schulen, Kirchen, der Regierung (»Rückkehr zu alten Familienwerten«) und selbst in großen Firmen. Konventioneller Weisheit zufolge haben unsere Eltern die Macht, uns zu kontrollieren, einfach, weil sie uns das Leben schenkten.

Das Kind ist der Gnade seiner gottähnlichen Eltern ausgeliefert und weiß wie die alten Griechen nie, wann der nächste Blitz einschlägt. Doch ein Kind giftiger Eltern weiß, daß der Blitz früher oder später kommen wird. Diese Angst gräbt sich tief ein und wächst mit dem Kind. Im Herzen eines jeden früh mißhandelten Menschen – selbst bei sehr erfolgreichen Erwachsenen – sitzt ein kleines Kind, das sich machtlos und ängstlich fühlt.

Der Preis für das Wohlwollen der Götter

Wenn die Selbstachtung eines Kindes untergraben wird, nimmt seine Abhängigkeit zu und damit die Notwendigkeit, zu glauben, die Eltern seien zu seinem Schutz und seiner Versorgung da. Emotionale Angriffe oder körperliche Mißhandlungen ergeben für ein Kind nur einen Sinn, wenn es die Verantwortung für das giftige Verhalten der Eltern übernimmt.

Wie giftig sich die Eltern auch verhalten, man hat immer noch das Bedürfnis, sie zu vergöttern. Auch wenn man auf einer bestimmten Ebene verstanden hat, daß es falsch vom Vater war, einen zu schlagen, glaubt man vielleicht immer noch, daß er im Recht war. Intellektuelles Begreifen reicht nicht aus, um unsere Emotionen zu überzeugen, daß man nicht verantwortlich war.

Einer meiner Klienten formulierte es so: »Ich hielt sie für perfekt, und wenn sie mich schlecht behandelten, dachte ich, ich sei schlecht.«

Dieser Glaube an gottähnliche Eltern kennt zwei zentrale Doktrinen:
1. »Ich bin schlecht, und meine Eltern sind gut.«
2. »Ich bin schwach, und meine Eltern sind stark.«

Diese tief verwurzelten Überzeugungen können unsere körperliche Abhängigkeit von den Eltern lange überleben. Diese Überzeugungen erhalten den Glauben an sie aufrecht, sie ermöglichen es, die schmerzliche Wahrheit zu meiden, daß die allmächtigen Eltern tatsächlich einen Verrat begingen, als man am verletzlichsten war. Der erste Schritt, Ihr Leben zu kontrollieren, besteht also darin, diese Wahrheit zu akzeptieren. Dazu braucht man Mut, aber mit dem Lesen dieses Buches haben Sie sich bereits zur Änderung entschlossen, und auch das hat Mut gekostet.

»Sie lassen mich nie vergessen, daß ich ihnen Schande gemacht habe«

Sandy, eine auffallend gutaussehende Brünette, die scheinbar alles im Leben erreicht hatte, war ernsthaft depressiv, als sie zum ersten Mal zu mir kam. Sie sagte, sie sei über alles in ihrem Leben unglücklich. Sie war seit mehreren Jahren Floristin in einem vornehmen Geschäft. Sie hatte immer davon geträumt, einmal einen eigenen Laden aufzumachen, war jedoch überzeugt, dazu nicht clever genug zu sein. Sie hatte schreckliche Angst davor, zu versagen.

Sandy versuchte auch seit mehr als zwei Jahren schwanger zu werden, aber ohne Erfolg. Bei unserem Gespräch fiel mir auf, daß sie deswegen ihren Mann vehement ablehnte und sich in der Beziehung zu ihm unterlegen fühlte, obwohl ihr Mann aufrichtig verständnisvoll und liebevoll schien. Eine vor kurzem stattgefundene Unterhaltung mit ihrer Mutter hatte ihren Zustand verschärft:

»Kinderkriegen ist bei mir zur richtigen Obsession geworden. Als ich mit meiner Mutter neulich zum Essen war, erzählte ich ihr, wie enttäuscht ich sei. Da sagte sie: ›Ich wette, das liegt an der Abtreibung. Der Herr geht manchmal seltsame Wege.‹ Ich kann seitdem nicht mehr aufhören zu weinen. Sie läßt mich das niemals vergessen.«

Ich fragte sie nach der Abtreibung. Nach anfänglichem Zögern erzählte sie mir die Geschichte:

»Es passierte, als ich noch auf die Oberschule ging. Meine Eltern waren sehr strenge Katholiken, daher ging ich in die kirchliche Schule. Ich war frühreif und mit zwölf schon 1,70 groß, wog hundertzwanzig Pfund und trug einen Büstenhalter. Die Jun-

28

gen wurden auf mich aufmerksam, und das gefiel mir sehr. Meinen Vater machte es fast verrückt. Als er mich das erste Mal erwischte, wie ich einen Jungen zum Abschied küßte, nannte er mich so laut eine Hure, daß die ganze Nachbarschaft es hörte. Wir wohnten auf einem Hügel. Jedesmal, wenn ich mich verabredet hatte, verkündete Papa, ich käme in die Hölle. Er hörte nie damit auf. Ich dachte, ich sei sowieso verdammt, daher habe ich mit fünfzehn mit diesem Jungen geschlafen. Mein Pech, daß ich schwanger wurde. Als meine Eltern das herausfanden, war die Hölle los. Als ich ihnen dann noch sagte, ich wolle eine Abtreibung, haben sie völlig den Verstand verloren. Sie haben wohl tausendmal ›Todsünde‹ geschrien. Wenn ich nicht sowieso schon in die Hölle käme, würde es nun sicher passieren. Erst als ich mit Selbstmord drohte, haben sie ihre Zustimmung gegeben.«

Ich fragte Sandy, wie es ihr nach der Abtreibung gegangen sei. Sie sackte in ihrem Sessel zusammen und sah so niedergeschlagen aus, daß mir das Herz weh tat.

»Wie in alle Ewigkeit verdammt. Pa hatte mir schon vorher das Gefühl gegeben, schrecklich zu sein, aber jetzt dachte ich nur noch, ich hätte überhaupt kein Recht mehr zu leben. Je beschämter ich wurde, desto mehr versuchte ich, alles wiedergutzumachen. Ich wollte einfach die Uhr zurückdrehen, um die Liebe wieder zu bekommen, die sie mir gegeben hatten, als ich noch klein war. Aber sie haben nicht eine einzige Gelegenheit versäumt, darauf herumzureiten. Wie eine kaputte Platte haben sie immer wiederholt, was ich getan, welche Schande ich ihnen bereitet hätte. Ich kann ihnen keinen Vorwurf machen. Ich hätte es nie tun sollen – ich meine, sie hatten so hohe moralische Erwartungen an mich. Und jetzt will ich es wiedergutmachen, weil ich sie mit meinen Sünden so verletzt habe. Ich tue alles, was sie von mir verlangen. Meinen Mann macht das verrückt. Wir haben Riesenkräche deswegen. Ich will aber einfach nur, daß sie mir vergeben.«

Als ich dieser hübschen jungen Frau zuhörte, war ich sehr betroffen von dem Leid, das die Eltern ihr durch ihr Verhalten zugefügt hatten, und davon, wie nötig sie es hatte, die Verantwortung für dieses Leid abzugeben. Sie schien mich fast verzweifelt davon überzeugen zu wollen, daß alles Geschehene einzig ihre Schuld gewesen sei. Sandys Selbstvorwürfe wurden durch die unnachgiebigen religiösen Überzeugungen ihrer Eltern verstärkt. Ich wußte, welche Arbeit auf mich zukam, wenn ich Sandy zeigen wollte, wie grausam und emotional mißhandelnd ihre Eltern gewesen waren. Ich gelangte zu der Überzeugung, daß es nicht angemessen wäre, mich neutral zu verhalten.

Susan: »Wissen Sie was? Ich bin richtig wütend. Ich glaube, Ihre Eltern waren schrecklich zu Ihnen. Ich glaube, sie mißbrauchten ihre Religion, um Sie zu bestrafen. Ich glaube nicht, daß Sie das verdienten.«
Sandy: »Ich habe aber zwei Todsünden begangen!«
Susan: »Aber Sie waren doch noch ein Kind. Vielleicht haben Sie Fehler begangen, aber Sie brauchen doch nicht bis in alle Ewigkeit dafür zu bezahlen. Selbst die Kirche begnügt sich mit einer Abbitte und erlaubt es, weiter zu leben. Wenn Ihre Eltern so gut wären, wie Sie sagen, hätten Sie Mitleid mit Ihnen gehabt.«
Sandy: »Sie versuchten, meine Seele zu retten. Wenn sie mich nicht so sehr liebten, wäre es ihnen egal gewesen.
Susan: »Betrachten wir es einmal aus einer anderen Perspektive. Wenn Sie nun keine Abtreibung gehabt und eine Tochter bekommen hätten. Sie wäre jetzt etwa sechzehn, nicht wahr?«

Sandy nickte und versuchte, herauszubekommen, was ich von ihr wollte.

Susan: »Und wenn sie nun schwanger würde. Würden Sie sie so behandeln, wie Ihre Eltern Sie behandelt haben?«
Sandy: »Nicht in einer Million Jahren!«

Dann merkte sie, was sie gerade gesagt hatte.

Susan: »Sie wären liebevoller. Und Ihre Eltern hätten auch liebevoller sein sollen. Ihre Eltern sind gescheitert, nicht Sie.«

Sandy hatte ihr halbes Leben damit zugebracht, eine komplizierte Mauer der Verteidigung aufzurichten. Solche Verteidigungsmauern sind bei erwachsenen Kindern giftiger Eltern nicht ungewöhnlich. Sie können aus einer Vielzahl psychologischer Bausteine bestehen, doch die häufigsten, das Grundmaterial, aus der auch Sandys Mauer bestand, war ein besonders harter Stein, genannt »Verleugnung«.

Die Macht der Verleugnung

Verleugnung ist die primitivste und mächtigste psychologische Verteidigungsbarriere. Sie benutzt eine Scheinrealität, um die Folgen einer bestimmten schmerzlichen Lebenserfahrung zu beschönigen oder zu verdrängen. Sie läßt uns sogar vergessen, was unsere Eltern uns antaten, und erlaubt uns, sie auf ihrem Podest stehenzulassen.

Die durch Verleugnung erlangte Erleichterung ist bestenfalls temporär, und der Preis für diese Erleichterung ist hoch. Verleugnung ist der Deckel auf unserem emotionalen Dampfkochtopf: Je länger wir ihn draufhalten, um so stärker wird der Druck. Früher oder später wird der Druck den Deckel absprengen, und es kommt zu einer emotionalen Krise. Dann werden wir mit den Wahrheiten konfrontiert, die wir so verzweifelt vermeiden wollten, doch jetzt müssen wir uns ihnen in einer extremen Streß-Situation stellen. Wenn wir mit der Verleugnung schon vorher offen umgingen, könnten wir die Krise vermeiden, indem wir das Druckventil öffnen und den Dampf leicht ablassen.

Leider ist unsere eigene Verleugnung nicht die einzige, mit der wir es zu tun haben. Die Eltern haben ihre eigenen Verleugnungssysteme. Wenn man sich abmüht, die Wahrheit über die Vergangenheit zu rekonstruieren, besonders, wenn sie bei dieser Wahrheit schlecht wegkommen, bestehen die Eltern vielleicht darauf, daß »alles gar nicht so schlecht« war. »Es war doch ganz anders«, oder gar: »Das ist doch gar nicht passiert!« Solche Bemerkungen können Ihre Versuche, die Vergangenheit zu rekonstruieren, nachhaltig behindern und dazu führen, die eigene Erinnerung und Eindrücke in Frage zu stellen. Sie untergraben Ihr Vertrauen in Ihre eigene Wahrnehmungsfähigkeit und machen es noch schwerer, Ihre Selbstachtung aufzubauen.

Sandys Verleugnung war so stark, daß sie nicht nur ihre eigene Realität nicht erkennen, sondern nicht einmal akzeptieren konnte, daß es eine andere Realität gab. Ich hatte Mitleid mit ihrem Schmerz, aber ich mußte sie zumindest dazu bringen, die Möglichkeit in Betracht zu ziehen, ein falsches Bild von den Eltern zu haben. Ich versuchte, sowenig bedrohlich wie möglich zu klingen:

»Ich respektiere die Tatsache, daß Sie Ihre Eltern lieben und für gute Menschen halten. Ich bin sicher, sie haben viel Gutes für Sie getan, als sie heranwuchsen. Aber es gibt einen Teil in Ihnen, der weiß oder zumindest spürt, daß liebevolle Eltern die Würde und die Selbstachtung ihres Kindes nicht so gnadenlos angreifen. Ich will Sie Ihren Eltern oder Ihrer Religion nicht entfremden. Sie brauchen sie nicht zu verlassen oder Ihrer Religion abzuschwören. Aber ein großer Teil der Heilung von Ihrer Depression kann davon abhängen, die Phantasie aufzugeben, daß ihre Eltern perfekt sind. Sie haben Sie grausam behandelt. Sie haben Ihnen weh getan. Was immer Sie taten, war ja bereits geschehen. Keine Schimpferei konnte noch etwas daran ändern. Können Sie nicht sehen, wie stark Ihre Eltern das empfindliche junge Mädchen in Ihnen verletzten? Und wie unnötig das war?«

Sandys »Ja« war kaum vernehmbar. Ich fragte sie, ob es ihr angst mache, darüber nachzudenken. Sie nickte bloß, unfähig, über die Stärke ihrer Furcht zu reden. Aber sie war mutig genug, durchzuhalten.

Die hoffnungslose Hoffnung

Nach zwei Monaten machte Sandy Fortschritte, klammerte sich aber immer noch an den Mythos der perfekten Eltern. Erst nach der Zerstörung dieses Mythos würde sie aufhören, sich das Unglück in ihrem Leben zum Vorwurf zu machen. Ich bat sie, ihre Eltern mit zu einer Therapie zu bringen, weil ich hoffte, daß sie einsehen würden, wie stark ihr Verhalten Sandys Leben beeinflußt hatte. Wenn sie einen Teil ihrer Verantwortung zugäben, fiele es Sandy leichter, ihr negatives Selbstbild zu korrigieren.

Als sie dann kamen, hatten wir kaum Zeit, einander bekannt zu machen. Ihr Vater platzte sofort heraus.

»Sie haben ja keine Ahnung, was für ein schlimmes Kind sie war, Frau Doktor. Sie war nach allen Männern verrückt und führte sie an der Nase herum. Alle ihre heutigen Probleme haben mit dieser verdammten Abtreibung zu tun.«

Ich sah, daß in Sandys Augen Tränen aufstiegen, und versuchte, sie zu verteidigen:

»Das ist nicht der Grund, warum Sandy Probleme hat, und ich habe Sie nicht hergebeten, mir eine Liste all ihrer Verbrechen aufzusagen. Es führt zu nichts, wenn Sie nur dazu gekommen sind.«

Es klappte nicht. Die ganze Sitzung lang wechselten sich Sandys Eltern ab, die Tochter anzugreifen, trotz meiner wiederholten Ermahnungen. Es war eine lange Stunde. Nachdem sie gegangen waren, beeilte sich Sandy, sie zu entschuldigen:

»Ich weiß, sie haben heute wirklich nichts für mich getan, aber ich hoffe, Sie mögen sie trotzdem leiden. Sie sind wirklich gute Menschen, aber sie wirkten ein wenig nervös. Vielleicht hätte ich sie nicht herbitten sollen ... das hat sie vermutlich aufgeregt. An so was sind sie nicht gewöhnt. Doch sie haben mich wirklich lieb ... geben Sie ihnen einfach ein bißchen Zeit, und dann wird es schon.«

Diese Sitzung und ein paar folgende mit Sandys Eltern bewiesen eindeutig, wie engstirnig sie allem gegenüberstanden, was ihr Bild von Sandys Problemen erschüttern konnte. Zu keinem Zeitpunkt waren sie bereit, auch nur einen Teil Verantwortung für ihr Problem auf sich zu nehmen, und Sandy hob sie immer noch in den Himmel.

Für viele Kinder giftiger Eltern ist Verleugnung ein einfacher, unbewußter Prozeß, bestimmte Ereignisse und Gefühle aus dem Bewußtsein zu vertreiben und so zu tun, als seien sie nie geschehen. Doch andere, wie Sandy, versuchen es subtiler, mit Rationalisierung. Wenn wir rationalisieren, benutzen wir »gute Gründe«, um wegzuerklären, was schmerzlich und unangenehm war.

Hier ein paar typische Rationalisierungen:

- Mein Vater hat mich nur angeschrien, weil meine Mutter immer an ihm herumgenörgelt hat.
- Meine Mutter trank nur, weil sie einsam war. Ich hätte öfter bei ihr zu Hause bleiben sollen.
- Mein Vater hat mich geschlagen, aber er wollte mir nicht weh tun. Er wollte mir nur eine Lektion erteilen.
- Meine Mutter hat mich nie beachtet, weil sie so unglücklich war.
- Ich kann meinem Vater keinen Vorwurf machen, mich sexuell belästigt zu haben. Meine Mutter weigerte sich, mit ihm zu schlafen, und Männer brauchen nun einmal Sex.

All diese Rationalisierungen haben eines gemeinsam: Sie dienen dazu, das Unakzeptierbare akzeptabel zu machen. Oberflächlich gesehen, scheint es zu funktionieren, aber etwas in den Kindern kennt immer die Wahrheit.

»Er hat es nur getan, weil ...

Louise, eine kleine Frau von Mitte Vierzig mit rötlichen Haaren, wurde von ihrem dritten Ehemann geschieden. Sie kam auf Drängen ihrer erwachsenen Tochter zur Therapie, die drohte, die Beziehung zur Mutter abzubrechen, wenn sie nicht etwas gegen ihre unkontrollierte Feindseligkeit unternähme.

Als ich Louise zum ersten Mal sah, sprachen ihre extrem starre Haltung und der zusammengepreßte Mund Bände. Sie war ein Vulkan unterdrückter Wut. Ich fragte sie nach ihrer Scheidung, und sie antwortete, die Männer in ihrem Leben würden sie immer verlassen, der letzte Mann sei nur ein weiteres Beispiel dafür.

»Ich gehöre zu diesen Frauen, die sich immer den Falschen aussuchen. Am Anfang einer jeden Beziehung ist alles phantastisch, aber ich weiß schon, daß das nicht andauert.«

Ich hörte genau zu, während Louise sich darüber ausließ, daß alle Männer Schweinehunde seien. Dann begann sie, die Männer in ihrem Leben mit ihrem Vater zu vergleichen:

»Gott, warum kann ich nicht einen wie meinen Vater finden? Der sah aus wie ein Filmstar... alle Leute beteten ihn an. Er hatte so ein Charisma, das ihn sehr anziehend machte. Meine Mutter war oft krank, und dann führte mich mein Vater aus – nur er und ich. Das war die schönste Zeit meines Lebens. Meinem Vater kann einfach keiner das Wasser reichen.«

Ich fragte sie, ob ihr Vater noch lebte, und Louise verspannte sich stark bei ihrer Antwort:

»Ich weiß es nicht. Er verschwand einfach eines Tages. Ich war da etwa zehn. Meine Mutter war sehr gemein zu ihm, und eines Tages machte er sich einfach aus dem Staub. Kein Brief, kein Anruf, nichts. Gott, wie habe ich ihn vermißt! Noch ein Jahr später glaubte ich jeden Abend, sein Auto auf der Straße vorm Haus zu hören. Ich kann ihm eigentlich keinen Vorwurf machen. Er war sehr lebenslustig. Wer wollte schon an eine kranke Frau und einen Balg gebunden bleiben?«

Louise wartete ihr Leben lang auf ihren idealisierten Vater. Sie konnte die Grausamkeit und Unverantwortlichkeit seines Verhaltens nicht erkennen und benutzte ausgefeilte Rationalisierungen, um ihn weiterhin als Gott betrachten zu können – trotz des unaussprechlichen Schmerzes, den sein Verhalten in ihr ausgelöst hat.

Ihre Rationalisierungen ermöglichten es ihr auch, ihre Wut auf ihn zu verleugnen. Leider fand diese Wut ein Ventil in ihren anderen Beziehungen mit Männern. Jedesmal, wenn sie sich mit einem Mann einließ, lief alles eine Weile gut. Doch wenn sie ihn näher kennenlernte, geriet ihre Angst vor dem Verlassenwerden außer Kontrolle. Diese Angst verwandelte sich unweigerlich in Feindseligkeit. Sie konnte das Muster nicht erkennen, nach dem der Mann sie verließ: Je näher man ihr kam, um so feindseliger wurde sie. Statt dessen bestand sie darauf, ihre Feindseligkeit sei durch die Tatsache gerechtfertigt, daß sie immer verlassen würde.

Wut, wo Wut am Platz ist

Eines meiner Psychologielehrbücher enthielt eine Reihe von Illustrationen, wie Menschen Gefühle verlagern – besonders aber Wut. Das erste Bild zeigte einen Mann, der von seinem Chef angeschrien wird. Offensichtlich kann der Mann es sich nicht leisten, zurückzubrüllen, daher zeigte das zweite Bild, wie er seine Wut verlagert und seine Frau anschreit, als er nach Hause kommt. Das dritte zeigt, wie die Frau die Kinder ausschimpft. Die Kinder treten den Hund, der Hund beißt die Katze. Mich hat an dieser Bilderreihe beeindruckt, daß sie trotz ihrer scheinbaren Schlichtheit ein genaues Bild davon vermittelt, wie starke Gefühle übertragen werden können.

Louises Meinung über Männer ist ein perfektes Beispiel dafür. »Das sind feige Hunde, alle. Man kann ihnen einfach nicht vertrauen. Immer geben sie es einem zurück. Ich bin es restlos leid, von Männern ausgenutzt zu werden.«

Louises Vater hatte sie verlassen. Wenn sie diese Tatsache anerkennen würde, müßte sie die geliebten Phantasien und das gottähnliche Bild von ihm aufgeben. Sie müßte ihn gehen lassen. Statt dessen verlagert sie ihre Wut und das Mißtrauen gegen den Vater auf andere Männer.

Ohne sich dessen bewußt zu sein, suchte sich Louise ständig Männer, die sie so behandelten, daß sie sowohl enttäuscht als auch wütend wurde. Solange sie ihre Wut auf Männer im allgemeinen auslassen konnte, brauchte sie die Wut auf den Vater nicht zuzulassen.

Sandy verlagerte die Wut und die Enttäuschung, die sie gegenüber den Eltern empfand, auf ihren Mann, weil die Eltern während ihrer Schwangerschaft und Abtreibung so schlecht behandelt hatten. Sie konnte nicht zulassen, wütend auf die Eltern zu sein – das hätte ihre Vergötterung der Eltern zu stark bedroht.

Der Tod beendet eine Vergötterung giftiger Eltern nicht, sondern verstärkt sie.

Es ist schwer, den Schaden zu akzeptieren, den ein lebender Elternteil einem zugefügt hat, doch es ist unendlich schwerer, die Eltern zu beschuldigen, nachdem sie gestorben sind. Es besteht ein starkes Tabu gegen die Kritiken an Toten, als würde man sie treten, wenn sie schon im Grab liegen. Deshalb verleiht der Tod selbst dem schlimmsten Mißhandler eine Art Heiligenschein. Gestorbene Eltern werden fast automatisch vergöttert.

Während die Unantastbarkeit des Grabes die giftigen Eltern schützt, sind die Überlebenden leider mit den emotionalen Resten belastet. »Sprich nicht schlecht über einen Toten«, heißt die geliebte Platitüde, doch oft verhindert sie die realistische Lösung von Konflikten mit gestorbenen Eltern.

»Du wirst immer meine kleine Versagerin bleiben«

Valerie, eine hochgewachsene Musikerin von Ende Dreißig mit feingeschnittenen Gesichtszügen, wurde von einem gemeinsamen Freund, der sich Sorgen machte, ihr Mangel an Selbstvertrauen würde einer erfolgreichen Gesangskarriere im Weg stehen, an mich verwiesen. Etwa eine Viertelstunde nach Beginn unserer ersten Sitzung gab Valerie zu, daß ihre Laufbahn in einer Sackgasse zu stecken schien:

> »Ich habe seit über einem Jahr kein Engagement mehr gehabt – nicht einmal in einer Bar. Ich arbeite als Teilzeitkraft in einem Büro, um die Miete zu bezahlen. Ich weiß nicht. Vielleicht ist es ein unmöglicher Traum. Neulich habe ich mit meiner Familie zu Abend gegessen, und wir kamen auf meine Probleme zu sprechen. Mein Vater sagte: ›Mach dir keine Sorgen, du bist immer schon meine kleine Versagerin gewesen.‹ Ich bin sicher, er hat nicht gemerkt, wie weh mir das tat, aber diese Worte haben mir fast das Herz zerrissen.«

Ich antwortete, jeder würde sich dadurch verletzt fühlen. Ihr Vater sei grausam und beleidigend gewesen. Doch sie erwiderte:

»Das ist nichts Neues für mich. Daraus scheint meine ganze Lebensgeschichte zu bestehen. Immer wurde mir die Schuld für alles zugeschoben. Wenn er und Mutter Probleme hatten, war es mein Fehler. Es war wie bei einer kaputten Platte. Doch wenn ich etwas tat, um ihm zu gefallen, strahlte er vor Stolz und gab damit vor seinen Freunden an. Mein Gott, es war wunderbar, sein Wohlwollen zu spüren, aber manchmal fühlte ich mich wie ein emotionales Jo-Jo.«

Valerie und ich arbeiteten in den nächsten Wochen sehr eng zusammen. Sie wurde sich allmählich über ihre Riesenwut und Trauer gegenüber dem Vater klar.

Dann starb er an einem Schlaganfall. Es war ein unerwarteter Tod – schockierend, plötzlich, und niemand war darauf vorbereitet. Valerie war überwältigt von Schuldgefühlen wegen all der Wut, die sie während der Therapie gegen ihn geäußert hatte.

»Ich saß bei der Trauerfeier in der Kirche und hörte die Reden, wie wunderbar er sein ganzes Leben gewesen sei, und fühlte mich wie ein Idiot, daß ich ihm meine eigenen Probleme zum Vorwurf gemacht hatte. Ich wollte einfach nur den Schmerz wiedergutmachen, den ich ihm zugefügt hatte. Ich dachte immer wieder, wie sehr ich ihn geliebt und wie schlecht ich ihn immer behandelt hatte. Ich will jetzt nicht mehr über die schlechten Dinge reden . . . das ist jetzt alles nicht mehr wichtig.«

Valeries Kummer warf sie eine Weile aus der Bahn, doch schließlich gelangte sie zu der Erkenntnis, daß der Tod des Vaters nichts daran ändern konnte, wie er sie in der Kindheit und als Erwachsene behandelt hatte.

Valerie befindet sich nun seit fast sechs Monaten in Therapie. Ich bin froh, daß sich ihr Schuldbewußtsein ständig verbessert. Sie bemüht sich immer noch um eine Gesangskarriere, aber sie scheitert nicht mehr daran, daß sie es gar nicht erst versucht.

Gottähnliche Eltern setzen Regeln fest, fällen Urteile und verursachen Leid. Wenn man seine Eltern vergöttert, gleich, ob sie noch leben oder tot sind, erklärt man sich bereit, mit ihrer Version der Realität zu leben. Man akzeptiert schmerzliche Gefühle als Teil des Lebens und rationalisiert vielleicht sogar, sie seien gut für einen. Doch es ist Zeit, damit aufzuhören.

Wenn man seine giftigen Eltern wieder auf den Boden der Tatsachen zurückholt, wenn man den Mut aufbringt, sie realistisch zu betrachten, beginnt man, die Machtverhältnisse in der Beziehung zu ihnen auszugleichen.

2. »Auch wenn du es nicht so gemeint hast, tut es weh.«

Rabeneltern

Kinder haben unveräußerliche Grundrechte: ernährt, gekleidet, beschützt und versorgt zu werden. Doch neben diesen körperlichen Rechten haben sie ein Recht auf emotionale Zuwendung, Respekt für ihre Gefühle und eine Behandlung, die erlaubt, ein Gefühl für den eigenen Wert zu entwickeln.

Kinder haben ein Recht darauf, daß ihre Eltern ihr Verhalten durch angemessene Grenzen leiten, so daß sie Fehler machen können, ohne deswegen durch körperliche oder emotionale Mißhandlungen diszipliniert zu werden.

Und schließlich haben Kinder ein Recht darauf, Kinder zu sein. Sie haben ein Recht darauf, die frühen Jahre spielerisch, spontan und ohne die Last der Verantwortung zuzubringen. Wenn Kinder älter werden, fördern verantwortungsbewußte Eltern ihre Reife, indem sie ihnen bestimmte Verantwortungen und Haushaltspflichten auftragen, aber niemals auf Kosten der Kindheit.

Wie wir lernen, in der Welt zu sein

Kinder saugen verbale und nonverbale Botschaften ohne Unterschied in sich auf wie ein Schwamm. Sie beobachten ihre Eltern genau und imitieren ihr Verhalten. Da sie außerhalb der Familie nur wenige Bezugspunkte haben, werden die Dinge, die sie zu Hause über sich und andere lernen, zu universellen Wahrheiten, die sich ihnen tief einprägen. Das Vorbild der Eltern ist für das sich entwickelnde Identitätsgefühl eines Kindes zentral – besonders, wenn es um die Geschlechtsidentität geht. Trotz dramatischer Veränderungen der Elternrollen in den letzten zwanzig Jahren gelten für Kinder heute die gleichen Regeln wie für deren Eltern:

1. Sie müssen für die körperlichen Bedürfnisse des Kindes sorgen.
2. Sie müssen das Kind vor körperlichen Schäden bewahren.
3. Sie müssen die Bedürfnisse des Kindes nach Liebe, Beachtung und Zuwendung erfüllen.
4. Sie müssen das Kind vor emotionalen Schäden bewahren.
5. Sie müssen den Kindern moralische und ethische Leitlinien geben.

Gewiß könnte man die Liste noch verlängern, aber diese fünf Verantwortlichkeiten bilden die Grundlagen einer angemessenen elterlichen Fürsorge. Giftige Eltern gelangen selten über die erste Forderung auf der Liste hinaus. Sie sind häufig selbst in ihrer emotionalen Stabilität oder geistigen Gesundheit eingeschränkt und stehen oft nicht zur Verfügung, um die Bedürfnisse der Kinder zu befriedigen. Der Volksmund nennt solche Eltern *Rabeneltern*, und in vielen Fällen erwarten oder fordern sie sogar, daß die Kinder die Bedürfnisse der Eltern erfüllen.

Wenn die elterliche Verantwortung einem Kind aufgezwungen wird, werden die Familienrollen verschwommen, verzerrt und umgekehrt. Ein Kind, das gezwungen wird, zu einem eigenen Elternteil zu werden, oder zum Elternteil der Eltern, hat niemanden, mit dem es verschmelzen kann, von dem es lernt und zu dem es aufblicken kann. Ohne ein elterliches Rollenvorbild in einer kritischen Phase seiner Entwicklung beginnt die persönliche Identität eines Kindes in einem feindseligen Meer der Verwirrung zu treiben.

Les, 34, Besitzer eines Sportartikelgeschäfts, kam zu mir, weil er arbeitssüchtig und darüber unglücklich war.

»Meine Ehe ging zum Teufel, weil ich immer nur gearbeitet habe. Ich war entweder nicht da oder habe zu Hause gearbeitet. Meine Frau wurde es leid, mit einem Roboter zu leben, und ist gegangen. Jetzt passiert das gleiche mit meiner neuen Freundin. Ich will das wirklich nicht, aber ich weiß einfach nicht, wie ich damit aufhören kann.«

Les erzählte mir, er habe Probleme, Emotionen jedweder Art auszudrücken, besonders aber zärtliche, liebevolle Gefühle. Das Wort »Spaß«, so sagte er mit deutlicher Bitterkeit, gehöre nicht zu seinem Vokabular.

»Wenn ich doch nur wüßte, wie ich meine Freundin glücklich machen könnte. Aber jedesmal, wenn wir miteinander reden, lenke ich die Unterhaltung wieder auf meine Arbeit, und sie regt sich auf. Vielleicht ist Arbeit das einzige, bei dem ich nicht versage.«

Les versuchte über eine halbe Stunde, mich davon zu überzeugen, wie schlecht er mit seinen Beziehungen zurechtkam.

»Die Frauen, mit denen ich befreundet bin, beklagen sich immer, daß ich zuwenig Zeit für sie hätte und sie bei mir nicht genug Zuneigung bekämen. Das stimmt auch. Ich bin ein schlechter Freund und war ein wirklich schlechter Ehemann.«

Ich unterbrach ihn: »Und Sie haben ein schlechtes Bild von sich. Es klingt so, als fühlten Sie sich nur gut, wenn Sie arbeiten. Wie kommt das?«

»Da weiß ich wenigstens Bescheid. Ich habe auch Erfolg. Ich arbeite etwa fünfundsiebzig Stunden die Woche... aber ich habe immer schon soviel gearbeitet... seit ich ein Kind war. Ich war der älteste von drei Jungen. Meine Mutter hatte eine Art Zusammenbruch, als ich acht war. Von da an war unser Haus immer dunkel, und die Vorhänge waren zugezogen. Meine Mutter schien immer im Bademantel zu sein, und geredet hat sie nie viel. Meine früheste Erinnerung von ihr ist, wie sie eine Tasse Kaffee in der einen Hand hält, eine Zigarette in der anderen und wie gebannt vor dem verfluchten Fernseher sitzt. Sie stand immer erst auf, wenn wir schon lange in der Schule waren. Ich mußte mich also um meine jüngeren Brüder kümmern, ihnen das Pausenbrot machen und sie zum Schulbus bringen. Wenn wir nach Hause kamen, lag sie vor der Glotze oder hielt eines ihrer langen Mittagsschläfchen. Die Hälfte der

Zeit, wenn meine Freunde draußen waren, saß ich im Haus fest, kochte das Abendessen oder putzte. Ich haßte es, aber irgend jemand mußte es ja tun.«

Ich fragte Les nach seinem Vater.

»Papa war viel geschäftlich unterwegs. Meine Mutter hatte er praktisch aufgegeben. Er schlief fast immer im Gästezimmer... war schon eine komische Ehe. Er hat sie zu ein paar Ärzten geschickt, aber das hat nichts genützt. So hat er das Handtuch geworfen.«

Als ich Les sagte, wie weh es mir täte, an diesen kleinen Jungen zu denken, lehnte er mein Mitgefühl mit den Worten ab: »Ich hatte viel zuviel zu tun, um mich in Selbstmitleid zu ergehen.«

Geraubte Kindheit

Les wurde als Kind oft von Verantwortungen belastet, die eigentlich die seiner Eltern waren. Indem man ihn zwang, zu schnell und zu früh erwachsen zu werden, raubte man ihm seine Kindheit. Während seine Freunde draußen Ball spielten, mußte Les zu Hause bleiben und elterliche Pflichten ausüben. Les wurde zu einem kleinen Erwachsenen, der die Familie zusammenhielt. Er hatte nur wenig Gelegenheiten, spielerisch und sorglos zu sein. Da seine eigenen Bedürfnisse praktisch ignoriert wurden, lernte er, mit Einsamkeit und emotionaler Entbehrung fertig zu werden, verleugnete seine Bedürfnisse. Er war da, um sich um die Bedürfnisse *anderer* zu kümmern. Er selbst spielte keine Rolle.

Doppelt traurig stimmt, daß Les nicht nur vornehmliche Bezugsperson für seine Brüder wurde, sondern auch zur Elternfigur für seine Mutter:

»Wenn Papa nicht auf Reisen war, ging er morgens um sieben zur Arbeit, und sehr oft kam er erst um Mitternacht nach Hause. Beim Weggehen sagte er immer: ›Vergiß deine Schularbeiten nicht und kümmere dich um Mutter. Sorg dafür, daß sie genug zu essen bekommt. Halt die anderen ruhig... und versuch, sie zum Lächeln zu bringen. Ich habe oft darüber nachgedacht, wie ich meine Mutter glücklich machen könnte. Ich war sicher, es gäbe etwas, was ich tun konnte, und dann wäre alles wieder gut... ihr ginge es dann besser. Aber was ich auch tat, es änderte sich nichts. Es hat sich immer noch nichts verändert. Ich fühle mich deswegen richtig elend.«

Neben der Erledigung seiner häuslichen Pflichten und der Sorge um seine Geschwister, was allein für jedes Kind zuviel gewesen wäre, wurde von Les auch noch erwartet, sich emotional um die Mutter zu kümmern. Dies war ein Patentrezept, um ihn ständig scheitern zu lassen. Kinder, die man an einen solchen verwirrenden Rollentausch fesselt, fühlen sich immer als Versager. Es ist für sie unmöglich, als Erwachsene zu funktionieren, denn sie sind keine. Aber sie begreifen nicht, warum sie scheitern. Statt dessen fühlen sie sich unzulänglich und schuldig.

In Les' Fall diente sein Trieb, viel mehr zu arbeiten als notwendig, einem doppelten Zweck: Es hielt ihn davon ab, sich der Einsamkeit und Entbehrung seiner Kindheit und seines Erwachsenenlebens zu stellen, und verstärkte seine alte Überzeugung, daß er nie genug arbeiten könnte. Les phantasierte, wenn er genug arbeitete, könnte er beweisen, ein wertvoller, anerkannter Mensch zu sein und es dieses Mal wirklich zu schaffen. Tatsächlich aber versuchte er immer noch, seine Mutter glücklich zu machen.

Wann hört es jemals auf?

Les erkannte nicht, daß seine Eltern auch in seinem Erwachsenenleben immer noch ihre giftige Macht ausübten. Wenige Wochen später rückte jedoch die Verbindung zwischen seinen Kämpfen als Erwachsener und seiner Kindheit in den Mittelpunkt unserer Treffen:

»Also, das Sprichwort ›Je mehr sich verändert, um so mehr bleibt alles beim alten‹, stimmt wirklich. Ich wohne jetzt seit sechs Jahren in Los Angeles, doch was meine Eltern angeht, darf ich einfach kein eigenes Leben haben. Sie rufen mich ein paarmal die Woche an. Ich bin zu dem Punkt gelangt, an dem ich Angst habe, ans Telefon zu gehen. Mein Vater fängt immer so an: ›Deine Mutter ist sehr depressiv... könntest du dir nicht ein paar Tage freinehmen und uns besuchen? Du weißt, wie viel ihr das bedeutet.‹ Dann kommt sie an den Apparat und erzählt mir ihr ganzes Leben und daß sie nicht weiß, ob sie es noch lange machen wird. Was soll man dazu sagen? Meistens nehme ich einfach das nächste Flugzeug... das ist besser, als die Schuldgefühle zu ertragen, wenn ich nicht fahre. Aber es ist nie genug. Nichts ist jemals genug. Ich könnte mir das Geld für die Reisen gut sparen. Vielleicht hätte ich nie wegziehen sollen.«

Ich sagte zu Les, es sei typisch für Kinder, die gezwungen waren, die emotionalen Rollen mit den Eltern zu tauschen, ungeheure Schuld- und überentwickelte Verantwortungsgefühle mit ins Erwachsenenleben zu tragen. Als Erwachsene finden sie sich oft in einem Teufelskreis gefangen: Sie übernehmen die Verantwortung für alles, scheitern unweigerlich, fühlen sich schuldig und minderwertig und verdoppeln ihre Anstrengungen dann. Das ist ein kräftezehrender Zyklus, der zu einem immer stärkeren Gefühl von Versagen führt.

Da Les als kleiner Junge von den Erwartungen der Eltern angetrieben wurde, lernte er früh, daß sein Wert primär davon abhing, wieviel er für die Familie tat. Als er erwachsen war, wurden die äußerlichen Forderungen der Eltern in innere Dämonen verwandelt, die ihn in dem einzigen Bereich, in dem er ein gewisses Selbstwertgefühl empfand, nämlich bei der Arbeit, weiter antrieben.

Les hatte weder die Zeit noch ein angemessenes Rollenvorbild, von dem er lernen konnte, wie man Liebe gibt und empfängt. Er wuchs ohne Versorgung seines Gefühlslebens auf, daher schaltete er seine Emotionen einfach ab. Leider konnte er sie nun nicht wieder anstellen, als er es wollte.

Ich versicherte Les, ich verstünde, wie frustriert und verwirrt er über seine Unfähigkeit sein mußte, sich jemandem emotional zu öffnen. Aber ich riet ihm auch, sich nicht zu zwingen. Niemand hatte es ihm als Kind beigebracht, und man lernt solche Dinge nicht gut allein.

»Das wäre so, als würde man von Ihnen erwarten, ein Klavierkonzert zu spielen, wenn Sie nicht einmal wissen, wo die C-Taste liegt«, erklärte ich ihm. »Man kann es lernen, aber man muß sich Zeit nehmen, die Grundlagen zu erlernen, zu üben und vielleicht auch ein paar Fehler zu machen.«

»Wenn ich mich nicht um sie kümmere, tut es keiner.«

»Lieber Leserbriefkasten,
ich lebe in einer verrückten Familie. Kannst du mich hier herausholen?

                                                        Hoffnungslos«

Dies hat eine meiner Klientinnen, Melanie, geschrieben, als sie dreizehn war. Jetzt ist sie zweiundvierzig, geschieden und Steuerberaterin. Melanie kam aufgrund einer schweren Depression zu mir. Sie war extrem dünn, wäre aber recht hübsch gewesen, wenn nicht die vergangenen Monate der Schlaflosigkeit ihren Zoll abverlangt hätten. Sie war offen und konnte leicht über sich selbst sprechen:

»Ich fühlte mich immer absolut hoffnungslos. So, als wäre mein Leben außer Kontrolle geraten. Ich schaffe es einfach nicht. Ich habe das Gefühl, mich jeden Tag tiefer in ein Loch einzugraben.«

Ich bat sie, genauer zu werden. Da biß sie sich auf die Lippen und wandte sich ab, um zu antworten:

»In mir ist eine solche Leere... ich glaube, ich habe mich in meinem ganzen Leben noch nie jemandem wirklich verbunden gefühlt. Ich war zweimal verheiratet und habe mit mehreren Männern zusammengelebt, aber ich finde einfach nicht den Richtigen. Entweder sind sie Faulpelze oder richtig schlimm. Dann fällt es natürlich mir zu, sie auf Trab zu bringen. Ich glaube immer, ich könnte sie ändern. Ich leihe ihnen Geld. Ich lasse sie bei mir einziehen. Ich habe für einige sogar eine Stelle gefunden. Aber es klappt nie. Doch ich lerne nicht daraus. Einer dieser Typen hat mich vor meinen Kindern geschlagen. Ein anderer hat sich mit meinem Auto aus dem Staub gemacht. Mein erster Mann ging ständig fremd. Der zweite war eine totale Niete. Ziemlich viel auf dem Kerbholz.«

Ohne es zu merken, beschrieb Melanie das klassische Verhalten einer koabhängigen Persönlichkeit. Der Begriff »koabhängig« wurde ursprünglich nur für die Partner von Alkoholikern oder Drogensüchtigen benutzt. Er beschreibt eine Person, die nicht in der Lage ist, ihr Leben in selbstbestimmten Bahnen zu führen, weil sie die Verantwortung für die »Rettung« eines Süchtigen übernommen hat.

In den letzten Jahren wurde die Definition von »Koabhängigkeit« auf alle Menschen ausgeweitet, die sich selbst zum Opfer machen, indem sie die Verantwortung für die Rettung einer zwanghaften, süchtigen, mißhandelnden oder extrem abhängigen Person übernehmen.

Melanie fühlte sich von sehr schwierigen Männern angezogen. Sie glaubte, wenn sie nur gut genug wäre – genug gäbe, liebte, sorgte, half, verleugnete – und sie dazu brächte, ihre Irrtümer einzusehen, würden sie sie lieben. Das taten sie aber nie. Diese Art bedürftiger, selbstzentrierter Menschen, die sie sich aussuchte, war liebesunfähig. Statt Liebe, die sie verzweifelt suchte, fand sie daher Leere. Sie fühlte sich ausgenutzt.

Ich fand heraus, daß der Begriff »koabhängig« Melanie nicht neu war. Sie war zuerst, während der Ehe mit einem Trinker, bei einem Treffen der Anonymen Alkoholiker darauf gestoßen, bei einem Zwölf-Schritte-Programm für Angehörige von Alkoholikern. Sie war sicher, nicht koabhängig zu sein, sondern einfach Pech mit Männern zu haben. Sie hatte gewiß alles getan, was sie konnte, um ihren Mann vom Trinken abzuhalten. Aber schließlich verließ sie ihn, nachdem sie erfahren hatte, daß er nach einem Barbesuch zu einer anderen Frau gegangen war.

Melanie hatte wieder einmal begonnen, sich nach dem Richtigen umzusehen. Sie führte ihre Probleme auf ihre bisherigen Männer zurück und betrachtete jeden für sich einfach als einen Fehler. Dabei entging ihr, daß sich aus der Art und Weise ihrer Männerwahl ein Grundmuster ergab. Sie glaubte, einen Mann zu suchen, der eine fürsorgliche, großzügige, liebevolle, hilfsbereite Frau wollte. Gewiß gab es irgendwo den Richtigen, der eine solche Frau lieben würde. Sie hielt Koabhängigkeit für edel.

Melanie hatte keine Ahnung, daß das, was sie »großzügig und hilfsbereit« nannte, sie völlig auslöschte. Sie gab jedem, nur sich selbst nichts. Sie hatte keine Ahnung, daß sie das unverantwortliche Verhalten der Männer in ihrem Leben unterstützte, indem sie hinter ihnen herräumte. Als sie über ihre Kindheit sprach, wurde klar, daß ihr Verhaltensmuster, gestörte Männer zu retten, eine zwanghafte Wiederholung der Beziehung zu ihrem Vater darstellte:

> »Wir waren eine sehr komische Familie. Mein Vater war ein erfolgreicher Architekt, aber er beherrschte jeden mit seinen verdammten Launen. Schon bei der geringsten Kleinigkeit rastete er aus . . . wenn jemand auf seinem Parkplatz parkte oder ich mich mit meinem Bruder stritt. Dann ging er einfach in sein Zimmer, schloß die Tür, warf sich aufs Bett und schluchzte wie ein Baby! Dann brach meine Mutter zusammen und stieg in die Badewanne, und mir fiel es zu, mit meinem Vater fertig zu werden. Ich setzte mich einfach zu ihm, während er schluchzte, und versuchte, herauszubekommen, was ich tun könnte, damit er sich besser fühlte. Aber was immer ich auch tat, es ging eigentlich immer nur darum, einfach abzuwarten.

Ich gab Melanie eine Liste und bat sie, anzukreuzen, welche Punkte ihre Gefühle und ihr Verhalten am besten beschrieben. Es war eine Liste der Haupteigenschaften von Koabhängigen. Ich habe sie im Verlauf der Jahre immer sehr nützlich gefunden, wenn ich Klienten helfen will, herauszufinden, ob sie koabhängig sind oder nicht. Wenn Sie glauben, dieser Begriff trifft auf Sie zu, gehen Sie die Liste bitte durch:

Checkliste für Koabhängige

(Ich spreche der Einfachheit halber von »er« und »ihm«, meine aber gestörte Personen beiden Geschlechts. Mir ist bewußt, daß sich viele Männer in koabhängigen Beziehungen mit schwer gestörten Frauen oder Freundinnen befinden.)

1. Seine Probleme zu lösen oder seine Schmerzen zu lindern ist das wichtigste in meinem Leben – gleich, was es mich emotional kostet.
2. Meine positiven Gefühle hängen von seinem Wohlwollen ab.
3. Ich beschützte ihn vor den Folgen seines Verhaltens. Ich lüge für ihn, vertusche und lasse keinen anderen etwas Schlechtes über ihn sagen.
4. Ich versuche sehr, ihn dazu zu bringen, sich nach mir zu richten.
5. Ich achte nicht darauf, wie ich mich fühle oder was ich will. Mir ist nur wichtig, wie er sich fühlt und was er will.
6. Ich tue alles, um zu vermeiden, daß er mich abweist.
7. Ich tue alles, um zu vermeiden, daß er wütend auf mich wird.
8. Ich empfinde mehr Leidenschaft in einer Beziehung, die stürmisch und dramatisch ist.
9. Ich bin ein Perfektionist und schiebe mir für alles, was schiefgeht, die Schuld zu.
10. Ich fühle mich meistens wütend, ungeliebt und ausgenutzt.
11. Ich tue so, als sei alles in Ordnung, auch wenn das nicht der Fall ist.
12. Das Ringen um seine Liebe dominiert mein Leben.

Melanie bestätigte jeden Satz mit »ja«! Sie war verblüfft, wie wahrhaft koabhängig sie war. Um ihr helfen, dieses Muster zu durchbrechen, machte ich ihr klar, wie grundwichtig es sei, die Verbindung zwischen ihrer Koabhängigkeit und der Beziehung zu ihrem Vater herzustellen und bat sie, sich zu erinnern, wie sie sich bei seinen Tränenausbrüchen fühlte.

»Zuerst hatte ich immer große Angst, denn ich dachte, Papi liegt im Sterben, und wer wäre dann mein Vater? Dann begann ich mich zu schämen, wenn ich ihn so sah. Aber meistens empfand ich schreckliche Schuld – daß es mein Fehler war, weil ich einen Streit mit meinem Bruder angefangen hatte oder was auch immer. Als hätte ich ihn wirklich im Stich gelassen. Am schlimmsten war das Gefühl von Hilflosigkeit, weil ich ihn nicht glücklich machen konnte. Am erstaunlichsten aber ist, daß er schon vier Jahre tot ist, ich zweiundvierzig bin und selbst zwei Kinder habe, mich aber immer noch schuldig fühle.«

Melanie wurde gezwungen, sich um den Vater zu kümmern. Beide Eltern bürdeten ihr die Verantwortung von Erwachsenen auf. Zu einem Zeitpunkt, als sie einen starken Vater gebraucht hätte, um Selbstbewußtsein auszubilden, mußte sie sich um einen infantilen Vater kümmern.

Melanies erste und grundsätzlichste emotionale Beziehung zu einem Mann war die zu ihrem Vater. Als Kind war sie von dessen Bedürftigkeit und ihrem eigenen Schuldgefühl überfordert, wenn sie ihn nicht glücklich machen konnte – auch, als er nicht mehr da war. Sie fand statt dessen bedürftige, gestörte Männer, um die sie sich kümmern konnte. Die Wahl ihrer Männer wurde von ihrem Bedürfnis diktiert, ihr Schuldbewußtsein zu mildern, und indem sie Vaterersatzpersonen wählte, setzte sie die emotionale Entbehrung der Kindheit fort.

Ich fragte Melanie, ob denn wenigstens ihre Mutter ihr die Liebe und Beachtung zukommen ließ, die sie vom Vater nie bekam.

»Meine Mutter hat sich Mühe gegeben, aber sie war viel krank. Immer saß sie bei Ärzten und mußte im Bett bleiben, wenn ihre Kolitis wieder aufflammte. Man verschrieb ihr Beruhigungstabletten, und die hat sie wie Pralinen geschluckt. Vermutlich war sie ziemlich abhängig. Ich weiß es nicht. Sie wirkte immer sehr unentschlossen. Eigentlich hat unsere Haushälterin uns aufgezogen. Ich meine, meine Mutter war immer da, aber nicht wirklich. Als ich dreizehn war, schrieb ich an eine Leserbriefspalte. Das Unglück war, daß meine Mutter den Brief fand. Man sollte meinen, sie wäre zu mir gekommen und hätte mich gefragt, über was ich so verzweifelt sei, aber vermutlich war ihr egal, was ich fühlte. Es war fast so, als würde ich gar nicht existieren.«

Das unsichtbare Kind

Eltern, die sich auf das eigene emotionale oder körperliche Überleben konzentrieren, schicken ihren Kindern damit eine übermächtige Boschaft: »Deine Gefühle sind nicht wichtig. Nur ich zähle.« Viele dieser Kinder, denen es an angemessener Zuwendung,

Beachtung und Fürsorge mangelt, fühlen sich bald unsichtbar – als existierten sie gar nicht.

Damit Kinder ein Gefühl für ihren Selbstwert entwickeln – ein Gefühl, daß sie nicht nur einfach Raum einnehmen, sondern daß sie eine Rolle spielen und wichtig sind –, brauchen sie Eltern, die ihre Gefühle und Bedürfnisse schätzen. Die emotionalen Bedürfnisse von Melanies Vater aber waren so überwältigend, daß er diejenigen seiner Tochter nie bemerkte. Sie war da, wenn er weinte, aber er dankte es ihr nicht. Melanie wußte, daß ihre Mutter den Brief an die Zeitung gefunden hatte, aber er wurde niemals erwähnt. Die Botschaft beider Eltern war eindeutig und klar: Melanie stellte für sie ein Nichts dar. Melanie lernte, sich nach den elterlichen Gefühlen zu definieren, nicht nach den eigenen. Wenn die Eltern sich wohl fühlten, war sie selbst gut. Wenn sie sich schlecht fühlten, war sie böse.

Als Folge davon hatte Melanie als Erwachsene große Schwierigkeiten, ihre eigene Identität zu entwickeln. Da ihre eigenständigen Gedanken, Gefühle und Bedürfnisse niemals anerkannt worden waren, hatte sie wahrhaftig keine Ahnung, wer sie war oder was sie in einer Liebesbeziehung erwarten konnte.

Im Gegensatz zu vielen Menschen, mit denen ich gearbeitet habe, hatte Melanie, als sie zu mir kam, bereits den Kontakt mit ihrer Wut auf die Eltern aufgenommen. Später konnten wir uns auf diese Wut konzentrieren, sie durcharbeiten und ihr starkes Gefühl, emotional verlassen worden zu sein, konfrontieren. Sie wollte lernen, anderen von sich zu geben und dabei ihre eigenen Rechte, Bedürfnisse und Gefühle dennoch zu respektieren. Sie wollte lernen, wieder sichtbar zu werden.

Die verschwundenen Eltern

Bislang haben wir über emotional abwesende Eltern gesprochen. Körperliche Abwesenheit hat andere Folgen.

Ich traf Ken, 22, zuerst in einer Klinikgruppe junger Süchtiger. Er war dünn, schwarzhaarig und hatte stechende dunkle Augen. Es wurde schon bei unserer ersten Gruppensitzung offensichtlich, daß er sehr intelligent und redegewandt war, aber er verhielt sich trotzdem sehr selbsterniedrigend. Er war ein Nervenbündel und hatte Probleme, die vollen neunzig Minuten still zu sitzen. Ich bat ihn, nach Ende der Sitzung noch zu bleiben, und mir von sich zu erzählen. Da er meinen Motiven mißtraute, spielte er zuerst den zähen, gerissenen Straßenjungen, begann aber nach wenigen Minuten einzusehen, daß ich ihm nichts Böses wollte und interessiert war, sein Leid zu mildern. Da wurde er weicher und sprach mit mir:

»Ich habe die Schule immer gehaßt, wußte aber zum Teufel nicht, was ich sonst tun konnte. Mit sechzehn bin ich daher zur Armee gegangen. Da fing es mit den Scheißdrogen an. Ich war aber immer schon ein Versager.«

Ich fragte ihn, was seine Eltern von der Verpflichtung zur Armee hielten.

»Es gab nur Mama und mich. Sie war nicht begeistert, aber ich glaube, sie war froh, mich loszuwerden. Ich hatte immer Probleme und machte ihr Leben unglücklich. Sie war ziemlich schwach und ließ mich immer tun, was ich wollte, gleich, was.«

Ich fragte ihn, wo sein Vater sich während dieser Zeit aufgehalten hatte.

»Meine Eltern wurden geschieden, als ich acht war. Mama hat das nie verwunden. Ich fand meinen Dad immer richtig cool. Er hat ›Männersachen‹ mit mir gemacht. Wir haben zusammen Sport im Fernsehen angesehen, und ab und zu hat er mich zu einem Match mitgenommen. Mann, das war toll! Als er auszog, habe ich mir die Augen ausgeheult. Er sagte, nichts würde sich ändern, daß er weiter kommen und mit mir fernsehen würde. Er würde jeden Sonntag kommen, und wir blieben weiter Freunde. Ich habe ihm geglaubt. So doof war ich. In den ersten Monaten habe ich ihn oft gesehen . . . dann einmal im Monat . . . dann jeden zweiten Monat . . . dann praktisch nie mehr. Ich habe ihn ein paarmal angerufen, doch er sagte immer, er habe sehr viel zu tun. Etwa ein Jahr, nachdem er ausgezogen war, sagte Mom, er habe eine Frau mit drei Kindern geheiratet und sei weggezogen. Es war für mich schwer zu begreifen, daß er jetzt eine neue

Familie hatte. Vermutlich gefiel sie ihm besser, denn er hat mich sofort vergessen.«

»Dieses Mal wird alles anders«

Kens selbstsichere Fassade zerbröselte schnell. Das Gespräch über seinen Vater war ihm sichtlich unbehaglich. Ich fragte ihn, wann er seinen Vater zum letzten Mal gesehen habe.

»Ich war fünfzehn, und da machte ich einen großen Fehler. Ich war es leid, immer nur eine Weihnachtskarte zu bekommen, und beschloß, ihn zu überraschen. Mann, war ich aufgeregt. Ich bin die ganze Strecke dorthin getrampt – vierzehn Stunden... vermutlich hatte ich mit einem stürmischen Willkommen gerechnet. Sicher, er war freundlich, aber mein Besuch schien keine große Sache zu sein. Nach einer Weile fühlte ich mich scheißelend. Es war, als wären wir einander völlig fremd. Er machte ein Riesentheater um die kleineren Kinder, und ich saß da und fühlte mich beschissen. Als ich das Haus an diesem Abend verließ, habe ich mich total zugesoffen. Ich denke immer noch viel an ihn. Ganz bestimmt möchte ich nicht, daß er erfährt, daß ich hier bin. Sobald ich hier rauskomme, werde ich es noch einmal versuchen. Dieses Mal wird bestimmt alles anders... von Mann zu Mann.«

Als Kens Vater seinen kleinen Sohn verließ, hinterließ er im Leben des Jungen eine große Leere. Ken war wie vernichtet. Er versuchte, damit fertig zu werden, indem er seiner Wut zu Hause und in der Schule freien Lauf ließ. Das waren Zeichen für seinen Vater, als würde die mangelnde Disziplin ihn zurückholen. Aber Kens Vater schien nicht bereit, auf diesen Ruf zu reagieren.

Trotz erdrückender Beweise, daß der Vater keine Rolle mehr in Kens Leben spielen wollte, klammerte sich Ken an den Traum, irgendwie dessen Liebe wiedererlangen zu können. Seine Hoffnung war in der Vergangenheit bitter enttäuscht worden, und er reagierte darauf, indem er bei Drogen Zuflucht suchte. Ich teilte ihm meine Sorgen mit, daß diese Kette von Ereignissen weiterhin sein Leben beherrschen würde, wenn wir nicht zusammen daran arbeiteten, dieses Muster zu durchbrechen.

Unbewußt rationalisierte Ken immer noch, indem er sich selbst die Schuld für das Weggehen seines Vaters gab. Als Kind hatte er angenommen, seine Unzulänglichkeit habe den Vater veranlaßt, sich aus dem Staub zu machen. Auf diesen Schluß mußte Selbsthaß folgen. Er wurde zu einem jungen Mann ohne Ziel oder Richtung im Leben. Trotz seiner Intelligenz war er in der Schule unruhig und unglücklich und betrachtete die Armee als Lösung für seine Probleme. Als das nicht klappte, wandte er sich Drogen zu, in dem verzweifelten Versuch, seine innere Lehre zu füllen und seinen Schmerz zu mildern.

Kens Vater füllte vor der Scheidung seine Elternrolle vielleicht angemessen aus, doch danach gewährte er seinem kleinen Sohn nicht einmal mehr den geringsten Kontakt, den dieser so sehr brauchte. Durch diese Verweigerung beeinträchtigte er Kens Gefühl, wertvoll und liebenswert zu sein, erheblich.

Es gibt keine glücklichen Scheidungen. Eine Scheidung ist unweigerlich für jedes Familienmitglied traumatisch, auch wenn es unter den gegebenen Umständen das gesündeste Verhalten sein mag. Es ist sehr wichtig, daß Eltern erkennen, daß sie sich nicht nur von einem Partner trennen, sondern die Familie auflösen. Beide Eltern sind verantwortlich, trotz der Trennung die Verbindung zu ihren Kindern aufrechtzuerhalten. Ein Scheidungsurteil ist kein Freibrief für einen unzureichenden Elternteil, seine Kinder zu verlassen.

Das Weggehen eines Elternteils schafft in einem Kind besonders starke Entbehrung und Leere. Man darf nie vergessen, daß Kinder fast immer, wenn etwas Negatives in der Familie geschieht, dies für ihre eigene Schuld halten. Kinder aus geschiedenen Familien fallen diesem Irrglauben besonders oft anheim. Ein Elternteil, der aus dem Leben des Kindes verschwindet, verstärkt das Gefühl von Unsichtbarkeit und beeinträchtigt die Selbstachtung bis ins Erwachsenenleben.

Mißhandlungen sind leicht zu erkennen, wenn Eltern ihr Kind schlagen oder ständigen Schimpftiraden aussetzen. Doch das Gift unzureichender oder fehlerhafter Eltern ist häufig flüchtig und nur schwer zu definieren. Wenn Eltern eher durch Nichthandeln schaden – durch das, was sie nicht tun, statt durch das, was sie tun –, werden die Verbindungen zwischen den Problemen Erwachsener und ihren Eltern schwer erkennbar. Da die Kinder solcher Eltern prädisponiert sind, diese Verbindungen abzustreiten, wird die Aufgabe des Therapeuten extrem schwierig.

Das Problem wird dadurch noch verstärkt, daß viele dieser Eltern selbst so gestört sind, daß sie Mitleid hervorrufen. Da sie sich oft wie hilflose oder unverantwortliche Kinder benehmen, verhalten sich ihre erwachsenen Kinder ihnen gegenüber eher beschützend. Sie eilen immer wieder zu deren Rettung, wie das Opfer eines Verbrechens, das sich für den Täter entschuldigt.

Ob es heißt: »Sie wollten mir nichts Böses antun«, oder: »Sie haben ihr Bestes gegeben«, diese Entschuldigungen verhüllen die Tatsache, daß die Eltern sich der Verantwortung für ihre Kinder nicht stellten. Dadurch beraubten diese giftigen Eltern ihre Kinder eines positiven Rollenvorbildes, ohne das eine gesunde emotionale Entwicklung extrem schwierig ist.

Wenn Sie ein erwachsenes Kind von unzureichenden oder mangelhaften Eltern sind, wuchsen Sie vermutlich ohne die Erkenntnis auf, daß es eine Alternative zu der Rolle gibt, sich für sie verantwortlich zu fühlen. Immer am Rande eines Zusammenbruchs zu tanzen, schien statt dessen die einzig mögliche Lebensweise.

Aber Sie haben eine Wahl. Sie können allmählich begreifen, daß sie fälschlicherweise gezwungen werden, zu schnell erwachsen zu werden, daß man Sie Ihrer Kindheit beraubte, die Ihnen rechtmäßig zustand. Sie können akzeptieren lernen, wieviel Lebensenergie bei der Übernahme falscher Verantwortung verschwendet wurde. Tun Sie diesen ersten Schritt, und Sie finden ein neues Reservoir an Energie – Energie, die Sie einen Großteil Ihres Lebens an die toxischen Eltern verschwendet haben. Sie können sie dann endlich nutzen, um liebevoller und verantwortlicher sich selbst gegenüber zu sein.

3. »Warum laßt ihr mich nicht mein eigenes Leben führen?«

Die Kontrolleure

Hören wir uns eine imaginäre Unterhaltung zwischen einem erwachsenen Kind und seiner kontrollierenden Mutter an. Ich bin mir sicher, daß eine solche Unterhaltung niemals in Wirklichkeit stattfindet, doch wenn diese beiden Menschen fähig wären, ihre tief verborgenen Gefühle ehrlich auszudrücken, würden sie wahrscheinlich folgendes sagen:

Erwachsenes Kind: »Warum verhältst du dich so? Warum ist alles, was ich tue, falsch? Warum kannst du mich nicht wie einen Erwachsenen behandeln? Welchen Unterschied macht es für Papa, wenn ich nicht Arzt werde? Welchen Unterschied macht es für dich, wen ich heirate? Wann wirst du mich endlich loslassen? Warum verhältst du dich so, als sei jede Entscheidung meinerseits ein persönlicher Angriff auf dich?«

Kontrollierende Mutter: »Ich kann dir den Schmerz nicht beschreiben, wenn ich meine, daß du dich mir entziehst. Ich brauche es, daß du mich brauchst. Ich kann den Gedanken nicht ertragen, dich zu verlieren. Du bist mein Leben. Ich habe schreckliche Angst, daß du entsetzliche Fehler begehst. Es würde mir das Herz brechen, wenn es dir schlecht ginge. Ich würde lieber sterben, als denken zu müssen, als Mutter gescheitert zu sein.«

Kontrolle ist nicht immer negativ. Wenn eine Mutter ihr Klein-kind beaufsichtigt, statt es allein über die Straße gehen zu lassen, nennen wir sie nicht kontrollierend, sondern aufmerksam. Sie übt eine Kontrolle aus, die die Situation erfordert, motiviert vom Bedürf-nis des Kindes nach Schutz und Anleitung.

Angemessene Kontrolle wird aber zur Überkontrolle, wenn die Mutter das Kind zehn Jahre später immer noch beaufsichtigt, lange, nachdem es gelernt hat, die Straße völlig selbständig zu überqueren.

Kinder, die nicht ermutigt werden, etwas zu tun, zu versuchen, zu erforschen, zu beherrschen und ein Scheitern zu riskieren, fühlen sich oft hilflos und unzulänglich. Von ängstlichen, vorsichtigen El-tern überkontrolliert, werden diese Kinder oft selbst ängstlich und übervorsichtig, so daß ihnen die Reife erschwert ist. Auch nach der Adoleszenz verlieren sie häufig das Bedürfnis nach elterlicher Lei-tung und Kontrolle nicht. Als Folge davon drängen sich die Eltern weiterhin auf, manipulieren und beherrschen häufig ihr Leben.

Die Angst, nicht gebraucht zu werden, verleitet viele kontrollie-rende Eltern dazu, das Gefühl von Machtlosigkeit in den Kindern zu fördern. Diese Eltern haben eine ungesunde Angst vor dem »leeren Nest«, dem unvermeidlichen Verlustgefühl aller Eltern, wenn die Kinder schließlich das Zuhause verlassen. Die Identität kontrollie-render Eltern ist so stark mit der elterlichen Rolle verbunden, daß sie sich verlassen oder verraten fühlen, wenn das Kind unabhängig wird.

Kontrollierende Eltern sind besonders heimtückisch, weil ihre Herrschsucht gewöhnlich als Sorge um das Kind verkleidet wird. Sätze wie: »Es ist zu deinem eigenen Besten«, und: »Ich mache das doch nur für dich«, oder: »Nur, weil ich dich so sehr liebe«, meinen alle das gleiche, nämlich: »Ich tue das, weil ich so große Angst habe, dich zu verlieren, und deswegen bin ich sogar bereit, dich unglücklich zu machen.«

Direkte Kontrolle hat nichts Angenehmes. Sie ist deutlich, faß-
bar und offen. «Tu, was ich dir sage, sonst spreche ich nie wieder ein
Wort mit dir.« »Tu, was ich dir sage, sonst drehe ich den Geldhahn
zu.« »Wenn du nicht tust, was ich dir sage, betrachte ich dich nicht
mehr als mein Kind.« »Wenn du meinen Wunsch nicht erfüllst,
bekomme ich einen Herzanfall.« Direkte Kontrolle ist nicht feinfüh-
lig.

Direkte Kontrolle ist gewöhnlich mit Einschüchterung verbunden und oft demütigend. Die Gefühle und Bedürfnisse des Kindes
müssen denen der Eltern untergeordnet werden. Es wird in ein
bodenloses Faß voller Forderungen geworfen. Seine Meinung ist
wertlos, seine Bedürfnisse und Wünsche sind unwichtig. Der Macht-
unterschied ist ungeheuerlich.

Michael, ein charmanter, gutaussehender, sechsunddreißigjäh-
riger Werbekaufmann, stellt ein gutes Beispiel dafür dar. Er kam zu
mir, weil seine sechsjährige Ehe mit einer Frau, die er sehr liebte,
aufgrund des Kleinkrieges zwischen ihr und seinen Eltern von Krisen
geschüttelt war.

»Das Problem begann erst, als ich nach Kalifornien zog. Ich
glaubte, meine Muter hielt den Umzug für eine vorübergehende
Sache. Als ich ihr erzählte, ich hätte mich verliebt und plante zu
heiraten, merkte sie, daß ich mich vielleicht länger dort nieder-
lassen würde. Da begann sie, Druck auf mich auszuüben, wieder
nach Hause zu ziehen.«

Ich bat Michael, diesen »Druck« näher zu beschreiben.

»Der schlimmste Vorfall passierte etwa ein Jahr nach unserer
Hochzeit. Wir planten, nach Boston zum Hochzeitstag meiner
Eltern zu fahren, als meine Frau Grippe bekam. Sie war ernst-
haft krank. Ich wollte sie nicht allein lassen und rief meine
Mutter an, um abzusagen. Nun, sie brach sofort in Tränen aus.
Dann sagte sie: ›Wenn du nicht zu unserem Hochzeitstag
kommst, sterbe ich.‹ Ich gab also nach und fuhr nach Boston. Ich
kam am Morgen der Feier an, und sofort ging es los, ich solle

eine ganze Woche bleiben. Ich sagte weder ja noch nein, sondern fuhr am nächsten Morgen wieder ab. Einen Tag später rief mich mein Vater an. ›Du bringst deine Mutter um. Sie hat die ganze Nacht geweint. Ich fürchte, sie bekommt einen Herzanfall.‹ Was zum Teufel sollte ich tun? Mich scheiden lassen, zurück nach Boston gehen und wieder in mein altes Zimmer ziehen?«

Michaels Eltern beherrschten ihren Sohn über fast fünftausend Kilometer Entfernung hinweg. Ich fragte ihn, ob seine Eltern denn seine Frau nie akzeptiert hätten. Michael errötete vor Wut.

»Niemals! Wenn sie anrufen, fragen sie nie nach ihr. Sie erwähnen sie nicht einmal. Sie versuchen so zu tun, als gäbe es sie gar nicht. «

Ich fragte Michael, ob er seine Eltern jemals darüber zur Rede gestellt habe. Er schien verlegen, als er antwortete:

»Ich wünschte, ich hätte es getan. Jedesmal, wenn sie es von meinen Eltern wieder heimgezahlt bekommt, erwarte ich wohl, daß sie es verkraftet. Wenn sie sich beklagt, bitte ich sie um Verständnis. Gott, ich bin ein Idiot! Meine Eltern machen meine Frau fertig, und ich lasse das immer wieder zu!«

Michaels Verbrechen bestand darin, unabhängig geworden zu sein. Als Reaktion darauf fielen seine Eltern in Verzweiflung und schlugen mit denjenigen Taktiken zurück, die sie am besten kannten: mit dem Entzug von Liebe und der Androhung von Katastrophen.

Wie die meisten kontrollierenden Eltern waren Michaels unglaublich selbstzentriert. Sie fühlten sich von Michaels Glück bedroht, statt es als Bestätigung ihrer elterlichen Fähigkeiten zu betrachten. Michaels Interessen waren für sie unwichtig. Ihnen zufolge war er nicht wegen einer beruflichen Chance nach Kalifornien gezogen, sondern um sie zu strafen. Er hatte nicht aus Liebe geheiratet, sondern um ihnen eins auszuwischen. Seine Frau war nicht krank geworden, weil sie von einem Virus befallen war, sondern um sie zu benachteiligen.

Michaels Eltern zwangen ihren Sohn, immer wieder zwischen

ihnen und seiner Frau zu wählen. Und sie machten jede Entscheidung zu einer Wahl zwischen allem und nichts. Bei direkt kontrollierenden Eltern gibt es keinen neutralen Boden. Wenn das erwachsene Kind versucht, selbst Kontrolle über sein Leben zu gewinnen, zahlt es den Preis in Form von Schuldgefühlen, unterdrückter Wut und einem tiefen Gefühl von Illoyalität.

Als Michael zuerst zu mir kam, hielt er seine Ehe für das Hauptproblem. Schon bald erkannte er, daß seine Ehe bloß das Opfer des Machtkampfes geworden war, der begonnen hatte, als er zu Hause ausgezogen war.

Die Ehe eines Kindes kann für kontrollierende Eltern extrem bedrohlich wirken. Sie betrachten den neuen Partner als Rivalen um die Gunst des Kindes, was zu schrecklichen Kämpfen zwischen Eltern und dem Partner führt. Das erwachsene Kind befindet sich in einem Kreuzfeuer der Loyalität.

Manche Eltern greifen die neue Beziehung mit Kritik, Sarkasmus und negativen Prophezeiungen an. Andere, wie bei Michael, weigern sich, den Partner zu akzeptieren oder auch nur dessen Existenz anzuerkennen. Wieder andere verfolgen den Partner. Bei solchen Taktiken ist es nicht ungewöhnlich, daß die Ehe durch die fortgesetzten Störungen beeinträchtigt wird.

»Warum verkaufe ich mich immer wieder an meine Eltern?«

Geld war schon immer das beste Machtmittel, und es wird daher logischerweise zum Instrument kontrollierender Eltern. Viele giftige Eltern benutzen Geld, um ihre Kinder abhängig zu machen.

Kim kam mit einer Reihe von Problemen zu mir. Mit einundvierzig war sie übergewichtig, unglücklich in ihrem Beruf, geschieden und hatte zwei Kinder im Teenageralter. Sie fühlte sich in der Falle: sie wollte abnehmen, Risiken im Beruf eingehen und ein Ziel für ihr Leben finden. Sie war überzeugt davon, all ihre Probleme könnten gelöst werden, wenn sie den richtigen Partner fände.

Im Verlauf unserer Sitzung wurde deutlich, daß Kim glaubte, ohne einen Mann, der sich um sie kümmerte, ein Nichts zu sein. Ich fragte sie, woher sie diese Idee hatte.

»Nun, bestimmt nicht von meinem Mann. Da war es eher so, daß ich mich um ihn kümmerte. Ich lernte ihn gleich nach dem Schulabschluß kennen. Er war siebenundzwanzig, lebte noch bei seinen Eltern und wußte nicht recht, was er mit seinem Leben anfangen sollte. Aber er war sensibel und romantisch, und ich verliebte mich in ihn. Mein Vater hatte ihn völlig abgelehnt. Aber ich glaube, insgeheim hat er sich gefreut, daß ich mir jemanden ausgesucht hatte, der nicht mit dem Leben zurechtkam. Als ich darauf bestand, ihn zu heiraten, versprach mein Vater, uns eine Weile zu unterstützen, und wenn es zum Schlimmsten käme, gäbe er meinem Mann eine Stelle in seiner Firma. Das klingt natürlich so, als sei mein Vater ein toller Mann, aber dadurch hatte er ziemlich viel Macht über uns. Obwohl ich verheiratet war, blieb ich immer noch Papas Liebling. Mein Vater half uns immer wieder finanziell aus der Patsche, aber als Gegenleistung bestimmte er, wie wir zu leben hatten. Ich spielte die Hausfrau und kümmerte mich um die Kinder, aber . . .

Kim brach mitten im Satz ab. «Was?» fragte ich. Als sie den Satz beendete, blickte sie zu Boden:

»Aber ich brauchte immer noch Papa, der sich um mich kümmerte.«

Ich fragte Kim, ob sie denn eine Verbindung sehen könnte zwischen der Beziehung zu ihrem Vater und ihrer Abhängigkeit von Männern.

»Es besteht kein Zweifel, daß mein Vater die stärkste Gestalt in meinem Leben war. Er hat mich angebetet, als ich klein war, aber als ich anfing, eigene Gedanken zu entwickeln, wurde er damit nicht fertig. Er hatte Tobsuchtsanfälle, wenn ich es wagte, eine andere Meinung zu haben. Dann hat er mich schrecklich beschimpft. Er hat laut und furchterregend gebrüllt. Als ich heranwuchs, benutzte er Geld, um mich bei der Stange zu halten. Manchmal war er sehr großzügig, und dann fühlte ich mich sehr geliebt und sicher. Doch dann wieder demütigte er

mich, indem er mich um Kinogeld oder Schulbücher weinen und
betteln ließ. Ich war nie sicher, was ich falsch gemacht hatte. Ich
weiß nur, daß ich viel darüber nachdachte, wie ich nett zu ihm
sein konnte. Es gab keine zwei Tage hintereinander die gleiche
Situation. Er stellte immer schwerere Bedingungen.«

Wenn Kim ihrem Vater gefallen wollte, war es wie ein Rennen,
bei dem er sie immer kurz vor dem Ziel einholte. Je schneller sie
rannte, um so weiter rückte er die Ziellinie vor. Sie konnte einfach
nicht gewinnen. Er benutzte Geld als Belohnung oder Strafe, ohne
jegliche Logik oder Gesetzmäßigkeit. Er war mal großzügig und mal
geizig, genau wie mit Liebe und Zuwendung. Seine wechselnden
Botschaften verwirrten sie. Ihre Abhängigkeit wurde an seine Anerkennung gebunden. Und diese Verwechslung setzte sich auch in Kims
weiterem Leben fort.

»Ich befürwortete, daß mein Mann bei meinem Vater arbeitete.
Was für ein Fehler! Jetzt hatte er uns wirklich unter der Knute.
Alles mußte auf seine Weise gemacht werden – ob es um die
neue Wohnung oder um die Sauberkeitserziehung der Kinder
ging. Er machte Jim bei der Arbeit das Leben zur Hölle, daher
hat Jim schließlich gekündigt. Mein Vater sah das nur als weiteres Beispiel für Jims Unfähigkeit, obwohl Jim eine andere Stelle
fand. Mein Vater hat mir das immer wieder unter die Nase
gerieben und gedroht, uns nicht mehr zu helfen, doch dann
machte er eine Kehrtwendung und kaufte mir zu Weihnachten
ein neues Auto. Als er mir die Schlüssel überreichte, sagte er:
›Fändest du es nicht gut, wenn dein Mann so reich wäre wie
ich?‹«

Kims Vater benutzte, wenn er den Großzügigen spielte, seinen
Reichtum auf grausame und destruktive Weise. Er benutzte ihn, um
sich in Kims Augen noch unentbehrlicher zu machen und ihren
Mann herabzusetzen. Auf diese Weise kontrollierte er sie noch lange,
nachdem sie das elterliche Zuhause verlassen hatte.
Viele giftige Eltern kontrollieren ihre Kinder, indem sie sie
behandeln, als seien sie hilflos und unfähig, auch wenn das in krassem
Gegensatz zur Realität steht.

Martin, der magere Direktor einer kleinen Baufirma, dessen Haar sich bereits lichtete, kam in echter Panik zu mir. Er erzählte:

»Ich habe Angst. Bald passiert etwas. Ich habe ständig diese Wutausbrüche. Ich gerate einfach außer Kontrolle. Ich war immer ein friedliebender Mensch, aber in den letzten Monaten schreie ich meine Frau und meine Kinder an, knalle Türen zu, und vor drei Wochen war ich so wütend, daß ich ein Loch in die Wand schlug. Ich habe mittlerweile Angst, jemanden zu verletzen.«

Ich begrüßte seinen Mut und seine Vorsicht, in die Therapie zu kommen, ehe ihm die Dinge aus der Hand glitten. Dann fragte ich, wen er statt der Wand gern geschlagen hätte. Da lachte er bitter:

»Ganz klar – meinen Alten! Was immer auch ich versuche, er gibt mir das Gefühl, ich mache alles falsch. Können Sie sich vorstellen, daß er mich doch tatsächlich vor meinen eigenen Angestellten herunterputzt?«

Als Martin meinen fragenden Blick bemerkte, erklärte er:

»Mein Vater hat mich vor achtzehn Jahren zum Teilhaber gemacht und sich zwei Jahre später aus der Firma zurückgezogen. Ich leite diese Firma also seit fünfzehn Jahren. Aber jede Woche kommt mein Vater und sieht sich die Bücher an. Dann meckert er herum, wie ich die Dinge leite. Er folgt mir ins Büro und brüllt herum, daß ich sein Geschäft ruiniere. Das macht er vor allen Angestellten. Der Witz ist, daß *ich* das Geschäft hochgebracht habe. In den letzten drei Jahren habe ich den Gewinn verdreifacht. Aber er läßt mich nicht in Ruhe. Wird dieser Mann jemals zufrieden sein?«

Martin mußte ständig Eiertänze aufführen, um sich zu beweisen. Er hatte eindeutige Beweise für seine Leistung – den Gewinn –, aber das verblaßte angesichts der Mißbilligung seines Vaters. Ich überlegte, ob Martins Vater sich vielleicht durch den Erfolg seines Sohnes bedroht fühlte. Das Ego des Vaters schien mit dem Aufbau der Firma verbunden zu sein, und jetzt würde seine Leistung durch die des Sohnes in den Schatten gestellt.

Ich fragte Martin, ob er während dieser Vorfälle seine verständliche Wut spüre.

»Darauf können Sie wetten. Ich schäme mich wirklich, Ihnen das zu erzählen, aber jedesmal, wenn er ins Büro kommt, fühle ich mich wie ein Zweijähriger. Ich kann nicht einmal Fragen richtig beantworten. Ich fange an zu stottern, mich zu entschuldigen, und habe Angst. Er sieht so mächtig aus, obwohl ich ebenso kräftig gebaut bin wie er, aber ich fühle mich nur halb so groß. Er hat dann diesen kalten Blick und einen kritischen Tonfall. Warum kann er mich nicht wie einen Erwachsenen behandeln?«

Martins Vater benutzt das Geschäft, um dem Sohn ein Gefühl von Unterlegenheit zu vermitteln, was wiederum dem Vater ein positives Selbstgefühl gibt. Wenn der »Papa« die richtigen Register zieht, fühlt sich Martin wie ein hilfloses Kind in den Kleidern eines Erwachsenen.

Es dauerte eine Weile, bis Martin schließlich erkannte, daß er die Hoffnung aufgeben mußte, sein Vater würde sich ändern. Martin arbeitet nun intensiv daran, seinen Umgang mit dem Vater zu verändern.

Die Tyrannei des Manipulators

Es gibt eine andere starke Form von Kontrolle, die zwar subtiler und verdeckter ist als die direkte Art, aber ebenso schädlich wirkt: Manipulation. Manipulatoren bekommen, was sie wollen, ohne jemals danach zu fragen, ohne das Risiko einzugehen, abgewiesen zu werden, falls sie ihre Wünsche offen ausdrückten.

Jeder manipuliert zuweilen auf gewisse Weise. Nur wenige Menschen sind selbstsicher genug, um offen auszusprechen, was sie in diesem Leben wollen, daher entwickeln wir indirekte Bitten. Wir bitten den Partner nicht um ein Glas Wein, sondern fragen, ob eine Flasche offen sei. Wir bitten unsere Gäste, wenn es spät wird, nicht, zu gehen, sondern gähnen. Wir bitten einen attraktiven Fremden nicht um seine Telefonnummer, sondern fangen ein Gespräch an. Kinder manipulieren Eltern ebenso wie Eltern Kinder. Partner, Freunde und Verwandte manipulieren einander. Verkäufer verdienen durch Manipulation ihren Lebensunterhalt. Manipulation ist nicht grundsätzlich schlecht, sondern eher eine normale Art menschlicher Kommunikation.

Doch wenn Manipulation zu einem Instrument ständiger Kontrolle wird, kann sie extrem destruktiv wirken, besonders in einer Eltern-Kind-Beziehung. Da manipulative Eltern sehr geschickt ihre wahren Motive verbergen, leben ihre Kinder in ständiger Verwirrung. Sie wissen, daß man sie ködert, aber sie finden nicht heraus, wie.

»Warum muß sie immer helfen?«

Einer der häufigsten Typen giftiger Manipulatoren ist der »Helfer«. Statt ein Kind loszulassen, schafft der Helfer im Leben des nun Erwachsenen immer wieder Situationen, in denen sie oder er gebraucht werden. Diese Manipulation kommt oft in Form gutgemeinter, aber unerwünschter Hilfe.

Lee, 32, ist eine kommunikative, sommersprossige ehemalige Toptennisspielerin, die nun als Lehrerin in einem Club arbeitet. Trotz eines aktiven Soziallebens, beruflicher Anerkennung und einer guten Stelle verfiel sie regelmäßig in tiefe Depressionen. Die Beziehung zu ihrer Mutter beherrschte schnell unsere erste Sitzung:

»Ich habe schwer gearbeitet, um dorthin zu gelangen, wo ich heute stehe, aber meine Mutter meint immer noch, ich könnte mir nicht selbst die Schuhe zubinden. Ihr ganzes Leben dreht sich um mich, und seit dem Tod meines Vaters ist es noch schlimmer geworden. Sie läßt einfach nicht locker. Ständig bringt sie mir Essen in die Wohnung, weil sie meint, ich äße nicht richtig. Manchmal komme ich nach Hause, und sie hat alles geputzt, um ›mir einen Gefallen zu tun‹. Sie hat sogar meine Kleider aussortiert und meine Möbel umgeräumt.«

Ich fragte Lee, ob sie ihre Mutter jemals gebeten habe, damit aufzuhören.

»Ständig. Doch dann bricht sie gleich in Tränen aus. ›Ist es denn nicht richtig, wenn eine Mutter ihrer Tochter hilft, die sie liebt?‹ Letzten Monat war ich zu einem Turnier nach San Francisco eingeladen. Meine Mutter meinte immer wieder, wie weit das entfernt sei und daß ich unmöglich die ganze Strecke allein fahren könne. Sie erklärte sich bereit, mitzukommen. Als ich erwiderte, das sei wirklich nicht nötig, verhielt sie sich, als wolle ich sie um ein schönes Wochenende bringen. Daher stimmte ich zu. Ich hatte mich wirklich darauf gefreut, allein zu sein, aber was konnte ich schon sagen?«

Als Lee und ich begannen, zusammen zu arbeiten, erkannte sie bald, wie stark ihr Gefühl, kompetent zu sein, von der Mutter untergraben wurde. Aber wann immer Lee ihrer Frustration Ausdruck verleiht, wird sie von Schuldgefühlen überwältigt, weil ihre Mutter so liebevoll und fürsorglich wirkt. Lee wurde immer wütender auf ihre Mutter, und da sie diese Wut nicht herauslassen konnte, mußte sie sie hinunterschlucken. Sie fand schließlich in einer Depression ein Ventil.

Natürlich verstärkte die Depression den Teufelskreis nur. Ihre Mutter versäumte keine Gelegenheit, um zu sagen: »Guck doch mal in den Spiegel, wie schlecht du aussiehst. Ich mache dir etwas zu essen, dann geht es dir gleich besser.«

Bei den seltenen Gelegenheiten, wenn Lee ihren Mut zusammennahm, ihrer Mutter zu sagen, wie sie sich fühlte, wurde diese zum tränenerstickten Märtyrer. Dann fühlte sich Lee unweigerlich schuldig und versuchte, sich zu entschuldigen, aber ihre Mutter schnitt ihr mit den Worten den Satz ab: »Mach dir um mich keine Sorgen, mir geht es gut.«

Ich meinte, daß Lee vielleicht nicht so wütend wäre, wenn ihre Mutter sie direkter um Dinge bitten würde. Lee stimmte dem zu:

»Da haben Sie recht. Wenn sie einfach sagte: ›Ich bin einsam und vermisse dich, und ich fände es gut, wenn wir mehr zusammensein könnten‹, wüßte ich wenigstens, was auf mich zukommt. Ich hätte eine Wahl. So, wie es jetzt läuft, hat sie mein Leben völlig in der Hand.«

Als Lee ihren Mangel an Wahlmöglichkeiten beklagte, wiederholte sie, was viele erwachsene Kinder manipulativer Eltern glauben. Manipulation drängt Menschen in eine Ecke. Um zu kämpfen, müssen sie jemandem weh tun, der »nur nett ist«. Die meisten Menschen finden es leichter, nachzugeben.

Feiertage – Zeit der Melancholie

An Fest- und Feiertagen haben manipulative Eltern ihre beste Zeit und verbreiten Schuldgefühle wie Konfetti. Feiertage scheinen bereits bestehende Familienkonflikte zu verstärken. Statt sich auf die Festtage zu freuen, haben viele Menschen Angst vor dem Anstieg der familiären Spannungen, die oft wie selbstverständlich dazugehören.

Einer meiner Klienten, Fred, ein siebenundzwanzigjähriger Angestellter in einem Gemüsegeschäft, jüngstes von vier Geschwistern, erzählte mir die Geschichte einer klassischen Manipulation seiner Mutter:

»Meine Mutter macht immer ein großes Theater, damit wir alle an Weihnachten nach Hause kommen. Letztes Jahr hatte ich ein Preisausschreiben gewonnen, eine Wintersportreise über Weihnachten. Ich habe mich riesig gefreut, denn so was könnte ich mir sonst nie leisten. Ich laufe gern Ski, und es war eine unglaubliche Chance, mit meiner Freundin eine schöne Reise zu machen. Wir hatten beide schwer gearbeitet, und dieser Urlaub schien für uns wie der siebte Himmel. Als ich die Neuigkeit jedoch meiner Mutter mitteilte, sah sie aus, als sei gerade jemand gestorben. Ihre Augen wurden feucht, und ihre Lippen zitterten, als wolle sie in Tränen ausbrechen. Dann sagte sie: ›Ist schon gut, Schatz. Mach es dir nur schön. Vielleicht feiern wir dieses Jahr nicht Weihnachten.‹ Und da fühlte ich mich natürlich richtig beschissen.«

Ich fragte Fred, ob er es geschafft habe, die Reise wirklich anzutreten.

»Ja, sicher. Aber es war die schlimmste Zeit meines Lebens. Ich hatte so schreckliche Laune, daß ich die ganze Zeit mit meiner Freundin Streit hatte. Die Hälfte der Zeit hing ich am Telefon mit meiner Mutter, meinen Brüdern und meiner Schwester... Ich entschuldigte mich bei allen. Es war die Sache nicht wert.«

Ich war ehrlich erstaunt, daß Fred die Reise angetreten hatte, denn ich habe schon Menschen erlebt, die mehr auf sich nehmen, als eine Reise abzusagen, um Schuldgefühle zu vermeiden. Manipulative Eltern sind Weltmeister im Erzeugen von Schuldgefühlen, und Freds Mutter bildete keine Ausnahme.

»Natürlich haben sie Weihnachten ohne mich gefeiert. Aber meine Mutter war so unglücklich, daß sie zum ersten Mal in vierzig Jahren den Truthahn anbrennen ließ. Ich bekam drei Anrufe von meiner Schwester, weil ich die Familientradition verraten hätte. Mein ältester Bruder meinte, alle seien völlig hinüber, weil ich nicht da sei. Und dann fing mein anderer Bruder an: ›Sie hat doch nur uns Kinder. Wie viele Weihnachten wird sie schon noch erleben?‹ Als würde ich sie auf dem Sterbebett allein lassen. Ist das fair? Sie ist nicht einmal sechzig und bei bester Gesundheit. Ich bin sicher, daß sie ihm diesen Spruch vorgesagt hat. Ich werde nie wieder Weihnachten woanders feiern, das schwöre ich.«

Statt ihre Wut Fred direkt gegenüber auszudrücken, benutzte Freds Mutter die anderen Geschwister, es an ihrer Stelle zu tun. Es handelt sich um eine extrem effektive Taktik vieler manipulativer Eltern. Ihr Hauptziel ist immerhin die Vermeidung einer direkten Konfrontation. Statt Fred selbst zu beschuldigen, spielte seine Mutter beim Weihnachtsessen die Märtyrerin. Sie hätte Fred nicht stärker verdammen können, wenn sie sich in einer Zeitungsanzeige von ihm losgesagt hätte.

Ich erklärte Fred, daß seine Mutter und Geschwister sich *entschieden* hätten, ein unglückliches Weihnachten zu feiern. Fred sei dafür nicht verantwortlich. Nichts, außer ihrer freien Entscheidung hätte sie davon abhalten können, in Freds Abwesenheit auf ihn anzustoßen und einen schönen Abend zu verbringen.

Solange Fred glaubte, er sei ein schlechter Mensch, weil er es wagte, etwas für sich selbst zu tun, würde seine Mutter ihn durch Schuldgefühle kontrollieren. Das begriff Fred allmählich, und er wird inzwischen viel besser mit seiner Mutter fertig. Sie betrachtet die neue Selbstsicherheit ihres Sohnes zwar als »Strafe«, doch Fred hat das Machtgleichgewicht so weit verändert, daß alle seine Zugeständnisse Ergebnis einer freien Wahl sind und nicht aufgrund einer Kapitulation zustande kommen.

»Warum kannst du nicht so sein wie deine Schwester?«

Andere giftige Eltern vergleichen ein Kind immer mit einem anderen, damit es das Gefühl bekommt, es tue nicht genug, um die elterliche Gunst zu erringen. So wird das Kind motiviert, alles zu tun, was die Eltern verlangen, um ihre Zuneigung wiederzugewinnen. Diese Technik des »Teile-und-Herrsche« wird oft bei Kindern angewandt, die zu unabhängig werden und das Gleichgewicht des Familiensystems bedrohen.

Bewußt oder unbewußt manipulieren diese Eltern eine ansonsten normale Geschwisterrivalität zu einem grausamen Wettbewerb, der das gesunde Wachstum einer Geschwisterbindung behindert. Neben dem offensichtlichen Schaden für das Selbstbild des Kindes können negative Vergleiche zwischen den Geschwistern Ablehnung und Eifersucht hervorrufen und ihre Beziehung das ganze Leben lang beeinträchtigen.

Rebell aus gutem Grund

Wenn giftige Eltern auf intensive, einschüchternde, schuldproduzierende oder emotional beeinträchtigende Weise kontrollieren, reagieren ihre Kinder gewöhnlich auf eine von zwei Weisen. Sie kapitulieren oder rebellieren. Beide Reaktionen verhindern eine psychologische Loslösung, auch wenn Rebellen genau das Gegenteil zu tun scheinen. In Wahrheit wird man, wenn man sich gegen die Eltern auflehnt, genauso kontrolliert wie bei einer Unterwerfung.

Jonathan, 55, ist ein gutaussehender, sportlicher Junggeselle, dem eine große Computerfirma gehört. Bei unserer ersten Sitzung entschuldigte er sich fast für seine Panik und Einsamkeit.

»Ich triefe wohl vor Selbstmitleid. Ich habe ein schönes Haus, ich sammle Autos. Ich besitze alle möglichen Dinge. Ich habe wirklich ein feines Leben. Aber manchmal bin ich sehr, sehr einsam. Ich habe soviel und kann es mit niemandem teilen. Manchmal bedaure ich ganz stark, daß ich keine liebevolle, intime Beziehung gehabt habe. Ich habe schreckliche Angst, ganz allein zu sterben.«

Ich fragte Jonathan, ob er eine Ahnung habe, was der Grund für seine Schwierigkeiten mit Beziehungen sei.

»Jedesmal, wenn ich einer Frau näher komme... oder sogar denke, ich könnte heiraten, bekomme ich Panik und renne fort. Ich weiß nicht, warum... wenn ich es doch nur wüßte. Meine Mutter läßt es nie soweit kommen.«

Ich fragte Jonathan, was er über diesen Druck seitens seiner Mutter denke.

»Sie ist besessen von dem Gedanken, daß ich heiraten soll. Sie ist einundachtzig, bei guter Gesundheit und hat eine Menge Freunde. Aber ich fürchte, sie macht sich den ganzen Tag über mein Liebesleben Sorgen. Ich liebe sie wirklich, aber gerade deshalb kann ich es in ihrer Nähe nicht mehr aushalten. Sie lebt nur für mein Glück. Sie erstickt mich mit ihrer Besorgnis. Es ist, als könnte ich diese Frau nie mehr abschütteln. Sie versucht mir ständig einzureden, wie ich mein Leben zu führen habe... das war schon immer so. Ich glaube, sie würde auch noch für mich atmen, wenn das ginge.«

Jonathans letzter Satz beschrieb wunderbar die »Verschmelzung«. Seine Mutter war so verstrickt mit ihm, daß sie vergaß, wo er aufhörte und sie begann. Sie verschmolz sein Leben mit ihrem. Jonathan war zu einer Ausweitung ihrer selbst geworden, als sei sein Leben ihres. Er mußte sich von ihrer erstickenden Kontrolle freimachen, daher rebellierte er. Er lehnte ab, was immer sie für ihn wollte, darunter auch Dinge, die er sich ansonsten gewünscht hätte, wie z. B. eine Ehe.

Ich bedeutete Jonathan, er habe sich so stark darauf konzentriert, gegen seine kontrollierende Mutter zu rebellieren, daß er seine wahren Bedürfnisse ignorierte. Es war ihm so wichtig geworden, den Wünschen seiner Mutter nicht nachzugeben, daß er sich die Beziehung versagte, die er angeblich wollte. Damit schuf er sich die Illusion, er sei »selbständig«, doch in Wahrheit hatte sich sein Drang zur Rebellion seines freien Willens bemächtigt.

Ich nenne dies »selbstzerstörerische Rebellion«. Es ist die Kehrseite von Kapitulation. Gesunde Rebellion ist eine aktive Ausübung freier Wahlmöglichkeiten. Sie verstärkt das Wachstum einer eigenen Persönlichkeit und Individualität. Selbstzerstörerische Rebellion hingegen ist eine Reaktion gegen einen kontrollierenden Elternteil, eine Anstrengung, bei der die Mittel versuchen, einen unbefriedigenden Zweck zu rechtfertigen. Und das ist nur selten in unserem Interesse.

Kontrolle aus dem Grab heraus

In einer meiner Gruppen sagte einmal jemand: »Meine Eltern sind beide tot, daher haben sie keine Macht mehr über mich.« Da meinte ein anderer: »Sie sind vielleicht tot, mein Schatz, aber in deinem Kopf leben sie immer noch!« Sowohl die selbstzerstörerische Rebellion wie die Kapitulation können sich lange nach dem Tod der Eltern fortsetzen.

Viele Menschen glauben, wenn die kontrollierenden Eltern erst tot wären, würden sie frei sein, aber die psychologische Nabelschnur reicht nicht nur über Kontinente, sondern auch aus dem Grab heraus. Ich habe Hunderte von Erwachsenen gesehen, die gegenüber den Forderungen und negativen Botschaften der Eltern immer noch ungebrochen loyal waren, obwohl diese schon lange gestorben waren.

Eli, 60, ein sehr erfolgreicher Geschäftsmann mit ungewöhnli-

chem Intellekt und einem trockenen Humor, schätzte seine Lage
äußerst intelligent ein: »Ich spiele in meinem eigenen Leben nur eine
Nebenrolle.«

Als ich Eli zuerst kennenlernte, wohnte er, obwohl er mehrfacher Millionär war, in einer Einzimmerwohnung, fuhr eine alte
Klapperkiste und lebte wie ein Mann, der sich kaum über Wasser
halten kann. Er war seinen beiden erwachsenen Töchtern gegenüber
extrem großzügig, doch gegenüber sich selbst wurde er zum Pfennigfuchser.

Ich erinnerte mich an einen Tag, als er nach der Arbeit zu mir
kam. Ich fragte ihn, wie sein Tag verlaufen sei, und er erzählte mir
lachend, daß ihm fast ein Achtzehnmillionengeschäft geplatzt wäre,
weil er einen Termin beinahe verpaßt hätte. Eli war gewöhnlich sehr
pünktlich, doch er war zwanzig Minuten auf der Suche nach einem
Parkplatz um den Block gekurvt, um die Kosten fürs Parkhaus zu
sparen. Er hatte achtzehn Millionen für fünf Dollar Parkgebühr aufs
Spiel gesetzt!

Als wir die Wurzeln seiner Sparobsession aufspürten, wurde
deutlich, daß die Stimme seines Vaters, zwölf Jahre nach dessen Tod,
immer noch in Elis Kopf klang:

»Meine Eltern waren arme Einwanderer. Ich wuchs in totalem
Elend auf. Meine Eltern, besonders mein Vater, brachten mir
bei, immerzu Angst zu haben. Er sagte ständig: ›Dies ist eine
böse Welt, und wenn du nicht aufpaßt, wirst du bei lebendigem
Leib aufgefressen.‹ Er brachte mir bei, es gäbe nur Gefahren,
und das hörte auch nicht auf, nachdem ich geheiratet hatte und
begann, Erfolg zu haben. Er hat mir immer Vorhaltungen gemacht, wofür ich mein Geld ausgab. Und wenn ich den Fehler
beging, es ihm zu erzählen, lautete seine Standardantwort: ›Du
Idiot! Du verschwendest dein Geld für Luxus. Du solltest jeden
Penny sparen. Es werden noch schwere Zeiten kommen, und
dann brauchst du das!‹ Schließlich hatte ich Angst, nur einen
Penny auszugeben. Mein Vater hat das Leben nie als etwas
betrachtet, das man genießen könnte, sondern nur als etwas, das
man aushalten muß.«

Elis Vater projizierte die Schrecken und Härten seines eigenen Lebens auf seinen Sohn. Nachdem Eli reich geworden war, hörte er die Mahnungen seines Vaters jedesmal, wenn er versuchte, die Früchte seiner Arbeit zu genießen. Die Katastrophenprophezeiungen seines Vaters spielten in Elis Kopf wie ein endloses Tonband. Auch wenn es Eli gelang, sich etwas Schönes zu kaufen, hielt die Stimme des Vaters ihn davon ab, es auch zu genießen.

Das allgemeine Mißtrauen in die Zukunft übertrug sein Vater auch auf seine Vorstellungen über Frauen. Wie Erfolg würden sich Frauen eines Tages gegen ihn wenden. Er hegte so starkes Mißtrauen gegenüber Frauen, daß es an Paranoia grenzte. Sein Sohn hat diese Ansichten ebenfalls internalisiert.

»Ich hatte immer nur Pech mit Frauen. Ich war einfach nie fähig, ihnen zu vertrauen. Meine Frau ließ sich scheiden, weil ich ihr immer Extravaganz vorwarf. Sie kaufte sich vielleicht eine Handtasche, und ich dachte sofort an Bankrott.«

Bei der Arbeit mit Eli wurde deutlich, daß Geld nicht das einzige Thema war, das sich zwischen ihn und seine Frau gedrängt hatte. Er fand es sehr schwer, Gefühle auszudrücken, besonders zärtliche, und sie war zunehmend enttäuscht. Dieses Problem setzte sich auch in seinem Singledasein fort. Er drückte es so aus:

»Jedesmal, wenn ich mit einer Frau ausgehe, sagt die Stimme meines Vaters: ›Frauen legen Männer gern herein. Wenn du dumm genug bist, nehmen sie dir alles ab.‹ Daher habe ich mir wohl immer unterlegene Frauen ausgesucht. Ich weiß, daß sie mich nicht hereinlegen können. Ich mache immer jede Menge Versprechungen, daß ich mich finanziell um sie kümmere oder ihnen beruflich helfe, aber ich halte sie nie ein. Ich versuche wohl, sie hereinzulegen, ehe sie es bei mir versuchen. – Werde ich jemals eine Frau finden, der ich vertraue?«

Da stand ein kluger, aufmerksamer Mann, der zuließ, daß starke Kräfte ihn aus dem Grab heraus kontrollierten, obwohl er auf intellektueller Ebene begriff, was vor sich ging. Er war ein Gefangener des Mißtrauens und der Angst seines Vaters.

Eli arbeitete in der Therapie sehr gut. Er ging Risiken ein und zwang sich, neue Verhaltensformen anzunehmen. Er stellte sich vielen seiner inneren Ängste. Schließlich kaufte er sich ein luxuriöses Haus – was für ihn einen großen Schritt bedeutete. Er fühlte sich immer noch schuldig deswegen, aber er lernte, mit seiner Schuld zu leben.

Die Stimme in seinem Kopf wird weiter ertönen, aber er hat gelernt, die Lautstärke herabzudrehen. Eli kämpfte immer noch gegen sein Mißtrauen Frauen gegenüber, aber er hat gelernt, es als Erbe seines Vaters zu betrachten. Er versucht, der Frau zu trauen, mit der er gerade befreundet ist, und benutzt dieses Vertrauen als Waffe, um Kontrolle über sein Leben zu erlangen.

Ich werde nie den Tag vergessen, als er zu mir kam und erzählte, er habe am Abend zuvor gegen eine Welle der Eifersucht angekämpft und einen besonders großen Sieg errungen. Er sah mich mit tränenerfüllten Augen an und sagte: »Wissen Sie, in meiner jetzigen Realität gibt es nichts, was meine früheren Ängste rechtfertigen würde.«

»Ich habe das Gefühl, ich kann nicht mehr atmen«

Barbara, 39, eine schlanke, große Komponistin von Hintergrundmusik für Fernsehshows kam mit einer schweren Depression zu mir.

»Ich werde nachts wach, und alles ist leer, fast so, als herrsche der Tod in mir. Ich war ein musikalisches Wunderkind und spielte schon mit fünf Klavierkonzerte von Mozart. Mit zwölf hatte ich ein Stipendium bei Juillard. Meine Karriere verläuft wunderbar, aber innerlich sterbe ich. Vor sechs Monaten war ich wegen der Depressionen im Krankenhaus. Ich glaube, ich verliere mein Selbst. Ich weiß nicht mehr, was ich tun kann.«

Ich fragte Barbara, ob dem Krankenhausaufenthalt etwas Besonderes vorausgegangen sei, und sie erzählte mir, sie habe innerhalb von drei Monaten beide Eltern verloren. Ich empfand starkes Mitleid, aber sie beeilte sich, mir zu versichern, das sei nicht so wichtig gewesen.

»Es war nicht so schlimm. Wir hatten schon Jahre keinen Kontakt mehr. Daher hatte ich das Gefühl, ich hätte sie bereits verloren.«

Ich fragte nach dem Grund für diesen Bruch.

»Als Chuck und ich planten, zu heiraten – vor etwa vier Jahren –, bestanden meine Eltern darauf, zu kommen und bei den Vorbereitungen zu helfen. Das hatte mir gerade noch gefehlt . . . daß sie mir die ganze Zeit über die Schultern guckten, so, als ob ich noch klein wäre. Sie haben sich ständig in alles eingemischt . . . es gab immer ein Kreuzverhör, was ich täte, wohin ich ginge . . . na, jedenfalls bot ich ihnen an, sie in einem Hotel unterzubringen, da Chuck und ich vor der Hochzeit genügend Streß hatten, und da wurden sie verrückt. Sie sagten, wenn sie nicht bei mir wohnen könnten, würden sie nie wieder ein Wort mit mir reden. Und zum ersten Mal in meinem Leben bin ich hart geblieben. Was für ein Fehler! Erst kamen sie nicht zu meiner Hochzeit, und dann haben sie der ganzen Familie erzählt, was für ein schlechter Mensch ich sei. Jetzt spricht keiner mehr mit mir.
Ein paar Jahre später erfuhr meine Mutter, daß sie unheilbaren Krebs hatte. Sie ließ jedes Familienmitglied schwören, mir nicht mitzuteilen, wenn sie gestorben sei. Ich erfuhr es erst fünf Monate später, als ich zufällig einen alten Bekannten traf, der mir sein Beileid ausdrückte. So fand ich heraus, daß meine Mutter gestorben war.
Ich ging sofort nach Hause und rief meinen Vater an. Ich dachte wohl, wir könnten uns wieder vertragen. Als erstes sagte er: ›Du solltest dich doch freuen, daß du deine Mutter umgebracht hast!‹ Ich war am Boden zerstört. Er trauerte sich drei Monate später zu Tode. Jedesmal, wenn ich an sie denke, höre ich diese Anklage, und dann fühle ich mich wie eine Mörderin. Sie erwürgen mich immer noch mit ihren Anschuldigungen, obwohl sie schon lange unterm Rasen liegen. Was soll ich nur tun, um sie aus meinem Kopf, aus meinem Leben zu bekommen?«

Wie Eli wurde Barbara aus dem Grab heraus kontrolliert. Sie lebte mehrere Jahre mit der Verantwortung für den Tod der Eltern, was ihre seelische Gesundheit schwer beeinträchtigte und ihre Ehe fast zerstörte. Sie versuchte verzweifelt, ihren Schuldgefühlen zu entrinnen.

»Seit sie gestorben sind, habe ich oft Selbstmordgedanken. Das scheint die einzige Möglichkeit, die Stimmen in meinem Kopf zum Schweigen zu bringen. ›Du hast deinen Vater umgebracht! Du hast deine Mutter umgebracht.‹ Ich stand dicht davor, aber wissen Sie, was mich letztlich abgehalten hat?«

Ich schüttelte den Kopf. Da lächelte sie zum ersten Mal in unserer Sitzung und antwortete:

»Ich hatte Angst, ich würde meine Eltern wiedersehen. Es ist schlimm genug, daß sie mein Leben ruiniert haben. Doch ich wollte ihnen keine Chance geben, auch noch das zu zerstören, was mich vielleicht auf der anderen Seite erwartet.«

Wie die meisten erwachsenen Kinder giftiger Eltern konnte Barbara einen Teil des Leids erkennen, das ihre Eltern verursacht hatten. Aber das reichte nicht, um ihnen die Verantwortung dafür zu übertragen. Es dauerte eine Weile, aber schließlich haben wir alles durchgearbeitet, und sie akzeptierte, daß ihre Eltern für ihr grausames Verhalten verantwortlich waren. Ihre Eltern waren tot, aber es dauerte ein weiteres Jahr, bis Barbara sie dazu bekommen konnte, sie in Ruhe zu lassen.

Identitätsverlust

Eltern, die mit sich selbst im reinen sind, brauchen ihre erwachsenen Kinder nicht zu kontrollieren. Doch die giftigen Eltern, die wir in diesem Kapitel kennengelernt haben, handeln aus einem tiefen Gefühl von Unzufriedenheit mit ihrem Leben und der Furcht vor dem Verlassenwerden heraus. Die Unabhängigkeit des Kindes ist für sie wie eine Amputation. Wenn das Kind heranreift, wird es für diese

Eltern immer wichtiger, die Fäden in der Hand zu behalten und das Kind abhängig zu machen. Solange es den giftigen Eltern gelingt, daß ihr Sohn oder ihre Tochter sich wie ein Kind fühlt, können sie die Kontrolle aufrechterhalten.

Als Folge davon haben erwachsene Kinder kontrollierender Eltern oft ein sehr verschwommenes Identitätsgefühl. Sie haben Schwierigkeiten, sich als von den Eltern getrennte Wesen zu betrachten. Sie können die eigenen Bedürfnisse nicht von denen der Eltern unterscheiden. Sie fühlen sich machtlos.

Alle Eltern kontrollieren ihre Kinder, bis diese die Kontrolle über das eigene Leben erringen. In normalen Familien geschieht dieser Übergang kurz nach der Adoleszenz. In giftigen Familien verzögert sich diese gesunde Trennung um Jahre – oder auf immer. Sie kann nur eintreten, wenn man die Veränderungen vorgenommen hat, die einen befähigen, die Herrschaft über das eigene Leben anzutreten.

4. »In dieser Familie gibt es keinen Alkoholiker!«

Die Alkoholiker

Glenn, ein hochgewachsener, robust aussehender Mann, der eine kleine Fabrik leitet, kam vornehmlich wegen seiner Ängstlichkeit und seines mangelnden Selbstbewußtseins zu mir, die seine persönlichen und beruflichen Beziehungen beeinträchtigten. Er gab an, sich meistens nervös und unruhig zu fühlen. Er hatte im Büro zufällig gehört, wie jemand ihn weinerlich und depressiv nannte. Er spürte das Unbehagen der Leute, die mit ihm zu tun hatten, und das wiederum erschwerte es ihm, aus Bekannten Freunde zu machen.

Während unserer ersten Sitzung begann Glenn plötzlich über eine andere Belastung bei seiner Arbeit zu sprechen:

»Vor etwa sechs Jahren habe ich meinem Vater eine Stelle bei mir verschafft, weil ich hoffte, ihn dadurch auf die richtige Bahn zu bringen. Doch ich glaube, der Arbeitsdruck hat alles nur verschlimmert. Er ist, seit ich denken kann, Alkoholiker. Er trinkt, beleidigt Kunden und kostet mich eine Menge. Ich muß ihn rausbekommen, aber ich habe schreckliche Angst davor. Wie, zum Teufel, kündigt man seinem eigenen Vater? Das würde ihm den Rest geben. Wann immer ich versuche, mit ihm darüber zu reden, sagt er nur: ›Entweder sprichst du respektvoll mit mir oder überhaupt nicht.‹ Ich werde noch verrückt.«

Glenns übertriebenes Verantwortungsgefühl, sein Bedürfnis, seinen Vater zu retten, seine persönliche Unsicherheit und seine unterdrückte Wut waren klassische Symptome erwachsener Kinder von Alkoholikern.

Wenn die persönlichen Berater des amerikanischen Präsidenten Richard Nixon bei Angehörigen von Alkoholikern Unterricht im Vertuschen genommen hätten, so wäre »Watergate« immer noch nur der Name eines Washingtoner Hotels. Für alle Angehörigen von Alkoholikerfamilien nämlich nimmt Verleugnung ungeheure Ausmaße an. Ein Alkoholiker in der Familie ist, als ob man mit einem Dinosaurier im Wohnzimmer lebte. Für einen Besucher ist es unmöglich, den Dinosaurier nicht zu sehen, aber aufgrund der Hoffnungslosigkeit, die Bestie zu vertreiben, müssen seine Bewohner so tun, als existiere sie nicht. Nur so können sie mit ihr leben. Lügen, Entschuldigungen und Geheimnisse sind in diesen Häusern so an der Tagesordnung wie die Luft zum Atmen, und sie schaffen für die Kinder ein ungeheures emotionales Chaos.

Das emotionale und psychologische Klima in alkoholsüchtigen Familien ist das gleiche wie in Familien, in denen Drogen genommen werden, egal, ob illegal oder auf Rezept. Die in diesem Kapitel geschilderten Fälle beziehen sich auf Alkoholiker, doch die leidvollen Erfahrungen von Kindern Drogensüchtiger sind ähnlich.

Glenns Erfahrungen waren typisch:

»Meine früheste Erinnerung ist, daß mein Vater von der Arbeit nach Hause kommt und sofort zum Schnapsschrank geht. Das war sein allabendliches Ritual. Nach ein paar Schnäpsen kam er mit dem Glas in der Hand zum Abendessen, und das verdammte Ding wurde nie leer. Nach dem Essen begann er, ernsthaft zu trinken. Wir mußten alle still sein, damit er nicht gestört wurde. Verdammt. Er tat so, als tue er etwas sehr Wichtiges, aber dieser Schweinehund ließ sich bloß vollaufen. An vielen Abenden mußten meine Schwester, meine Mutter und ich ihn ins Bett zerren. Ich mußte ihm immer die Schuhe und Socken ausziehen. Das schlimmste aber war, daß niemand in der Familie jemals erwähnte, was wir da taten. Das haben wir immerhin Abend für Abend gemacht. Bis ich älter war, glaubte ich, daß dieses Ins-Bett-Schleppen eine ganz normale Sache sei, das in jeder Familie gemacht würde.«

Glenn lernte schon früh, daß Papas Trinken ein großes Geheimnis war. Seine Mutter sagte ihm, er solle nicht über »Papas Problem« reden, aber seine Scham allein reichte aus, nichts zu erwähnen. Die Familie verhielt sich, als sei »alles in Ordnung«. Sie wurde durch ihr Bedürfnis geeint, mit einem gemeinsamen Feind fertig zu werden. Das Geheimnis wurde zum Leim, der die gequälte Familie zusammenhielt.

Das große Geheimnis hat drei Elemente:

1. Das Leugnen des Alkoholikers, süchtig zu sein, angesichts überwältigender gegenteiliger Beweise und eines Verhaltens, das für die anderen Familienangehörigen sowohl erschreckend als auch demütigend ist.
2. Das Leugnen des Problems durch die Partner des Alkoholikers und häufig auch durch andere Angehörige. Gewöhnlich entschuldigen sie den Trinker mit Sätzen wie: »Mutter trinkt nur, um sich zu entspannen«, »Vater ist über den Teppich gestolpert« oder: »Papa hat seine Stelle verloren, weil er mit dem Chef nicht zurechtkam.«
3. Die Fassade der »normalen Familie«, eine Fassade, die die Familie sich selbst und der restlichen Welt gegenüber aufrechterhält.

Diese Fassade ist für ein Kind besonders schädlich, weil sie dazu zwingt, die Rechtmäßigkeit der eigenen Gefühle und Wahrnehmungen zu leugnen. Es ist für ein Kind fast unmöglich, ein starkes Selbstbewußtsein auszubilden, wenn es ständig seine Gedanken und Gefühle verbiegen muß. Seine Schuldgefühle lassen es fragen, ob man ihm glaubt. Wenn es älter wird, setzt sich das Gefühl, daß man es anzweifelt, fort und bewirkt, daß es vermeidet, etwas von sich preiszugeben oder eine eigene Meinung zu vertreten. Wie Glenn werden viele Kinder von Alkoholikern sehr schüchtern.

Es bedarf ungeheurer Energie, um diese Fassade aufrechtzuerhalten. Das Kind muß immer auf der Hut sein. Es lebt in ständiger Furcht, daß es unabsichtlich etwas verraten und die Familie bloßstellen könnte. Um das zu vermeiden, meidet es oft Freundschaften und wird dadurch isoliert und einsam.

Diese Einsamkeit zieht es tiefer in den Familiensumpf hinein. Es entwickelt ein ungeheures, verzerrtes Loyalitätsgefühl den einzigen Menschen gegenüber, die sein Geheimnis teilen: der Familie, den

Mitverschwörern. Intensive, unkritische Loyalität den Eltern gegenüber wird ihm zur zweiten Natur. Wenn es erwachsen wird, bleibt seine blinde Loyalität ein destruktives, kontrollierendes Element, z. B. das Glenn davon abhielt, seinen Vater zu bitten, die Firma zu verlassen, obwohl das Geschäft darunter litt.

Der kleine Junge, den es nicht gab

Da soviel Energie für die nutzlosen Versuche verschwendet wird, den Trinker zu retten und die Fassade aufrechtzuerhalten, bleiben wenig Zeit und Aufmerksamkeit für die grundsätzlichen Bedürfnisse der Kinder von Alkoholikern. Wie Kinder unzulänglicher und fehlerhafter Eltern fühlen sich Kinder von Alkoholikern oft unsichtbar. Daraus entwickelt sich eine extrem schmerzliche, ausweglose Situation, denn je gestörter das Zuhause, um so stärker brauchen Kinder emotionale Unterstützung.

Als Glenn und ich die Verbindung zwischen seinen gegenwärtigen Schwierigkeiten und seiner Kindheit erforschten, erinnerte er sich an folgendes:

»Mein Vater machte nie etwas mit uns, was die Väter meiner Freunde mit ihren Kindern machten. Wir haben nie Fußball gespielt oder ein Spiel zusammen angesehen. Immer sagte er: ›Ich habe keine Zeit – vielleicht später.‹ Aber er hatte immer Zeit, herumzusitzen und sich zu betrinken. Meine Mutter sagte immer: ›Komm mir nicht ständig mit deinen Problemen. Warum spielst du nicht mit deinen Freunden?‹ Aber ich hatte keine Freunde. Ich hatte Angst, jemanden mit nach Hause zu bringen. Meine Eltern ignorierten mich einfach und schienen sich nicht darum zu kümmern, wenn ich Probleme hatte, solange sie nicht dadurch selbst betroffen wurden.«

Ich sagte zu Glenn: »Alles war also in Ordnung, solange Sie weder gesehen noch gehört wurden. Wie fühlte es sich an, so unsichtbar zu sein?« Glenn blickte sehr betroffen, als er sich erinnerte:

»Es war schrecklich. Ich fühlte mich meistens wie ein Waisenkind. Ich versuchte alles, um ihre Aufmerksamkeit zu erlangen. Einmal, als ich etwa elf war, war ich bei einem Freund zu Hause, und sein Vater ließ die Brieftasche auf dem Tisch liegen. Ich nahm fünf Dollar heraus, in der Hoffnung, man würde mich erwischen. Es war mir egal, wenn meine Eltern mich anbrüllten, solange sie nur erkennen ließen, daß ich existierte.«

Glenn spürte schon früh im Leben die Botschaft, daß seine Existenz eher eine Belastung als ein Segen für seine Eltern war. Seine emotionale Unsichtbarkeit wurde durch die Tatsache verstärkt, dort den sichersten Platz vor der häufigen Gewalttätigkeit seines Vaters zu finden. Er erinnerte sich:

»Mein Vater putzte mich herunter, sobald ich den Mund aufmachte. Wenn ich es wagte, ihm zu widersprechen, schlug er mich. Ich brauchte nicht lange, um zu lernen, daß es besser war, ihm aus dem Weg zu gehen. Wenn ich meiner Mutter Widerworte gab, begann sie zu heulen wie ein Baby; dann wurde er verrückt und schlug irgend jemanden. Dann fühlte ich mich doppelt schlimm. Ich lernte also, so oft wie möglich von zu Hause wegzubleiben. Mit zwölf suchte ich mir einen Job nach der Schule; ich gab falsche Arbeitszeiten an und kam jeden Abend so spät wie möglich nach Hause. Zur Schule ging ich morgens immer eine Stunde früher, damit ich aus dem Haus war, bevor er wach wurde. Ich spüre immer noch die Einsamkeit, wenn ich ganz allein morgens auf dem Schulhof saß und auf die anderen wartete. Komisch, ich glaube nicht, daß es meinen Eltern jemals aufgefallen ist, daß ich nie da war.«

Ich fragte Glenn, ob er meine, daß die gleichen Ängste, die ihn als Kind davon abhielten, selbstbewußt zu sein, ihn auch noch als Erwachsenen kontrollierten. Glenn gab dies traurig zu:

»Ich denke schon. Ich kann nie etwas Kränkendes sagen, sosehr ich das auch will. Ich schlucke so viel herunter, daß ich manchmal glaube, mich übergeben zu müssen. Ich kann mich einfach nicht behaupten. Auch nicht bei Menschen, die mir völlig egal sind. Wenn ich meine, daß das, was ich sagen will, den anderen verletzt, kann ich es nicht herausbringen. Ich kann einfach nicht.«

Wie viele Kinder von Alkoholikern fühlte sich Glenn für sämtliche Gefühle anderer Menschen verantwortlich, genauso wie er sich für die Gefühle von Vater und Mutter verantwortlich glaubte, als er noch klein war. Er schlug die kompliziertesten Wege ein, um Konfrontationen mit seinen Eltern zu vermeiden, weil er nicht verantwortlich dafür sein wollte, irgend jemandem (sich selbst eingeschlossen) Leid zu verursachen. Er konnte seine Gefühle nicht kindgemäß ausdrücken. Er mußte sie unterdrücken, und dieses Muster setzte sich in seinem Erwachsenenleben fort. Als Glenn mithalf, seinen Vater ins Bett zu bringen, als er die Verantwortung dafür übernahm, seinen Vater nicht aufzuregen, verhielt er sich wie ein Elternteil, nicht wie ein Kind. Wenn ein Kind gezwungen wird, eine Elternrolle anzunehmen, verliert es sein Rollenvorbild und bedroht die Entwicklung seiner Identität. Dieser destruktive Rollentausch ist in Alkoholikerfamilien sehr häufig.

»Ich war nie ein Kind«

Wie wir gesehen haben und weiter sehen werden, findet Rollentausch in fast allen Familien statt, in denen es giftige Eltern gibt. In Alkoholikerfamilien usurpiert gewöhnlich der Trinker die Kindrolle durch sein jämmerliches, bedürftiges, irrationales Verhalten. Er ist selbst ein so schwieriges Kind, daß er anderen Kindern der Familie keinen Raum läßt.

Glenn wuchs in der Überzeugung auf, seine Rolle in der Welt wäre, sich um andere zu kümmern und nichts für sich selbst zu erwarten.

»Ich weiß noch, wie Mutter immer weinend zu mir gerannt kam, wenn Papa ausflippte, und heulte, wie unglücklich sie sei. Sie sagte: ›Was soll ich nur tun? Ihr Kinder braucht einen Vater, und ich kann nicht hinausgehen und Geld verdienen.‹ Schon darüber zu reden, regt mich sehr auf. Ich träumte oft, ich würde mit ihr auf eine einsame Insel fahren, wo mein Vater uns nicht finden würde. Ich versprach ihr, mich so bald wie möglich um sie zu kümmern. Und genau das tue ich jetzt. Ich gebe ihr ständig Geld, obwohl ich es mir nicht leisten kann. Und ich kümmere mich um Pa, obwohl es mein Geschäft ruiniert. Warum kann ich nicht zur Abwechslung mal jemanden finden, der sich um mich kümmert?«

Glenn ist immer noch von den Schuldgefühlen belastet, daß er als Kind wie auch als Erwachsener unfähig zu sein scheint, das Leben seiner Eltern in Ordnung zu bringen. Trotz seines Traums, eine Frau zu finden, die sich seiner annähme, war die Frau, die er schließlich heiratete, bedürftig und hilflos. Glenn spürte innerlich, daß sie nicht die Richtige war, als sie heirateten, aber sein Bedürfnis, die Rettungsphantasien seiner Kindheit auszuagieren, beeinflußten sein gesundes Urteil.

Der Mythos, die Vergangenheit in Ordnung bringen zu können

Es dauerte nicht lange, bis Glenn herausfand, daß er eine heimliche Trinkerin geheiratet hatte. Selbst wenn er das vor der Ehe erkannt hätte, hätte er sie vermutlich geheiratet. Er wäre einfach davon überzeugt gewesen, sie ändern zu können. Erwachsene Kinder von Alkoholikern heiraten oft Alkoholiker. Viele Menschen finden es erstaunlich, daß jemand, der im Chaos einer alkoholischen Familie groß wurde, das Trauma noch einmal erleben will. Aber der Trieb, das vertraute Muster von Gefühlen zu wiederholen, ist allen Menschen gemein, wie schmerzlich oder selbsterniedrigend diese Gefühle auch sein mögen. Das Vertraute schafft ein Gefühl von Sicherheit in unserem Leben und gibt ihm eine Struktur. Wir kennen die Regeln und wissen, was wir erwarten können.

Wichtiger noch ist, daß wir vergangene Konflikte neu ausagieren, weil wir hoffen, es dieses Mal richtig zu machen. Wir werden den Kampf gewinnen. Diese Wiederholung alter, schmerzlicher Erfahrungen nennt man »Wiederholungszwang«.

Ich kann nicht oft genug betonen, wie sehr dieser besondere Zwang unser Leben beeinflußt. Fast jedes selbsterniedrigende Verhalten, besonders bei der Etablierung und Aufrechterhaltung intimer Beziehungen, ergibt einen Sinn, wenn wir es im Licht des Wiederholungszwanges betrachten. Glenn bot dafür ein perfektes Beispiel:

»Als ich Denise kennenlernte, wußte ich nicht, daß sie trank. Nachdem ich es herausgefunden hatte, versuchte sie nicht mehr, es zu verbergen. Ich sah sie drei-, viermal die Woche betrunken und flehte sie an, aufzuhören. Ich schleppte sie zu Ärzten, ich bettelte sie an, zu den Anonymen Alkoholikern zu gehen. Ich schloß sämtlichen Alkohol weg, aber Sie wissen ja, wie Trinker sind... sie finden immer eine Möglichkeit. Sie hörte nur auf, wenn ich drohte, sie zu verlassen. Aber nach einer Weile fiel sie um, und wir standen wieder am Anfang.«

Da Verleugnung und Vertuschung in seinen Kinderjahren als normal galten, glitt Glenn leicht in eine ähnliche Beziehung. Nur glaubte er dieses Mal, er könne es schaffen, seine Frau zu retten, obwohl er schon als Kind bei seinen Eltern gescheitert war. Glenn, wie fast alle Kinder von alkoholsüchtigen Eltern, hatte sich inbrünstig geschworen, nie wieder etwas mit einem Alkoholiker zu tun zu haben. Aber der tiefsitzende Wiederholungszwang ist viel stärker als jedes bewußt geleistete Versprechen.

»Warum mache ich immer weiter?«

Ein weiteres Versprechen, das sich oft in Nichts auflöst, heißt, niemals die Gewalttätigkeit und Mißhandlungen zu wiederholen, die oft ein integraler Bestandteil eines alkoholsüchtigen Haushalts sind.

Jody, eine zierliche, schwarzhaarige, großäugige, sechsundzwanzigjährige Frau, kam auf Vorschlag ihres Supervisors in einer privaten Entzugsklinik, in der sie als Rehabilitationstherapeutin arbeitete, in eine meiner Therapiegruppen. Wie viele Therapeuten auf ihrem Gebiet war Jody selbst ehemals alkohol- und drogensüchtig. Ich lernte sie bei einer kleinen Party des Personals kennen, mit der man ihr zweites »trockenes« Jahr feierte.

Jody hatte vor kurzem eine Beziehung mit einem gewalttätigen, sie mißhandelnden Mann beendet. Ihr Supervisor machte sich Sorgen, daß sie sich vielleicht versucht fühlte, in die Beziehung zurückzukehren, und schlug vor, sich an mich zu wenden. Bei unserer ersten Einzelsitzung war Jody zäh und kämpferisch und nicht sehr überzeugt, Hilfe zu brauchen. Ich fragte mich nach dem Schmerz hinter ihrer Fassade. Ihre ersten Worte lauteten: »Sie haben zu mir gesagt, ich solle mich in die Therapie schleppen, sonst feuerten sie mich. Warum tun Sie mir nicht den Gefallen und sagen, ich sei großartig und brauche nicht wiederzukommen?«

»Ich sehe, daß Sie nicht gerade begeistert sind, hierzusein«, erwiderte ich. Dann lachten wir beide, was die Spannung ein wenig abbaute. Ich sagte ihr, ich wisse, daß sie nicht freiwillig hier sei, aber da sie nun einmal gekommen sei, könnte sie doch auch versuchen, der Sache etwas abzugewinnen. Sie erklärte sich bereit, es mit einer meiner Gruppen zu probieren.

Ich erzählte ihr, wie besorgt ihre Kollegen seien, daß sie wieder zu ihrem gewalttätigen Freund zurückginge. Jody gab zu, daß sie allen Grund zu dieser Sorge hätten:

»Ich vermisse diesen Burschen wirklich. Eigentlich ist er phantastisch. Nur manchmal reiße ich mein Maul zu weit auf, und dann wird er sauer. Ich weiß, daß er mich liebt, und ich hoffe immer noch, daß wir wieder zusammenkommen.«

Ich überlegte, ob sie vielleicht Liebe mit Mißhandlungen verwechselte, als müsse sie unbewußt ihrem Freund extreme Wut als Beweis für seine Leidenschaft und Liebe entlocken. Ich fragte sie, ob ihr dieser Gedanke vertraut sei, ob es auch in anderen Beziehungen so gelaufen sei. Sie dachte einen Moment nach und antwortete dann:

»Ich glaube, mit meinem Alten war das auch so. Er war ein hochkarätiger Trinker, der uns immer windelweich prügelte. Er kam vielleicht fünfmal die Woche sturzbetrunken nach Hause und fand immer einen Vorwand, uns zu schlagen. Er hat meinen Bruder geprügelt, bis er blutete. Meine Mutter konnte nichts gegen ihn ausrichten. Sie hatte zu viel Angst, es auch nur zu versuchen. Ich habe ihn angefleht, aufzuhören, aber er war wie wahnsinnig. Ich möchte Ihnen nicht den Eindruck vermitteln, daß er ein Monster war, denn wenn er nicht trank, war er toll. Dann war er wirklich mein bester Freund. Ich hatte es gern, wenn wir zusammen herumalberten, nur wir beide. Ich mag das immer noch.«

Viele Kinder von Alkoholikern entwickeln eine hohe Toleranzschwelle für nichtakzeptables Verhalten. Ohne Vorstellung davon, wie ein liebevoller Vater sich verhält, konnte Jody nur annehmen, daß sie, wenn sie es mit dem Vater schön haben wollte, die schlimmen Phasen akzeptieren mußte. So stellte sie eine psychologische Verbindung zwischen Liebe und Mißhandlung her. Sie glaubte bald, daß man das eine nicht ohne das andere bekommt.

Das Kumpelsystem

Jodys Vater brachte der Tochter durch sein Beispiel bei, daß sie alles tun mußte, was nötig war, um einen Mann glücklich zu machen, damit er sie nicht schlug. Um den Vater bei Laune zu halten, wurde sie mit zehn Jahren zu seiner Trinkkumpanin.

»Mein Pa fing an, indem er mir einen Schluck Schnaps gab, vielleicht einmal die Woche. Ich haßte den Geschmack, aber er war immer richtig fröhlich, wenn ich es annahm. Als ich elf war, kaufte er eine Flasche Schnaps, und dann setzten wir uns ins Auto und teilten sie. Dann machten wir eine Spritztour. Zuerst war es aufregend, aber nach einer Weile bekam ich Angst. Ich war zwar bloß ein Kind, aber ich erkannte schon, daß er keine große Kontrolle mehr über das Auto hatte. Ich machte nur weiter mit, weil es das einzige war, was wir zusammen machten. Es war eine ganz besondere Sache zwischen uns. Ich fand auch Gefallen am Trinken, denn dann mochte ich Pa besser leiden. Es wurde aber immer schlimmer, bis ich mich schließlich in den Sumpf trank.«

Mindestens eines von vier Kindern alkoholsüchtiger Eltern wird ebenfalls zum Alkoholiker, und vielen von ihnen wurde der erste Schluck gegeben, als sie noch sehr klein waren. Das Trinken schafft oft ein besonderes, geheimes Band zwischen Eltern und Kind. Diese besondere Verschwörung wirkt auf das Kind wie Kameraderie, und oft ist es die einzige Form von Liebe und Zuneigung, die das Kind erlebt.

Auch wenn das Kind nicht aktiv rekrutiert wird, bleibt es empfänglich für den Alkoholismus. Wir wissen nicht genau, warum das so ist. Vielleicht handelt es sich um eine genetische Prädisposition für Suchtverhalten oder eine biochemische Störung. Vermutlich ist auch ein wichtiger Faktor, daß Verhalten und Überzeugungen stark durch Imitation und Identifikation mit den Eltern gebildet wird. Kindern von Alkoholikern wird ein Erbe an Wut, Depression, Freudlosigkeit, Mißtrauen, beschädigten Beziehungen und ein überentwickeltes Verantwortungsgefühl mitgegeben. Schließlich hat man ihnen auch eine Methode gezeigt, um mit diesem schlimmen Erbe fertig zu werden: Trinken.

Man kann niemandem trauen

Da sie in der ersten und wichtigsten Beziehung lernten, daß die Menschen, die sie lieben, ihnen weh tun und schrecklich unberechenbar sein können, haben die meisten Kinder alkoholsüchtiger Eltern große Angst, anderen nahezukommen. Gute Freundes- oder Liebesbeziehungen bedürfen eines gewissen Grades an Verletzbarkeit, Vertrauen und Offenheit – genau die Elemente, die in einem alkoholsüchtigen Haushalt zerstört werden. Als Folge davon fühlen sich Kinder von Alkoholikern von Menschen angezogen, die aufgrund eigener tiefer Konflikte emotional unerreichbar sind. So können sie die Illusion einer Beziehung schaffen, ohne sich der eigenen Angst vor echter Intimität zu stellen.

Jodys Freund mit seinen zwei Gesichtern war eine Wiederholung ihres Vaters – manchmal wunderbar, manchmal schrecklich. Indem sie einen unzuverlässigen und gewalttätigen Mann wählte, wiederholte sie die Familienerfahrung ihrer Kindheit und garantierte damit, daß sie nie das Risiko einzugehen brauchte, sich in die Tiefen echter Intimität zu begeben. Sie klammerte sich verzweifelt an den Mythos, daß ihr Vater immer noch der einzige Mann war, der sie wirklich verstand. Ihre Unwilligkeit, diesen Mythos in Frage zu stellen, vergiftete nicht nur die Beziehung zu ihren Freunden, sondern auch zu mir und anderen Mitgliedern der Therapiegruppe. Der Mythos war so stark, daß sie schließlich verzweifelte.

Ich erinnere mich noch stark an die Trauer, die ich empfand, als sie eines Abends ankündigte, die Gruppe zu verlassen. Ich erinnerte sie an meine Ankündigung, daß die Arbeit schmerzlich würde und Schmerz zum Prozeß dazugehörte. Einen Sekundenbruchteil sah sie mich an, als würde sie ihre Entscheidung noch einmal überdenken, doch dann sagte sie:

»Sehen Sie, ich will meinen Vater nicht aufgeben. Ich will nicht wütend auf ihn werden, und ich will ihn nicht immer verteidigen müssen. Mein Pa und ich brauchen einander. Warum soll ich Ihnen mehr vertrauen als ihm? Ich glaube, niemand in der Gruppe schert sich einen Deut um mich. Ich glaube, niemand würde für mich da sein, wenn es mir schlechtgeht.«

Jodys Gruppe bestand aus Erwachsenen, die als Kinder mißhandelt worden waren, und sie begriffen, was sie durchmachte. Sie verhielten sich überaus liebevoll und stützend, aber das konnte sie nicht akzeptieren. Für Jody war die Welt ein tückischer Ort voller emotionaler Vandalen. Sie war überzeugt, wenn sie jemanden näher an sich heranließ, würde sie verletzt und verlassen. Die Ironie ist, daß genau diese Erwartung ihrem Vater gegenüber angemessen gewesen wäre.

Jodys Unfähigkeit, jemandem zu vertrauen, war die direkte Folge des Alkoholismus ihres Vaters. Wenn man seinem Vater nicht vertrauen kann, wem dann? Vertrauen ist das schwächste Glied in der emotionalen Kette. Unter widrigen Umständen stirbt es meistens als erstes ab.

Vertrauensverlust begleitet das Leben der meisten erwachsenen Kinder giftiger Eltern. Hören wir Glenn an:

»Ich hatte immer Angst, wenn meine Frau ohne mich etwas unternehmen wollte – auch wenn sie nur mit einer Freundin essen ging. Ich hatte Angst, sie würde mich verlassen. Ich traute ihr nicht. Ich fürchtete, sie würde einen Besseren finden und mich dann verlassen. Ich wollte sie kontrollieren, damit sie immer da war und ich mir nicht ständig Sorgen zu machen brauchte.«

Eifersucht, Besitzenwollen und Mißtrauen sind häufige Probleme der Beziehungen von erwachsenen Kindern alkoholsüchtiger Eltern. Sie lernten früh, daß Beziehungen zu Verrat führen und Liebe in Schmerz endet.

»Aber gestern fandest du es noch in Ordnung!«

Carla, eine große, sanfte Zahntechnikerin, kam auf Empfehlung ihres Arztes in die Therapie, weil er meinte, ihre chronischen Kopfschmerzen hätten seelische Ursachen. Da Kopfschmerzen oft Symptom für unterdrückte Wut sind, fragte ich sie fast als erstes: »Auf was sind Sie wütend?« Meine Frage überraschte sie, doch nach einem Moment antwortete sie:

»Sie haben recht. Ich bin wirklich wütend, und zwar auf meine Mutter. Ich bin siebenundvierzig, und meine Mutter bestimmt immer noch über mein Leben. Wie letzten Monat. Ich hatte diese phantastische Reise nach Mexiko geplant. Ich freute mich riesig, aber drei Tage vor der Abfahrt rief sie mich an. Genau zum richtigen Zeitpunkt. Ich war nicht einmal überrascht. Ich wußte, daß sie getrunken hatte, denn sie hörte sich so weinerlich an. Sie sagte, mein Vater sei zwei Wochen Angeln gefahren, und sie sei sehr deprimiert... ob ich nicht ein paar Tage zu ihr kommen könnte. Ich erzählte ihr von den geplanten Ferien, und sie begann zu weinen. Ich schlug ihr vor, meine Tante zu besuchen, aber sie fing an, daß ich sie nicht liebte, und dann kam eins zum anderen, und ehe ich mich versah, versprach ich, die Reise nach Mexiko abzusagen und zu ihr zu kommen. Ich hätte sowieso keinen Spaß daran gehabt in dem Wissen, daß es ihr wieder schlechtging.«

Ich sagte zu Carla, für mich klänge das, als wäre diese Situation für sie ein alter Hut. Sie stimmte zu:

»Ja, so war es immer, schon als ich ein Kind war. Ich mußte mich ständig um sie kümmern – und sie hat das nie anerkannt. Immer hat sie auf mir herumgehackt. Ich wußte nie, welches ihrer vielen Gesichter mich erwarten würde, und ich fand nie heraus, wie ich sie dazu bringen konnte, regelmäßig nett zu mir zu sein. Ich weiß noch, wie ich einmal in Geschichte eine schlechte Note bekam und Angst hatte, nach Hause zu gehen. Eine schlechte Note reichte normalerweise für vier Stunden Tirade, wie wertlos, undankbar und schlecht ich sei und daß kein Mann mich jemals heiraten würde. Als ich schließlich nach Hause kam, stellte sich heraus, daß sie gute Laune hatte. Sie unterschrieb die schlechte Arbeit und sagte: »Du bist doch schlau. Mach dir keine Sorgen um Noten.« Ich konnte es kaum glauben. Aber dann trank sie vor dem Abendessen ihre üblichen vier Cocktails. Ich deckte den Tisch und vergaß Salz und Pfeffer. Als wir uns hinsetzten, explodierte sie, als hätte ich einen Weltkrieg ausgelöst. Ich begriff nie, warum sie mich nicht mehr liebte, nur weil ich Salz und Pfeffer vergessen hatte.«

Das Verhalten von Carlas Mutter pendelte zwischen erstickender Liebe und schrecklicher Grausamkeit, je nach Stimmung und Alkoholkonsum, oder, wie Carla es ausdrückte, »der Mondphase«. Carla gab an, es habe niemals ein normales, neutrales Verhalten gegeben. Daher habe sie immer versucht, herauszufinden, wie sie die Anerkennung der Mutter erwerben konnte. Leider war der Boden dafür wie Treibsand. Ein bestimmtes Verhalten gefiel der Mutter heute, morgen aber brachte es sie in Rage.

»Alles ist deine Schuld!«

Alle Eltern schwanken in gewisser Weise, aber das Syndrom: »heute gut, morgen schlecht« wird durch Alkohol dramatisch intensiviert. Da die Zeichen und Regeln sich so oft und unerwartet ändern, muß das Kind unweigerlich scheitern. Die Eltern benutzen Kritik als

Kontrollmethode, daher finden sie immer etwas zu kritisieren, egal, was das Kind tut. Das Kind wird zum Ventil für Frustration, zum Sündenbock für alles, was mit den Eltern nicht stimmt. Es ist eine heimtückische Methode alkoholsüchtiger Eltern, ihre eigenen Unzulänglichkeiten zu rechtfertigen und auszudrücken. Die Botschaft lautet: »Wenn du nicht immer alles falsch machen würdest, bräuchte Mami nicht zu trinken.« Carla formulierte es so:

> »Ich war etwa sieben, und meine Mutter hatte schon morgens zur Flasche gegriffen. Daher lud ich nach der Schule eine Freundin nach Hause ein. Normalerweise tat ich das nicht, weil ich nie wußte, wie betrunken sie sein würde, aber dieses Mal hatte ich mir ausgerechnet, daß sie bis zum Nachmittag den Morgenrausch ausgeschlafen haben würde. Meine Freundin und ich verkleideten uns, hatten ihre Schuhe an und ihren Lippenstift benutzt. Da flog plötzlich die Tür auf, und meine Mutter stürzte herein. Ich bekam solche Angst, daß ich mir fast in die Hosen machte. Ihr Atem warf uns fast um. Sie wurde verrückt, als sie sah, daß wir ihre Sachen angefaßt hatten, und begann zu schreien: ›Ich weiß, warum du deine Freundin mitgebracht hast... um mir nachzuspionieren. Immer spionierst du mir nach. Daher muß ich immerzu trinken. Du treibst jeden in den Suff!‹«

Carlas Mutter war völlig außer Kontrolle. Sie demütigte ihre Tochter nicht nur, sondern schob ihr noch die Schuld am eigenen Alkoholismus zu. Carla war zu jung, um die Lücken in der mütterlichen Logik zu erkennen, daher nahm sie die Schuld auf sich. Unbewußt glaubte Carla, für die Trunksucht der Mutter verantwortlich zu sein. Daher gab sie sich solche Mühe, es ihr recht zu machen. Sie sagte die ersehnte Reise ab, um einen weiteren nutzlosen Versuch zu unternehmen, die Anerkennung der Mutter zu gewinnen.

Sündenbock der Familie zu sein, ist Kindern in alkoholsüchtigen Familien allzu vertraut. Manche versuchen, ihr negatives Selbstbild zu bestätigen, indem sie in selbstzerstörerisches Verhalten verfallen oder kriminell werden. Andere finden unbewußt einen Weg, sich selbst mit verschiedenen emotionalen und körperlichen Symptomen zu bestrafen, wie Carla mit ihren Kopfschmerzen.

Während manche Kinder alkoholsüchtiger Eltern gezwungen werden, den Sündenbock zu spielen, werden andere in die Rolle des Familienhelden gedrängt. Diese Kinder werden von den Eltern und der Außenwelt mit Anerkennung überhäuft, weil sie gezwungen werden, ungeheure Verantwortung auf sich zu nehmen. Oberflächlich gesehen scheinen diese Kinder in einer viel besseren Position als der Sündenbock zu sein, doch in Wirklichkeit sind die Entbehrungen und die Ängste die gleichen. Das goldene Kind treibt sich gnadenlos an, unerreichbare Ziele zu erreichen und als Kind wie als Erwachsener immer perfekt zu sein.

Vor ein paar Jahren erhielt ich einen Anruf von einem Chemiker namens Steve, der mir erzählte:

»Ich bin wie gelähmt. Ich bin einundvierzig und sehr erfolgreich im Beruf. Aber seit kurzem kann ich keine Entscheidungen mehr treffen. Ich stecke in dem größten Projekt meines Lebens und kann mich nicht mehr konzentrieren. Von mir hängen viele Leute ab. Aber ich bin wie gelähmt. Mein ganzes Leben habe ich immer alles geschafft... Sie wissen schon, immer die besten Noten, Stipendien, immer Bester. Und jetzt kann ich keinen Finger mehr rühren.«

Ich fragte ihn, ob irgend etwas in seinem Leben geschehen sei, das Grund für diese Veränderung sein könnte. Er gab an, sein Vater sei gerade mit einem schweren Leberschaden auf die Intensivstation eingeliefert worden. Ich nahm das Stichwort auf und fragte, ob sein Vater Alkoholiker sei. Nach kurzem Zögern gab er an, beide Eltern seien Trinker. Steve war mit dem häuslichen Chaos als Kind fertig geworden, indem er sich in die Schularbeiten vergrub und ehrgeizig wurde.

»Alle meinten, ich wäre der Superstar... meine Großeltern, meine Lehrer, sogar meine Eltern... wenn sie nüchtern waren. Ich war der perfekte Sohn, der perfekte Student und später der perfekte Wissenschaftler, Ehemann und Vater. (Hier brach seine Stimme.) Ich bin es so leid, immer nur perfekt zu sein.«

Steve hatte als Kind Anerkennung gewonnen, indem er Verantwortlichkeiten auf sich lud, die seine Fähigkeiten überforderten, und sie mit einer Reife gehandhabt, die weit über sein Alter hinausging. Statt einen Kern von Selbstachtung darauf aufzubauen, das Bewußtsein, ein an sich wertvolles Menschenwesen zu sein, mußte er seinen Wert allein durch äußere Leistungen beweisen. Seine Selbstachtung war von Lobreden, Preisen und Noten abhängig statt von innerem Selbstvertrauen.

Seine Getriebenheit enthielt wohl auch ein Element von Kompensation. Indem er zum Überflieger wurde, versuchte er vielleicht unbewußt, die Unzulänglichkeiten der Eltern auszugleichen.

Ich sagte zu ihm, daß die Krankheit seines Vaters wohl eine Menge ungelöster Probleme aufgewühlt habe, daß ich sein Leid erkenne, aber es sei wohl auch eine gute Gelegenheit, sich dieser wichtigen Themen anzunehmen. Ich bat ihn, darüber nachzudenken, ob die Rolle des Familienhelden seine besondere Methode war, mit einer schrecklichen Kindheit fertig zu werden. Diese Rolle bot ihm ja schließlich ein gewisses Maß an Sicherheit und Struktur. Leider lernte er jedoch nie, sich selbst gegenüber nachsichtig zu sein. Jetzt, viele Jahre später, würde ihn sein Streben nach Perfektion wie viele Perfektionisten in allen Aspekten des Lebens lähmen.

Auf mein Drängen hin stimmte Steve zu, eine Therapie zu beginnen, die ihm bei seiner gegenwärtigen Krise und der Bewältigung der Entbehrungen seiner Kindheit helfen würde.

»Ich muß immer alles unter Kontrolle haben«

Kinder aus alkoholsüchtigen Familien werden von unberechenbaren und instabilen Umständen und Personen hin und her geschüttelt. Als Reaktion darauf wachsen sie oft mit dem überwältigenden Bedürfnis heran, alles und jeden in ihrem Leben zu kontrollieren. Glenn reagierte auf die Hilflosigkeit, die er als Kind verspürte, auf seine eigene Weise, indem er trotz seiner Schüchternheit zu einer kontrollierenden Persönlichkeit wurde:

»Immer, wenn ich eine Freundin hatte, ließ ich sie sitzen, obwohl die Beziehung in Ordnung war. Vermutlich hatte ich

Angst, wenn ich sie nicht verließ, würde sie mich verlassen, und so blieb ich kontrolliert. Heute sage ich meiner Frau und meinen Kindern immer, wie sie etwas tun sollen. Ich kann nicht anders, ich muß einfach die Kontrolle haben. Im Geschäft ist es das gleiche. Ich kann zwar niemanden anbrüllen, aber meine Angestellten wissen schon, wenn ich unzufrieden bin. Sie sagen, ich strahle das aus. Es macht sie verrückt. Aber es ist schließlich meine Firma, nicht wahr?«

Glenn glaubte, wenn er alle Aspekte seines Lebens kontrollierte, könnte er das Chaos seiner Kindheit vermeiden. Seine Probleme mit der Selbstsicherheit zwangen ihn natürlich, andere Kontrollmittel zu finden, daher bediente er sich manipulativer Techniken, wie Schmollen und Nörgeln, und zwar sehr erfolgreich.

Leider schuf dieses manipulative Verhalten Distanz und Ablehnung zwischen ihm und geliebten Menschen. Wie bei vielen Kindern von Alkoholikern resultierte Glenns Bedürfnis, Menschen zu kontrollieren, in dem, was er am meisten fürchtete – Zurückweisung. Es ist eine Ironie, daß die Verteidigungsmechanismen, die er gegen die Einsamkeit als Kind aufbaute, genau diejenigen sind, die ihn als Erwachsenen einsam machen.

»Wie kannst du es wagen, deine Mutter eine Trinkerin zu nennen?«

Wenn Sie ein Kind von Alkoholikern sind, gehörte zu Ihrem Familiendrama mit hoher Wahrscheinlichkeit – anders als bei Steve, dessen beide Eltern Trinker waren –, daß ein Elternteil ein Alkoholproblem hatte und der andere nicht. In den letzten Jahren haben wir mehr über die Rolle erfahren, die der nichttrinkende Partner in einer solchen Beziehung spielt. Wir haben erwähnt, daß man diesen partner »koabhängig« nennt.

Es handelt sich um den Partner, der trotz der Schwierigkeiten, die der Alkoholiker verursacht, unbewußt dessen Trinken unterstützt. Koabhängige wirken vermittelnd durch ihre Rollen; sie werden immer zur Stelle sein, um die Folgen des destruktiven Verhaltens ihres Partners auszubügeln. Koabhängige nörgeln, jammern, flehen, klagen, drohen und stellen Ultimaten, aber sie sind selten bereit, sich so zu behaupten, daß sie eine wirkliche Veränderung herbeiführen.

Carla und ich machten in der Therapie wertvolle Fortschritte. Ich wollte aber direkt erleben, wie sie mit den Eltern umging, daher regte ich an, sie zu einer Sitzung einzuladen. Ich erkannte sofort, daß Carlas Mutter sehr erregt war. Schon die Tatsache, daß Carla sie hergebeten hatte, schien alle ihre Schuldgefühle zu entfesseln. Als ich begann, die schmerzlichen Umstände von Carlas Kindheit zu besprechen, brach die Mutter in Tränen aus:

»Ich schäme mich so. Ich weiß, ich bin ihr keine gute Mutter gewesen. Carla, das tut mir so leid. Ich meine das ehrlich. Ich werde wirklich mit dem Trinken aufhören. Ich gehe sogar in Therapie, wenn du darauf bestehst.«

Ich sagte, Psychotherapie sei bei Alkoholismus und anderem Suchtverhalten immer unwirksam ohne Verbindung mit einem Zwölf-Schritte-Programm wie dem der Anonymen Alkoholiker. Carlas Mutter flehte daraufhin: »Bitte, zwingen Sie mich nicht, zu den AA-Leuten zu gehen. Ich tue alles für Carla, nur das nicht.«

An diesem Punkt unterbrach Carlas Vater wütend:

»Verdammt, meine Frau ist doch keine Alkoholikerin! Sie ist eine wunderbare Frau, die ab und zu zur Entspannung einen trinkt. Es gibt Millionen so wie sie, die ab und zu trinken.«

Ich konfrontierte ihn mit der Tatsache, wie destruktiv das Verhalten von Carlas Mutter, verbunden mit seinem Mangel an Fürsorge, gewesen sei. Da explodierte er:

»Ich bin ein sehr erfolgreicher Mann und habe ein wunderschönes Zuhause! Warum müssen Sie mich und meine Frau in diese Geschichte hineinzerren? Konzentrieren Sie sich doch auf die Probleme unserer Tochter und lassen Sie uns aus dem Spiel. Meine Tochter bezahlt Sie, damit Sie sich um sie kümmern – nicht um uns. Meine Frau und ich brauchen diesen Ärger nicht. Okay, meine Frau trinkt vielleicht ein bißchen mehr als manche andere, aber sie kann damit umgehen. Und übrigens, wenn sie ein paar intus hat, wird sie viel umgänglicher.«

Carlas Vater weigerte sich, zu weiteren Sitzungen zu kommen, aber ihre Mutter stimmte schließlich zu, sich bei den Anonymen Alkoholikern einzuschreiben und einen meiner Kollegen zur Therapie aufzusuchen. Darauf folgte eine faszinierende, aber keineswegs unerwartete Kette von Ereignissen. Als Carlas Mutter mit dem Trinken aufhörte, entwickelte ihr Mann schwere Magen-Darm-Probleme, für die, laut Carla, der Arzt keine Erklärung finden konnte.

Ich hatte eindeutig das Gleichgewicht dieser Familie gestört. Es wurde nun deutlich, daß Carlas Vater nur im Zustand völliger Verleugnung leben und funktionieren konnte. Alkoholsüchtige Familien stehen in einem empfindlichen Gleichgewicht, denn jeder spielt eine ihm zugedachte Rolle. Als Carla und ihre Mutter sich aktiv daran machten, ihre Probleme zu bearbeiten, fing das Familienboot an zu schaukeln. Carlas Vater galt in seiner Gemeinde als Vorbild für Zuverlässigkeit und Loyalität. Carla erinnerte sich an mehr als eine Gelegenheit, daß jemand ihren Vater einen Heiligen nannte, weil er so verzeihend und tolerant sei. In Wirklichkeit war er ein klassischer Koabhängiger, der durch Verleugnung seiner Frau die Möglichkeit gab, eine bemitleidenswerte Alkoholikerin zu bleiben. Dadurch gewann er Macht. Wenn sie im Alkoholnebel verschwand, konnte er die Familie kontrollieren, wie er wollte.

Ich sah Carla und ihre Mutter weiterhin zur Familientherapie. Die Mutter erkannte bald, wie die Selbstachtung ihres Mannes davon abhing, die Familie zu beherrschen. Der Alkoholismus seiner Frau und die körperlichen und emotionalen Probleme der Tochter hatten ihn als die einzige vernünftige Person dieses Haushaltes erscheinen lassen. Trotz seiner starken Fassade nach außen hin war Carlas Vater, wie viele Koabhängige, sehr unsicher. Wie die meisten Menschen hatte er sich einen Partner ausgesucht, der die wahren Gefühle über ihn selbst spiegelte. Die Wahl eines unterlegenen Partners erlaubt es ihm, sich überlegen zu fühlen.

Carlas Mutter befindet sich nun auf dem Weg der Heilung und nimmt einige sehr positive Veränderungen in ihrer Beziehung zu Tochter und Mann vor. Wie vorherzusehen, dauern die Magen-Darm-Probleme ihres Mannes an.

Im Gegensatz zu Carlas Vater war Glenns Mutter eine Koabhängige, die die Schrecken des Alkoholismus ihres Mannes und die damit verbundene Kindesmißhandlung voll erkannte. Dennoch war sie weder fähiger noch bereiter, irgendwelche Änderungen einzuleiten. Glenn erzählte mir:

»Meine Mutter ist Ende Sechzig, und ich versuche immer noch herauszufinden, warum sie erlaubte, daß mein Vater uns so terrorisierte. Warum ließ sie es zu, daß die Kinder verprügelt wurden? Es muß doch jemanden gegeben haben, den sie hätte um Hilfe bitten können. Aber sie ist wie eine kaputte Platte... sagt immer nur: ›Du weißt ja nicht, wie es für Frauen damals war. Man mußte seinem Mann beistehen, gleich, was er tat. Niemand sprach offen über solche Dinge, wie man es heute tut. Wohin hätte ich mich denn wenden sollen? Was hätte ich tun sollen?‹«

Glenns Mutter war vom Chaos der Familie überfordert. Ihre Hilflosigkeit, verbunden mit einem verzerrten Loyalitätsgefühl erlaubte es ihrem Mann, sein unmögliches Verhalten fortzusetzen. Glenns Mutter wurde, wie viele Koabhängige, selbst zum Kind und ließ ihre eigenen Kinder ungeschützt. Bis heute ist Glenn zwischen seinem Bedürfnis zerrissen, seine kindliche Mutter zu retten, und seiner Wut, weil sie ihn nicht genügend bemuttert hat.

Es gibt kein Happy-End

In Familien mit Alkoholikern gibt es nur selten ein Happy-End. In der besten aller Welten würden die Eltern die volle Verantwortung für ihr Trinken übernehmen, ein Behandlungsprogramm beginnen und trocken werden. Sie würden die Schrecken einer Kindheit in ihrem Hause erkennen und versuchen, verantwortliche, liebevolle Eltern zu werden.

Leider bleibt die Wirklichkeit weit hinter dieser Idealvorstellung zurück. Das Trinken, die Verleugnung und die Verzerrung der Wirklichkeit werden fortgesetzt, bis einer oder beide Eltern tot sind. Viele erwachsene Kinder von Alkoholikern klammern sich an die Hoffnung, daß ihr Familienleben sich auf wunderbare Weise in ein Märchen verwandele, aber das kann nur in einem schrecklichen Absturz enden. Glenn fand dies auf besonders eindeutige Weise heraus:

> »Vor etwa einem Jahr sagte mein Vater mir zum ersten Mal, daß er mich liebe. Ich nahm ihn in den Arm und bedankte mich, aber irgendwie machte es all die Jahre nicht wett, in denen er mir gesagt hatte, wie schlimm ich sei. Es war schon Ironie, denn davon hatte ich mein ganzes Leben lang geträumt.«

Glenn bekam schließlich sein heiß ersehntes »Ich liebe dich«, aber es war nicht genug. Es hinterließ bei ihm Leere, denn es waren nur Worte, denen keine Taten folgten. Sein Vater trank weiter. Glenns Fehler war, darauf zu warten, daß sein Vater sich änderte.

Wenn Sie ein erwachsenes Kind von alkoholsüchtigen Eltern sind, liegt der Schlüssel zur Kontrolle über Ihr Leben darin, sich vor Augen zu halten, daß Sie sich ändern können, ohne die Eltern zu ändern – Ihr Wohlbefinden muß nicht von dem der Eltern abhängen. Sie können die Traumata Ihrer Kindheit und deren Macht über Ihr Erwachsenenleben überwinden, auch wenn Ihre Eltern genauso bleiben, wie sie immer waren. Sie müssen sich nur verpflichten, diese Arbeit selbst zu beginnen.

Ich schlage allen meinen Klienten aus Elternhäusern, in denen Alkohol oder Drogen mißbraucht wurden, vor, unsere gemeinsame Arbeit stark zu beschleunigen, indem sie sich einer Organisation wie den »Anonymen Alkoholikern« anschließen. Diese Gruppen bieten Angehörigen von Süchtigen sehr gute Unterstützung, denn durch den Austausch von Erfahrungen und Gefühlen stellen Kinder von Alkoholikern und Drogenabhängigen fest, daß sie nicht allein sind. Sie können sich dem Dinosaurier im Wohnzimmer stellen, und das ist der erste Schritt zu dessen Vertreibung.

5. Innerliche Verletzungen

Verbale Mißhandlung

Man pflegte früher zu sagen: »Stöcke und Steine zerbrechen die Knochen, Worte aber können einem nicht weh tun.« Das stimmt nicht. Schimpfnamen, abwertende Bemerkungen und herabsetzende Kritik können Kindern extrem negative Botschaften vermitteln, die dramatische Auswirkungen auf ihr zukünftiges Wohlergehen haben können. Ein Anrufer schilderte es so:

> »Wenn ich die Wahl hätte zwischen Schlägen und verbaler Mißhandlung, würde ich immer die Prügel vorziehen. Man kann die Spuren sehen. Dann tut man anderen wenigstens leid. Bei Worten wird man einfach nur verrückt. Die Wunden sind unsichtbar. Niemand kümmert sich darum. Und echte Verletzungen heilen viel schneller als Beleidigungen.«

In unserer Gesellschaft betrachten wir seit jeher die Disziplinierung von Kindern als Privatangelegenheit, die innerhalb der Familie geregelt wird, gewöhnlich auf Anweisung des Vaters. Heute haben viele Fachleute endlich erkannt, daß man neue Maßnahmen braucht, um gegen die weitverbreiteten körperlichen und sexuellen Kindesmißhandlungen vorzugehen. Doch selbst die besorgtesten Behörden können nichts für das verbal mißhandelte Kind tun. Es steht allein.

Die meisten Eltern sagen zuweilen etwas Abwertendes zu ihren Kindern. Dabei handelt es sich noch nicht grundsätzlich um verbale Mißhandlung. Doch es stellt eine Mißhandlung dar, wenn man ein Kind häufig wegen seines Aussehens, seiner Intelligenz, Kompetenz und seines Wertes als Menschenwesen angreift.

Wie kontrollierende Eltern kann man auch verbale Mißhandler in zwei deutlich unterschiedene Gruppen einteilen. Manche greifen offen, direkt, gemein und degradierend an. Sie nennen die Kinder dumm, wertlos oder häßlich. Sie sagen vielleicht, sie wünschten, das Kind wäre nie geboren worden. Sie mißachten die Gefühle des Kindes und die Langzeitwirkungen ihrer ständigen Angriffe auf dessen Selbstbild.

Andere verbale Mißhandler gehen indirekt vor und setzen das Kind einem beständigen Trommelfeuer von Neckereien, Sarkasmen, beleidigenden Spitznamen und subtilen Abwertungen aus. Diese Eltern verbergen ihre Mißhandlungen zuweilen hinter einer Maske aus Humor. Sie machen Witze, wie etwa: »Das ist aber eine schöne Jacke . . . für einen Clown.« Oder: »Als Gott den Verstand verteilte, warst du wohl nicht da.«

Wenn das Kind oder ein anderer Angehöriger sich darüber beklagt, beschuldigt ihn der Mißhandler unweigerlich, keinen Humor zu haben. »Sie weiß doch, daß ich nur Spaß gemacht habe«, heißt es, als sei das Opfer der Mißhandlung ein Mitverschwörer.

Phil, 48, wirkte auf den ersten Blick sehr selbstbewußt. Er war groß, gebräunt und modisch gekleidet. Doch seine Stimme war so leise, daß ich Mühe hatte, ihn zu verstehen. Ich mußte ihn mehrere Male bitten, etwas zu wiederholen. Er erklärte, er suche Hilfe wegen seiner ausgeprägten Schüchternheit.

»Es geht einfach so nicht weiter. Ich bin fast fünfzig und immer noch überempfindlich gegenüber allem, was man zu mir sagt. Ich kann nichts einfach so annehmen. Ich denke immer, man macht sich über mich lustig. Ich glaube, meine Frau macht sich über mich lustig. Ich glaube, meine Patienten nehmen mich nicht ernst. Ich liege nachts wach und denke darüber nach, was man während des Tages zu mir gesagt hat. Und ich deute diese

Dinge immer negativ. Manchmal meine ich, verrückt zu werden.«

Phil sprach offen über sein gegenwärtiges Leben, aber er wurde sehr verschlossen, als ich ihn nach seiner Kindheit und Jugend fragte. Als ich sanft nachbohrte, erzählte er, am lebhaftesten erinnere er sich, wie sein Vater ihn als Kind immer gehänselt habe. Die Scherze gingen immer auf Phils Kosten, und er fühlte sich gedemütigt, wenn alle lachten. Er verspürte dann eine starke Isolation.

»Es war ja schon schlimm genug, so gehänselt zu werden, aber manchmal bekam ich richtige Angst, etwa wenn er sagte: ›Dieses Kind kann nicht von uns sein, seht euch nur sein Gesicht an. Ich wette, man hat ihn im Krankenhaus vertauscht. Warum bringen wir ihn nicht zurück und suchen das richtige Baby?‹ Ich war da erst sechs, und ich dachte wirklich, man würde mich im Krankenhaus abliefern. Eines Tages sagte ich endlich zu ihm: ›Papa, warum hackst du immer auf mir herum?‹ Er antwortete: ›Ich hacke nicht auf dir herum, ich mache nur Witze, verstehst du das nicht?‹«

Phil konnte, wie jedes Kind, die Wahrheit nicht von einem Witz unterscheiden, eine Drohung nicht von einer Neckerei. Positiver Humor ist eines unserer besten Mittel, um Familienbande zu festigen, aber Humor, der andere demütigt, kann extrem schädlich wirken. Kinder nehmen Sarkasmus und humorvolle Übertreibungen ernst. Sie sind nicht gewandt genug, um zu begreifen, daß ein Elternteil bloß scherzt, wenn er sagt: »Dich mit deinen Schlitzaugen müssen wir nach China in die Schule schicken.« Das Kind bekommt statt dessen vielleicht Alpträume, man würde es allein in einem fernen Land aussetzen.

Wir alle haben schon einen Witz auf Kosten eines anderen gemacht. Meistens handelt es sich um harmlose Scherze. Doch wie andere Formen giftigen Elternverhaltens entarten diese Witze durch Häufigkeit und Grausamkeit und, weil die Eltern sie machen, zur Quälerei. Kinder glauben und internalisieren, was die Eltern über sie sagen. Es ist sadistisch und destruktiv, wenn Eltern wiederholt auf Kosten eines wehrlosen Kindes Witze machen.

Phil wurde ständig gedemütigt und aufgezogen. Als er versuchte, seinen Vater deshalb zur Rede zu stellen, wurde er beschuldigt, nicht in Ordnung zu sein, weil er »keinen Spaß vertragen könne«. Er konnte sich mit seinen Gefühlen an niemanden wenden.

Als Phil seine Gefühle beschrieb, erkannte ich, daß er immer noch verlegen war – als glaube er, seine Klagen seien albern. Ich versicherte ihm, daß ich verstünde, wie demütigend die Witze des Vaters gewesen seien. »Sie haben Ihnen sehr weh getan, aber niemand hat diesen Schmerz ernst genommen. Wir sind nun hier, um ihm auf den Grund zu gehen, nicht, um ihn zu verniedlichen. Hier sind Sie sicher, Phil. Niemand wird Sie hier im Stich lassen.«

Es dauerte ein paar Augenblicke, bis er das verstanden hatte. Er weinte fast, doch er gab sich riesige Mühe, die Tränen zurückzuhalten, als er sagte:

»Ich hasse ihn. Er war ein solcher Feigling. Ich war doch bloß ein Kind. Er brauchte nicht so auf mir herumzuhacken. Er macht immer noch Witze auf meine Kosten. Er läßt dazu keine Gelegenheit aus. Wenn ich nur eine Sekunde nicht aufpasse, bekomme ich eins drauf. Und dann sieht er immer aus, als sei er sehr mit sich zufrieden. Gott, wie ich das hasse!«

Als Phil zuerst in die Behandlung kam, zog er keinerlei Verbindung zwischen seiner Überempfindlichkeit und den Scherzen seines Vaters. Als kleines Kind war Phil ungeschützt gewesen, denn das Verhalten seines Vaters wurde nicht als Mißhandlung betrachtet. Phil befand sich in einer typischen Verliererposition: »Die Witze meines Vaters taten weh, und ich war schwach, weil ich sie nicht aushalten konnte.«

Der kleine Phil war die Zielscheibe für den Spott des Vaters und bemühte sich, seine Minderwertigkeitsgefühle zu verbergen. Der erwachsene Phil war kaum anders, aber er bewegte sich nun in einem größeren Umfeld und übertrug seine Ängste und negativen Erwartungen auf andere Menschen. Phil ging mit blanken Nervenenden durchs Leben und erwartete ständig, verletzt und gedemütigt zu werden. Seine Überempfindlichkeit, seine Schüchternheit und sein Mißtrauen waren notwendig, aber unzureichend, um sich gegen weitere Verletzungen zu schützen.

Manche Eltern mißhandeln verbal unter dem Deckmantel von Ratschlägen. Um grausame und herabsetzende Bemerkungen zu rechtfertigen, benutzen sie Rationalisierungen wie: »Ich versuche, dir zu helfen, ein besserer Mensch zu werden«, oder: »Die Welt ist hart, und wir bringen dir bei, damit klarzukommen.« Da diese Mißhandler eine pädagogische Maske tragen, ist es für das erwachsene Kind besonders schwer, die Destruktivität dahinter zu erkennen.

Vicki war vierunddreißig, als sie in die Therapie kam. Sie war eine attraktive Frau und Buchhalterin in einer großen Firma, aber ihr Selbstbewußtsein war so gering, daß es ihr berufliches Fortkommen gefährdete:

> »Ich arbeite nun seit sechs Jahren bei dieser Firma und komme ganz gut zurecht. Ich habe mich langsam hochgearbeitet. Sie wissen schon, von der Sekretärin über die Bürovorsteherin zur Buchhalterin . . . immer schön Sprosse für Sprosse. Aber letzte Woche ist etwas Unglaubliches passiert. Mein Chef sagte, ich könnte etwas erreichen, wenn ich an diesem Kurs teilnähme, und er würde dafür bezahlen! Ich konnte es kaum glauben. Man würde denken, ich war begeistert, aber ich spürte bloß Panik. Ich habe seit zehn Jahren nicht mehr auf der Schulbank gesessen. Ich weiß nicht, ob ich das schaffe. Und ich weiß nicht, ob ich überhaupt intelligent genug bin. Selbst Leute, die mich gut kennen, meinen, das würde mir vielleicht zuviel.«

Ich erwiderte, wer immer sie so einschätze, sei kein Freund, denn echte Freunde würden einen unterstützen. Das machte sie verlegen. Ich fragte sie nach dem Grund dafür. Sie erwiderte, mit »Menschen, die mich gut kennen«, habe sie ihre Mutter gemeint.

> »Als ich meine Mutter anrief, um sie zu fragen, ob ich es tun solle, gab sie ein paar Dinge zu bedenken. Sie wissen schon . . . was wird aus meiner Stelle, wenn ich es nicht schaffe. Und ob ich schon darüber nachgedacht hätte, ob ich mit dieser Qualifikation vielleicht viele Männer abschreckte. Außerdem bin ich mit meiner jetzigen Stelle sehr glücklich.«

»Aber ein Grund Ihrer Zufriedenheit ist doch der Stolz, sich emporgearbeitet zu haben«, meinte ich. »Wollen Sie weitermachen?« Sie bejahte dies. Ich meinte, die Fortschritte bei der Arbeit und das Angebot des Chefs seien doch Beweise, wie gut sie sei. Diese Beweise schienen die Vorbehalte ihrer Mutter kaum aufzuwiegen. Ich fragte sie, ob ihre Mutter ihre Fähigkeiten immer schon so negativ eingeschätzt habe.

»Meine Mutter wollte, daß ich eine perfekte kleine Dame werde. Ich sollte anmutig und elegant sein und mich gut unterhalten können...und wenn ich etwas verpatzte, beschämte sie mich sehr, damit ich es beim nächsten Mal richtig machte. Sie hat es wirklich gut gemeint. Sie imitierte mich, wenn ich etwas falsch aussprach. Sie machte sich über mein Aussehen lustig... die Ballettkurse waren das Schlimmste. Mama hatte selbst davon geträumt, Tänzerin zu werden, statt dessen hat sie geheiratet. Daher sollte ich ihren Traum wohl verwirklichen, aber ich war nie so gut wie sie, zumindest sagte sie das immer. Ich werde niemals eine Aufführung vergessen, als ich etwa zwölf war. Ich dachte, ich hätte es gut gemacht, aber meine Mutter kam hinter die Bühne und sagte vor der gesamten Gruppe: ›Du hast getanzt wie ein Nilpferd.‹ Ich wäre am liebsten im Boden versunken. Als ich auf dem Heimweg schwieg, sagte sie, ich müsse lernen, Kritik zu vertragen, denn nur dadurch würde man etwas lernen. Dann tätschelte sie meinen Arm, und ich dachte, sie würde etwas Nettes sagen, aber wissen Sie, was dann herauskam: ›Seien wir doch ehrlich, mein Schatz, du machst eigentlich nichts wirklich gut.‹«

»Sei erfolgreich – aber ich weiß ja doch schon, daß du es nicht schaffst!«

Vickis Mutter schien sich große Mühe gegeben zu haben, ihrer kleinen Tochter Minderwertigkeitsgefühle zu vermitteln, und zwar durch eine Reihe von Doppelbotschaften. Auf der einen Seite drängte sie sie, sich anzustrengen, während sie ihr andererseits mitteilte, schlecht zu sein. Vicki fühlte sich ständig wie auf einem Drahtseil, weil sie nie wußte, ob sie etwas richtig machte. Wenn sie glaubte, etwas gut gemacht zu haben, putzte die Mutter sie herunter. Wenn sie glaubte, schlecht gewesen zu sein, sagte ihre Mutter, sie könne es eben nicht besser. Zu einer Zeit, in der Vicki Selbstbewußtsein aufbauen sollte, zerstörte ihre Mutter es immer wieder. Und angeblich alles, um aus Vicki einen besseren Menschen zu machen.

Aber was tat dieser mißhandelnde Elternteil in Wirklichkeit? Vickis Mutter kämpfte selbst gegen Gefühle von Minderwertigkeit. Ihre eigene Karriere hatte sie aufgegeben, vermutlich aufgrund der Ehe. Aber vielleicht hatte sie die Heirat nur als Vorwand benutzt, weil sie nicht das Selbstvertrauen hatte, diese Laufbahn weiterzuverfolgen. Indem sie sich ihrer Tochter überlegen fühlte, konnte sie die eigenen Minderwertigkeitsgefühle verleugnen. Jede Gelegenheit dazu wurde genutzt, auch wenn sie ihre Tochter vor deren Altersgenossinnen demütigte. Es ist für einen heranreifenden Menschen besonders demütigend, so beschämt zu werden, aber die Bedürfnisse giftiger Eltern scheren sich nicht darum.

Rivalisierende Eltern

Das Bedürfnis, jemanden unterzukriegen, nur damit man sich selbst wohl fühlt, entwickelt sich rasch zu einem scharfen Wettbewerb. Vickis Mutter betrachtete ihre Tochter eindeutig als Bedrohung, denn Vicki wuchs heran und wurde schöner, reifer und selbständiger, und ihre Mutter hatte Mühe, sich weiterhin überlegen zu fühlen. Sie mußte den Druck aufrechterhalten und die Tochter ständig herabsetzen, um diese Bedrohung abzuwehren.

Gesunde Eltern erleben die Entwicklung ihrer Kinder mit Aufregung und Freude. Rivalisierende Eltern hingegen fühlen sich oft ängstlich und verbittert. Die meisten rivalisierenden Eltern sind sich der Gründe für diese Gefühle nicht bewußt, aber sie wissen, daß das Kind sie auslöst.

In der Adoleszenz werden aus kleinen Mädchen Frauen, aus kleinen Jungen Männer. Die Adoleszenz des Kindes ist besonders für unsichere Eltern eine bedrohliche Phase. Frauen haben Angst vor dem Älterwerden und dem Verlust der Schönheit. Sie betrachten die Töchter vielleicht als Rivalinnen und verspüren das Bedürfnis, sie herabzusetzen, besonders vor dem Ehemann. Männer fühlen vielleicht ihre Männlichkeit und Macht bedroht. Es ist nur Platz für einen Mann im Haus, und so machen sie den Sohn lächerlich und demütigen ihn, damit er sich weiterhin klein und hilflos fühlt. Viele Jugendliche verschärfen die Situation, indem sie sich offen rivalisierend verhalten, um das Erwachsenenleben auszukundschaften.

Rivalisierende Eltern waren oft als Kinder Opfer von Entbehrungen, etwa hinsichtlich Essen, Kleidung oder Liebe. Wieviel sie heute auch haben, sie leben immer noch in der Angst, es sei nicht genug. Viele dieser Eltern agieren mit ihren Kindern den Kampf aus, den sie mit den eigenen Eltern und Geschwistern austrugen. Dieser unfaire Wettkampf setzt das Kind starkem Druck aus.

Vicki gab einfach auf, irgend etwas anzustreben:

>Sehr, sehr lange habe ich aus Angst, gedemütigt zu werden, kaum etwas gemacht, auch nicht Dinge, die ich eigentlich gern mochte. Auch als Erwachsene höre ich immer noch ihre Stimme, die mich herabsetzt. Sie hat mich nicht beschimpft oder beleidigt, aber wie sie mich immer mit sich selbst verglich, gab mir das Gefühl, der ewige Verlierer zu sein. Das tat weh.«

Trotz allem, was rivalisierende Eltern für ihre Kinder zu wünschen behaupten, verfolgen sie einen verborgenen Plan, dafür zu sorgen, daß ihre Kinder sie nicht übertreffen. Die unbewußten Botschaften sind stark: »Du darfst nicht mehr Erfolg haben als ich«, »Du darfst nicht attraktiver sein als ich«, »Du darfst nicht glücklicher sein als ich.« Mit anderen Worten: »Wir haben alle unsere Grenzen, und ich bin die deine.«

Da diese Botschaften sich tief eingeprägt haben, erleben erwachsene Kinder von rivalisierenden Eltern, wenn sie sich wirklich in etwas auszeichnen, ungeheure Schuldgefühle. Je erfolgreicher sie sind, um so unglücklicher werden sie, bis sie schließlich scheitern. Für diese erwachsenen Kinder giftiger Eltern ist Leistungsverweigerung der Preis für Seelenfrieden. Sie kontrollieren ihre Schuld, indem sie sich begrenzen, um die Eltern nicht zu übertreffen. In gewisser Weise erfüllen sie damit die negativen Prophezeiungen ihrer Eltern.

Beleidigungen

Mitunter werden von den Eltern verbale Mißhandlungen nicht einmal mit Rationalisierungen verbrämt. Sie bombardieren ihre Kinder mit grausamen Beleidigungen, Belästigungen, Denunziationen und Schimpfnamen. Diese Eltern verhalten sich ungewöhnlich unsensibel gegenüber zugefügten Schmerzen und bleibenden Schäden. Derart offene verbale Mißhandlung kann sich ins Selbstbewußtsein eines Kindes eingraben wie ein Brandzeichen und tiefe seelische Narben hinterlassen.

Carol, 52, ist ein ungewöhnlich schönes ehemaliges Fotomodell und heute Innenarchitektin. In unserer ersten Sitzung erzählte sie mir von ihrer Scheidung, ihrer dritten, die vor etwa einem Jahr ausgesprochen worden war. Es war für Carol sehr schmerzlich gewesen, und sie hatte nun Angst vor der Zukunft. Zugleich erlebte sie ihre Wechseljahre und schien fast in Panik, nun ihr gutes Aussehen zu verlieren. Sie fühlte sich nicht mehr begehrenswert. Sie sagte, diese Ängste seien durch einen kürzlichen Besuch bei ihren Eltern sehr verstärkt worden.

»Es endet immer auf die gleiche Weise. Jedesmal, wenn ich meine Eltern besuche, werde ich wieder verletzt und enttäuscht. Am schlimmsten ist, daß ich immer wieder denke, ich könnte nach Hause kommen und ihnen sagen, daß ich unglücklich bin oder etwas schiefgegangen sei, und sie würden nur ein einziges Mal sagen: ›Oh, Liebling, das tut uns aber leid.‹ Statt dessen heißt es immer wieder: ›Das ist doch deine eigene Schuld.‹ Solange ich denken kann, hieß es immer, alles sei meine eigene Schuld.«

Ich sagte zu Carol, für mich klänge das so, als übten die Eltern immer noch große Macht über sie aus, und fragte sie, ob sie bereit sei, die Wurzeln dieser Macht zu erforschen, um das Muster von Dominanz und Kontrolle zu ändern. Carol nickte und begann, mir von ihrer Kindheit in einer wohlhabenden Familie zu erzählen. Ihr Vater war ein bekannter Arzt, die Mutter eine olympiareife Schwimmerin, die sich vom aktiven Wettkampf zurückzog, um fünf Kinder großzuziehen. Carol war die Älteste.

»Ich weiß noch, daß ich mich oft einsam und traurig fühlte, als ich klein war. Mein Vater hat mich immer gehänselt, aber als ich etwa elf war, begann er mit richtig schrecklichen Dingen.«

»Was?« fragte ich. Sie erwiderte, das spiele keine Rolle. Dann begann sie, nervös an ihren Fingernägeln zu knabbern. Ich wußte, sie versuchte, ihre Nerven zu schützen. »Carol«, sagte ich, »ich sehe, wie schmerzlich dies für Sie ist. Aber wir müssen alles ans Licht bringen, wenn wir damit fertig werden wollen.« Langsam begann sie:

»Aus irgendeinem Grund ... beschloß mein Vater ... Gott, ist das schwer ... daß ich ... stank. Er sagte es immer wieder. Alle anderen sagten immer, ich sei hübsch, aber von ihm hörte ich immer nur ...«

Carol brach wieder ab und senkte den Blick. »Kommen Sie, Carol«, drängte ich sanft. »Ich stehe auf Ihrer Seite.«

»Er sagte immer wieder: ›Deine Brüste stinken ... dein Hintern stinkt. Wenn die anderen Leute wüßten, wie ekelhaft und stinkend dein Körper ist, würden sie Abscheu vor dir haben.‹ Ehrlich, ich habe dreimal am Tag geduscht. Ich habe mich andauernd umgezogen. Ich habe tonnenweise Deos und Parfüm benutzt, aber es änderte nichts. Sein Lieblingssatz lautete: ›Wenn man dich von innen nach außen wenden würde, sähe jeder, daß der Gestank aus jeder Pore deines Körpers kommt.‹ Das stammte immerhin von einem bekannten Arzt! Meine Mutter hat nie einen Ton gesagt. Nicht einmal, daß es nicht stimme. Ich fragte mich immer wieder, wie ich mich ändern könnte. Wie konnte ich verhindern, daß er mir dauernd sagte, ich sei ekelhaft und stinkend. Auf dem Klo dachte ich, wenn ich so schnell wie möglich abzog, würde er mich nicht mehr so schrecklich finden.«

Ich sagte zu Carol, für mich klänge das so, als habe ihr Vater sehr irrational auf ihre erwachende Weiblichkeit reagiert, weil er mit dieser Attraktion nicht umgehen konnte. Es ist sehr häufig, daß Väter auf die Pubertät der Töchter mit Unbehagen und Feindseligkeit reagieren. Selbst ein Vater, der zu der kleinen Tochter liebevoll und freundlich war, schafft während der Adoleszenz Konflikte, um sich von ihrer sexuellen Anziehung zu distanzieren, die er inakzeptabel findet.

Für einen giftigen Vater wie Carols kann die körperliche Entwicklung der Tochter extreme Angstgefühle auslösen, die ihn zwingen, sie zu verfolgen. Indem er sein Unbehagen und seine Schuldgefühle auf sie projiziert, kann er jegliche Verantwortung für diese Gefühle abstreiten. Es ist, als sagte er: »Du bist ein schlechter und verderbter Mensch, weil du schlechte und verderbte Gedanken in mir auslöst.«

Ich fragte Carol, ob das für sie plausibel klänge.

»Wenn ich jetzt darüber nachdenke, hatte es mit Sexualität zu tun. Ständig spürte ich seinen Blick auf mir. Und er bohrte immer nach Einzelheiten, was ich mit meinen Freunden tat, obwohl praktisch nichts war. Aber er war überzeugt, ich ging mit jedem ins Bett, mit dem ich mich verabredete. Er sagte immer Dinge wie: ›Sag nur die Wahrheit, dann werde ich dich nicht bestrafen.‹ Er wollte, daß ich über Sex redete.«

Im emotionalen Mahlstrom der Adoleszenz brauchte Carol einen liebevollen, sie unterstützenden Vater, der ihr Selbstvertrauen gab. Statt dessen unterwarf er sie einer unaufhörlichen Erniedrigung. Die verbale Mißhandlung des Vaters, verbunden mit der Passivität der Mutter, beeinträchtigten Carols Fähigkeit, sich selbst als eine wertvolle und liebenswerte Person zu sehen. Wenn man ihr sagte, wie hübsch sie sei, konnte sie nur daran denken, ob sie vielleicht schlecht röche. Keine äußere Bestätigung konnte es mit den zerstörerischen Botschaften des Vaters aufnehmen.

»Ich begann mit siebzehn, als Modell zu arbeiten. Je erfolgreicher ich wurde, um so schlimmer wurde mein Vater natürlich. Ich mußte schließlich das Haus verlassen. Ich heiratete also mit neunzehn den ersten Jungen, der mir einen Antrag machte. Das war vielleicht einer! Er verprügelte mich, als ich schwanger wurde, und ließ mich nach der Geburt des Babys sitzen. Natürlich gab ich mir selbst die Schuld daran. Ich dachte, ich müßte etwas falsch gemacht haben. Vielleicht roch ich schlecht, wer weiß. Etwa ein Jahr später heiratete ich einen Mann, der mich zwar nicht schlug, aber kaum mit mir redete. Den habe ich zehn Jahre ausgehalten, weil ich meinen Eltern nicht noch eine gescheiterte Ehe bieten konnte. Aber ich habe ihn schließlich verlassen. Gott sei Dank hatte ich immer Arbeit und konnte meinen Sohn und mich selbst versorgen. Ich habe mich sogar jahrelang von Männern ferngehalten. Dann lernte ich Glen kennen. Ich dachte, er sei der Richtige. Die ersten fünf Jahre unserer Ehe waren die glücklichsten meines Lebens. Dann fand ich heraus, daß er mich praktisch vom Tag der Hochzeit an betrogen hatte. In den nächsten zehn Jahren habe ich ihm viel verziehen, denn ich wollte nicht schon wieder eine Ehe aufgeben. Letztes Jahr hat er mich wegen einer halb so alten Frau verlassen. Warum mache ich nie etwas richtig?«

Ich erinnerte Carol daran, daß sie eine Menge richtig gemacht hatte. Sie sei eine liebevolle und zuverlässige Mutter gewesen. Sie hatte einen Sohn großgezogen, der im Leben gut zurechtkam. Sie war in zwei Berufen erfolgreich. Aber keine meiner Versicherungen fand bei ihr Gehör. Carol hatte das Bild des Vaters von sich als einer wertlosen, abstoßenden Frau internalisiert. Als Folge davon wurde sie die meiste Zeit ihres Erwachsenenlebens von der selbstzerstörerischen Suche nach der Liebe getrieben, die sie von ihrem Vater ersehnt hatte. Sie suchte sich grausame, mißhandelnde oder distanzierte Männer, wie ihren Vater, und versuchte, sie dazu zu bringen, sie so zu lieben, wie ihr Vater sie nie geliebt hatte.

Ich erklärte Carol, indem sie ihren Vater oder die Männer, die sie als dessen Ersatz auswählte, darum bat, ihr ein gutes Selbstgefühl zu vermitteln, habe sie ihre Selbstachtung in deren Hände gelegt. Man brauchte kein Genie zu sein, um zu erkennen, wie destruktiv diese Hände gewesen waren. Sie mußte die Herrschaft über ihre Selbstachtung selbst übernehmen, indem sie die selbsterniedrigenden Überzeugungen in Frage stellte, die ihr Vater ihr in der Kindheit eingeimpft hatte. In den nächsten Monaten erkannte sie allmählich, daß ihre Selbstachtung nicht verloren war – sie hatte nur am falschen Ort danach gesucht.

Die unmögliche Erwartung an Kinder, perfekt zu sein, ist häufig Auslöser für verbale Mißhandlungen. Viele verbal mißhandelnde Eltern sind selbst sehr erfolgreich, doch allzuoft ist ihr Zuhause der Abladeplatz für beruflichen Streß. (Auch alkoholsüchtige Eltern stellen unmögliche Forderungen an ihre Kinder und benutzen dann deren Scheitern als Vorwand zum Trinken.)

Perfektionistische Eltern handeln aufgrund der Illusion, wenn sie ihre Kinder perfekt hinbekämen, wären sie eine perfekte Familie. Sie legen die Verantwortung für Stabilität dem Kind auf, um die Erkenntnis zu vermeiden, daß sie, die Eltern, nicht dafür sorgen können. Das Kind scheitert und wird zum Sündenbock gemacht. Wieder einmal wird das Kind mit Vorwürfen überladen.

Kinder müssen Fehler machen, um herauszufinden, daß dies nicht das Ende der Welt bedeutet. Nur so gewinnen sie das Selbstbewußtsein, neue Dinge im Leben auszuprobieren. Giftige Eltern setzen den Kindern unerreichbare Ziele und sich fortwährend ändernde Regeln. Sie erwarten, daß die Kinder mit einer Reife darauf reagieren, die nur aus langer Lebenserfahrung stammen kann, die einem Kind natürlich nicht zur Verfügung steht. Kinder sind keine Miniaturerwachsene, aber giftige Eltern erwarten von ihnen, daß sie sich so verhalten.

Paul, 33, ein dunkelhaariger, blauäugiger Techniker, kam aufgrund beruflicher Probleme zu mir. Er war auffallend schüchtern, verlegen und unsicher, doch es gelang ihm immer wieder, in heftigen Streit mit seinen unmittelbaren Vorgesetzten zu geraten. Dies und zunehmende Konzentrationsprobleme gefährdeten seine Stelle.

Als ich mich mit Paul über seine Arbeit unterhielt, erkannte ich, daß er Schwierigkeiten hatte, mit Autoritätsträgern umzugehen. Ich fragte ihn nach seinen Eltern und stellte fest, daß Paul, wie Carol, von Beleidigungen gezeichnet war:

»Ich war neun, als meine Mutter wieder heiratete. Der neue Mann muß bei Hitler in die Lehre gegangen sein. Als er einzog, legte er als erstes die Regeln fest. Demokratie blieb draußen vor der Tür. Wenn er uns befahl, wir sollten von einer Klippe springen, mußten wir springen. Fragen wurden nicht geduldet.

Mir erging es schlechter als meinen Schwestern. Immer hat er auf mir herumgehackt, vorwiegend ging es um mein Zimmer. Jeden Tag machte er eine Inspektion, wie in einer Kaserne. Wenn man neun oder zehn ist, ist es immer ein bißchen unordentlich, aber das kümmerte ihn nicht. Alles mußte perfekt sein, nichts durfte herumliegen. Wenn ich ein Buch auf dem Schreibtisch liegen ließ, begann er zu brüllen, ich sei ein ekelhaftes Schwein. Er nannte mich Arschloch, Hundesohn oder Rotznase. Es schien seine Lieblingsbeschäftigung zu sein, mir Schimpfnamen zu geben. Geschlagen hat er mich nie, aber diese Schimpferei hat fast genauso weh getan.«

Ich hatte eine Ahnung, etwas an Paul könnte im Stiefvater starke Gefühle ausgelöst haben. Es dauerte nicht lange, bis ich es herausbekam. Paul war ein schüchternes, sensibles, zurückgezogenes Kind gewesen, klein für sein Alter.

»Mein Stiefvater war als Kind der Kleinste in der Klasse. Alle hackten auf ihm herum. Als er meine Mutter kennenlernte, war er kräftig, denn er hatte tüchtig trainiert. Aber man merkte, daß alles nur äußerlich war. Irgendwie sahen all die Muskelpakete so aus, als gehörten sie einem anderen.«

Irgendwo in Pauls Stiefvater lebte immer noch der kleine, ängstliche, unterlegene Junge. Und da Paul diesem Jungen ähnelte, wurde er zum Symbol der eigenen leidvollen Kindheit des Stiefvaters. Da sein eigener Stiefvater ihn als Kind nie akzeptiert hatte, verspürte er unmittelbare Wut auf den kleinen Jungen, der ihn an ihn selbst erinnerte. Er benutzte Paul als Sündenbock für die Mängel, die er in sich selbst nicht akzeptieren konnte. Indem er ihn mit unmöglichen Perfektionsansprüchen tyrannisierte und verbal mißhandelte, wenn der Junge scheiterte, konnte der Stiefvater sich einreden, stark und mächtig zu sein. Welchen Schaden er Paul damit zufügte, kam ihm wohl nie in den Sinn. Er glaubte, dem Jungen zu helfen, perfekt zu werden.

»Ich kann nicht perfekt sein, also lasse ich es ganz«

Pauls Mutter ließ sich von ihrem zweiten Mann scheiden, als Paul achtzehn war, aber da war Pauls Seele schon ernsthaft geschädigt. Paul wußte, daß er für seinen Stiefvater nie »perfekt« genug sein konnte, daher gab er auf.

»Mit vierzehn stieg ich stark in Drogen ein. Das war die einzige Zeit, in der ich mich jemals akzeptiert fühlte. Erfolgreich würde ich wohl nie, und auch mit Leuten kam ich nicht gut zurecht, was gab es also sonst? Kurz vor Schulabschluß kaufte ich ziemlich schlimmes Zeug und bin fast daran krepiert... dann war Schluß damit. So was würde ich nie noch einmal mitmachen.«

Paul ging ein Jahr lang aufs College, aber trotz seines Wunsches und guter Fähigkeiten, Wissenschaftler zu werden, brach er ab. Er konnte sich einfach nicht konzentrieren. Sein Intelligenzquotient war extrem hoch, aber vor jeder Prüfung scheute er zurück. Er hatte es sich angewöhnt, aufzugeben.

Als er sich nach einer Stelle umsah, bekam er immer wieder Streitigkeiten mit den Chefs und spielte seine Kindheit wieder durch. Er wechselte häufig die Stelle, bis er schließlich eine fand, die ihm gefiel. Dann kam er zu mir, weil er seinen Job behalten wollte. Ich sagte, ich könnte ihm vielleicht helfen.

Die drei Elemente des Perfektionismus

Obwohl der Stiefvater aus seinem Leben verschwunden war, behielt er starke Macht über Paul, weil seine herabsetzenden Botschaften ihm immer noch im Kopf herumspukten. Als Folge davon war Paul immer noch in das verstrickt, was ich die drei Elemente des Perfektionismus nenne: Perfektionismus – Verschiebung – Lähmung.

»Mir gefällt es wirklich gut in diesem Labor, in dem ich jetzt arbeite, aber ich habe immer schreckliche Angst, meine Arbeit nicht gut genug zu machen. Daher verschiebe ich viele Aufträge bis weit nach dem Termin oder beeile mich in der letzten Minute damit und verpatze sie dann. Je mehr ich verpatze, um so mehr fürchte ich, gefeuert zu werden. Jedesmal, wenn mein Chef eine Bemerkung macht, nehme ich es persönlich und explodiere. Ich denke immer, die Welt bricht zusammen, weil ich etwas verpatzt habe. In der letzten Zeit hinke ich so stark hinterher, daß ich mich krank gemeldet habe. Ich kann es einfach nicht mehr schaffen.«

Pauls Stiefvater hatte dem Jungen das Bedürfnis eingeimpft, perfekt zu sein – Perfektionismus. Pauls Angst, dabei zu scheitern, führte dazu, die Arbeit hinauszuschieben – Verschiebung. Aber je mehr Paul etwas verschob, um so stärker wurden die Forderungen, und seine immer größer werdende Angst hielt ihn schließlich ab, überhaupt etwas zu tun – Lähmung.

Ich half Paul, sich eine Strategie auszudenken, seinen Chef offen anzusprechen. Er wollte ihm sagen, er habe persönliche Probleme, die seine Arbeit beeinträchtigten, und wünsche Urlaub. Seine Vorgesetzten waren von seiner Offenheit und seiner Sorge um die Qualität der Arbeit sehr beeindruckt und gewährten ihm zwei Monate. Das reichte für Paul nicht, all seine Probleme auszukunden, war aber genug, ihn aus dem Loch herauszubekommen, das er sich geschaufelt hatte. Als er wieder an seinen Arbeitsplatz zurückkehrte, war er fähig, die ersten Schritte zu tun, sich dem zu stellen, was sein Stiefvater ihm angetan hatte. So konnte er besser zwischen wirklichen Konflikten am Arbeitsplatz und denjenigen entscheiden, die seinen inneren Wunden entsprangen. Er blieb noch weitere acht Monate in der Therapie, aber bei der Arbeit meinte jeder, er sei ein anderer Mensch geworden.

Verbotener Erfolg

Erwachsene Kinder perfektionistischer Eltern schlagen gewöhnlich einen von zwei Pfaden ein. Entweder sind sie gnadenlos getrieben, um elterliche Liebe und Anerkennung zu erlangen, oder sie rebellieren bis zu dem Punkt, an dem sie Angst vor Erfolg entwickeln. Es gibt Menschen, die sich immer so verhalten, als buchten sie

Punkte. Das Haus kann nie sauber genug sein. Sie können sich nie über eine Leistung freuen, denn sie sind überzeugt davon, sie hätten es besser machen können. Sie spüren schon beim kleinsten Fehler echte Panik.

Dann gibt es Menschen wie Paul, die ein Leben lang scheitern, weil sie nicht mit Erfolg umgehen können. Für Paul bedeutete Erfolg, sich den Forderungen seines Stiefvaters zu fügen. Er hätte vermutlich eine Stelle nach der anderen verloren, wenn wir nicht die Stimme seines Stiefvaters in seinem Innern zum Schweigen gebracht hätten.

Die grausamsten Worte:
»Ich wünschte, du wärst nie geboren«

Eines der extremsten Beispiele für das Chaos, das verbale Mißhandlung auslösen kann, bot Jason, 42, ein gutaussehender Polizist in einer meiner Klinikgruppen. Die Polizei von Los Angeles hatte darauf bestanden, ihn einzuliefern, weil der Polizeipsychologe ihn für extrem selbstmordgefährdet hielt. Bei der Personalkonferenz des Krankenhauses erfuhr ich, daß Jason sich ständig unnötigerweise in lebensbedrohliche Situationen brachte. Er hatte zum Beispiel vor kurzem versucht, allein eine Drogenrazzia durchzuführen, ohne Unterstützung anzufordern. Dabei war er fast umgebracht worden. Oberflächlich gesehen war das eine Heldentat, aber in Wirklichkeit war es unvernünftig und unverantwortlich. Es hieß in seiner Abteilung, Jason lege es darauf an, im Dienst getötet zu werden.

Es dauerte mehrere Gruppensitzungen, bis ich Jasons Vertrauen erlangt hatte. Danach konnten wir eine gute Beziehung aufbauen. Ich erinnere mich noch lebhaft an die Sitzung, in der er das bizarre Verhältnis zu seiner Mutter beschrieb:

»Mein Vater machte sich aus dem Staub, als ich zwei war, weil man mit meiner Mutter unmöglich leben konnte. Nachdem er fort war, wurde sie allerdings noch schlimmer. Sie war sehr gewalttätig und ließ mich niemals in Frieden, besonders, weil ich meinem Alten wie aus dem Gesicht geschnitten war. Ich kann mich an keinen Tag erinnern, an dem sie mir nicht sagte, sie wünschte, ich wäre nie geboren worden. An guten Tagen sagte

116

sie. ›Du siehst genauso aus wie dein verfluchter Vater und bist genauso mies.‹ An schlechten Tagen hieß es: ›Ich wünschte, du wärest tot, genau wie ich wünschte, dein Alter wäre tot und verrottete irgendwo im Straßengraben!‹«

Ich sagte zu Jason, meiner Meinung nach müsse seine Mutter verrückt sein.

»Das dachte ich auch, aber wer hört schon auf ein Kind. Eine Nachbarin wußte Bescheid. Sie versuchte, mich in ein Pflegeheim zu schicken, weil sie überzeugt war, meine Mutter würde mich umbringen. Aber auch auf sie hat niemand gehört.«

Er hielt einen Moment inne und schüttelte dann den Kopf.

»Mein Gott, ich habe gedacht, das mache mir alles nichts mehr aus. Aber innerlich werde ich jedesmal zu Eis, wenn ich mich erinnere, wie sehr sie mich haßte.

Jasons Mutter hatte dem Sohn eine eindeutige Botschaft gegeben: Sie wollte ihn nicht. Als sein Vater sie verließ und keinen Versuch unternahm, eine Rolle im Leben seines Sohns zu spielen, bestätigte er diese Botschaft. Jasons Existenz war völlig wertlos.

Mit seinem Verhalten bei der Polizei versuchte Jason unbewußt, ein pflichtbewußter, gehorsamer Sohn zu sein. Grundsätzlich versuchte er, seine Existenz auszulöschen und indirekt Selbstmord zu begehen, um seiner Mutter eine Freude zu machen. Er wußte genau, was dazu nötig war, denn sie hatte ihm ausdrücklich gesagt, sie wünschte, er wäre tot.

Zusätzlich zu dieser ungeheuren Verletzung kann eine solche verbale Mißhandlung eine sich selbst erfüllende Prophezeiung werden. Selbstmordneigungen wie die Jasons sind bei Kindern derartiger Eltern recht häufig. Für diese erwachsenen Kinder kann das Erkennen der giftigen Verbindungen zur Vergangenheit buchstäblich eine Sache um Leben und Tod sein.

Es besteht gar keine Frage, daß Kinder von Herabsetzungen durch Freunde, Lehrer, Geschwister und andere Familienangehörige geschädigt werden, doch am verletzlichsten sind sie den Eltern gegenüber. Immerhin sind die Eltern für kleine Kinder der Mittelpunkt des Universums. Und wenn die allwissenden Eltern einem schlechte Dinge sagen, müssen sie stimmen. Wenn Mutter immer wieder sagt: »Du bist dumm«, ist man auch dumm. Wenn Vater immer sagt: »Du bist wertlos«, ist man das auch. Ein Kind hat noch keine Perspektive, aus der heraus es diese Aussagen bezweifeln könnte.

Wenn man diese negativen Meinungen aus dem Mund anderer vernimmt und ins eigene Unbewußte einfließen läßt, »internalisiert« man sie. Die Internalisierung negativer Meinungen – die Verwandlung des »Du« in »Ich« – bildet die Grundlage für eine geringe Selbstachtung. Abgesehen davon, daß das Gefühl vom Selbst als einer liebenswerten, wertvollen, kompetenten Person beeinträchtigt wird, können verbale Mißhandlungen sich selbst erfüllende negative Erwartungen vom eigenen Zurechtkommen in der Welt schaffen. Ich werde im zweiten Teil dieses Buches noch zeigen, wie man gegen diese Erwartungen ankämpft, indem man das Innere wieder nach außen wendet.

6. Äußerliche Verletzungen

Körperliche Mißhandlungen

»Ich werde immer wieder sehr wütend auf mich, und manchmal weine ich ohne jeden Grund. Vermutlich aus Enttäuschung über mich selbst. Ich denke immer daran, wie meine Eltern mich verletzt und gedemütigt haben. Freunde behalte ich nie lange. Ich trenne mich immer wieder von ganzen Freundeskreisen. Vermutlich will ich nicht, daß sie herausfinden, wie schlecht ich bin.«

Kate, 40, eine blonde, ernst aussehende Kontrolleurin bei einer großen Firma, kam auf Empfehlung ihres Hausarztes zu mir. Sie hatte Panikanfälle im Auto und im Aufzug. Ihr Arzt hatte ihr Beruhigungsmittel verschrieben, machte sich aber Sorgen, weil Kate, außer zur Arbeit, nie ihre Wohnung verließ. Er drängte sie, Hilfe bei einem Psychologen zu suchen.

Als erstes fiel mir Kates strenger, unglücklicher Ausdruck auf, der tief ins Gesicht geprägt schien – als habe sie nie Lächeln gelernt. Es dauerte nicht lange, bis ich den Grund dafür herausfand:

»Ich wuchs in einem feinen Vorort von St. Louis auf. Wir hatten alles, was man für Geld kaufen kann. Nach außen hin wirkten wir wie eine perfekte Familie. Aber innen . . . mein Vater bekam immer diese wahnsinnigen Wutanfälle, gewöhnlich nach einem Streit mit meiner Mutter. Dann stürzte er sich immer auf jeden, der gerade in der Nähe stand. Er nahm seinen Gürtel ab und schlug mich oder meine Schwester . . . über die Beine, auf den Kopf, überallhin. Wenn er anfing, hatten wir immer Angst, er würde nie wieder aufhören.«

Kates Depression und Angst waren das Erbe dieser Schläge.

In Millionen von Haushalten überall auf der Welt, quer durch alle gesellschaftlichen, wirtschaftlichen und bildungsmäßigen Schichten, wird jeden Tag ein schreckliches Verbrechen begangen – Kinder werden körperlich mißhandelt.

Über die Definition körperlicher Mißhandlung herrschen Meinungsverschiedenheiten und Verwirrung. Viele Leute glauben immer noch, Eltern hätten nicht nur das Recht, sondern auch die Pflicht, ihre Kinder körperlich zu bestrafen. Das häufigste Motto ist immer noch: »Wer seine Kinder liebt, spart mit der Rute nicht.« Bis vor kurzem hatten Kinder praktisch keinerlei Rechte. Sie wurden als Leibeigene betrachtet, als Gegenstände, die von den Eltern »besessen« wurden. Seit Hunderten von Jahren werden elterliche Rechte als unverletzlich betrachtet – im Namen der Disziplin konnten Eltern fast alles mit ihren Kindern tun, außer sie töten.

Heute haben sich unsere Normen verschärft. Das Problem körperlicher Mißhandlung hat sich so verbreitet, daß die öffentliche Meinung die Gesetzgeber in vielen Ländern gezwungen hat, körperlicher Disziplinierung Grenzen zu setzen. In einem Versuch, zu bestimmen, was körperliche Mißhandlung ausmacht, hat der amerikanische Kongreß zum Beispiel 1974 ein Gesetz erlassen, in dem körperliche Mißhandlung als »Zufügung körperlicher Verletzungen, wie Prellungen, Verbrennungen, Striemen, Platzwunden, Knochenbrüche durch Treten, Schlagen, Beißen, Prügeln, Stechen usw.« definiert wird. Bei der Anwendung dieses Gesetzes bleibt jedoch viel Spielraum für Interpretationen. Ein Kind mit gebrochenem Arm wurde eindeutig mißhandelt, aber die meisten Richter würden zögern, Eltern anzuklagen, die einem Kind mit einem »Klaps« einen blauen Flecken zufügten.

Ich bin weder Anwältin noch Polizistin, aber seit mehr als zwanzig Jahren sehe ich das Leid, das legale körperliche Züchtigung verursachen kann. Ich habe meine eigene Definition von körperlicher Mißhandlung: Jedes Verhalten, das eindeutig körperlichen Schmerz verursacht, ob es nun Spuren hinterläßt oder nicht, ist eine Mißhandlung.

Die meisten Menschen mit Kindern verspüren ab und zu das Bedürfnis, sie zu schlagen. Dieses Gefühl ist besonders stark, wenn ein Kind nicht aufhört zu jammern, zu nörgeln oder zu trotzen. Manchmal hat es jedoch weniger mit dem Verhalten des Kindes zu tun als mit der eigenen Erschöpfung, mit Angst oder Unglück. Die meisten widerstehen diesem Impuls. Leider können sich viele Eltern aber nicht immer beherrschen.

Wir können über den Grund nur spekulieren, aber körperlich mißhandelnde Eltern scheinen bestimmte Eigenschaften gemeinsam zu haben. Zunächst einmal haben sie einen erschreckenden Mangel an Impulskontrolle. Körperlich mißhandelnde Eltern greifen ihre Kinder immer an, wenn sie starke negative Gefühle empfinden, die sie loswerden müssen. Diese Eltern scheinen sich nur wenig, wenn überhaupt, über die Folgen dessen bewußt zu sein, was sie ihren Kindern antun. Es ist bei ihnen eine fast automatische Reaktion auf Streß. Impuls und Handlung sind ein und dasselbe.

Körperliche Mißhandler stammen oft selbst aus Familien, in denen Mißhandlungen an der Tagesordnung waren. Ein Großteil ihres Erwachsenenverhaltens ist die direkte Wiederholung dessen, was sie in der Kindheit erfuhren und lernten. Ihr Rollenvorbild war ein Mißhandler. Gewalt war das einzige Instrument, mit Problemen und Gefühlen, besonders Wut, fertig zu werden.

Viele körperlich mißhandelnde Eltern beginnen ihr Erwachsenenleben mit einem ungeheuren emotionalen Defizit und unerfüllten Bedürfnissen. Emotional gesehen sind sie immer noch Kinder. Sie betrachten ihre eigenen Kinder oft als Ersatzeltern, die ihre emotionalen Bedürfnisse erfüllen sollen, die die eigenen Eltern nie erfüllten. Der Mißhandler gerät vor Wut außer sich, wenn sein Kind diese Bedürfnisse nicht befriedigen kann. Er schlägt zu. In diesem Moment ist das Kind mehr als zuvor ein Ersatzelternteil, denn es handelt sich um die Eltern des Mißhandlers, auf die dieser in Wirklichkeit wütend ist.

Viele dieser Eltern haben Probleme mit Alkohol oder anderen Drogen. Drogenmißbrauch ist ein häufiger Auslöser für das Versagen der Impulskontrolle, wenngleich keineswegs der einzige.

Es gibt verschiedene Typen körperlich Mißhandelnder, doch am dunkelsten Ende des Spektrums stehen diejenigen, die Kinder scheinbar zu dem einzigen Zweck haben, um sie brutal behandeln zu können. Viele dieser Personen wirken, reden und handeln wie andere Menschenwesen, aber sie sind Monster – völlig ohne Gefühle oder Eigenschaften, die einen Menschen ausmachen. Diese Leute entziehen sich jedes Verständnisses; ihr Verhalten kennt keine Logik.

Es gibt kein Entrinnen

Kates Vater zum Beispiel war ein bekannter Bankdirektor – Kirchenmitglied und ein familienorientierter Mann – kaum der Typ, an den die meisten Leute denken, wenn sie den Begriff Kindesmißhandler hören. Aber Kate lebte nicht in einer Scheinwelt, sondern in einem wahren Alptraum:

»Meine Schwester und ich haben nachts immer unser Zimmer versperrt, weil wir solche Angst hatten. Ich werde nie vergessen, als ich elf Jahre alt war ... sie war neun, versteckten wir uns unter dem Bett, und er trommelte an die Tür. Solche Angst hatte ich noch nie in meinem Leben. Dann brach er unvermittelt die Tür auf, wie im Film. Es war furchtbar. Die Tür flog einfach in den Raum hinein. Wir versuchten, wegzurennen, aber er schnappte uns beide und warf uns in eine Ecke und begann, mit dem Gürtel auf uns einzudreschen. Dabei schrie er immer wieder: ›Ich bringe euch um, wenn ihr jemals wieder die Tür versperrt!‹ Ich glaubte, er würde uns an Ort und Stelle umbringen.«

Das Klima des Schreckens, das Kate beschrieb, bestimmt das Leben aller mißhandelten Kinder. Selbst in ruhigen Phasen leben sie in der Angst, daß der Vulkan wieder ausbricht. Und wenn das geschieht, erregt alles, was das Opfer unternimmt, um sich zu schützen, den Wütenden nur noch mehr. Kates verzweifelte Versuche, sich zu schützen, indem sie sich unter dem Bett versteckte und die Tür versperrte, intensivierte nur das irrationale Verhalten ihres Vaters. Es gibt kein sicheres Versteck, keine Flucht, keinen Beschützer, zu dem man rennen könnte.

Ich traf den Psychologiestudenten Joe, 27, zuerst in einem Seminar. Ich erwähnte, daß ich an einem Buch über giftige Eltern arbeitete, und Joe kam anschließend zu mir und bot sich als Fallstudie dafür an. Ich hatte aus meiner Praxis bereits mehr als genug Material, aber etwas in der Stimme dieses jungen Mannes sagte mir, daß er mit jemandem reden wollte. Wir trafen uns am folgenden Tag und sprachen mehrere Stunden miteinander. Ich war nicht nur von seiner Offenheit und Klarheit beeindruckt, sondern auch von der Aufrichtigkeit seines Wunsches, seine leidvolle Erfahrung anderen zur Verfügung zu stellen.

»Ich wurde immer in meinem Zimmer herumgestoßen. Den Grund dafür weiß ich nicht einmal mehr. Jeder Anlaß war denkbar, und mein Vater stürzte herein und begann aus vollem Hals zu brüllen und zu schreien. Dann stieß er mich herum, bis er mich mit dem Rücken zur Wand hatte, und schlug mich so hart, daß ich benommen wurde und nicht mehr wußte, was vor sich ging. Das schlimmste aber war, daß ich nie wußte, was diese Ausbrüche provozierte.«

Joe verbrachte einen Großteil seiner Kindheit in Erwartung der Flutwelle väterlicher Wut, und er wußte, es gab keine Möglichkeit, ihr auszuweichen. Diese Erfahrung schuf starke, lebenslange Ängste in ihm, verletzt und verraten zu werden. Zwei Ehen endeten in Scheidung, weil er nicht lernen konnte, zu vertrauen.

»Es verschwindet nicht einfach, wenn man fortzieht oder heiratet. Ich habe immer vor irgend etwas Angst und hasse mich deswegen. Aber wenn der eigene Vater, der einen eigentlich lieben und beschützen sollte, mich so behandelt, was passiert dann wohl mit mir in der Welt der Erwachsenen. Ich habe viele Beziehungen scheitern lassen, weil ich niemanden an mich heranlassen kann. Ich schäme mich deswegen, und ich schäme mich auch, weil ich immer solche verdammte Angst habe. Ich habe schreckliche Angst vor dem Leben. Ich arbeite schwer in meiner Therapie, um das alles zu bewältigen, denn ich weiß, ich nutze weder mir noch irgend jemand anderem, bis ich das geschafft habe. Aber es ist sehr schwer!«

Es ist ungeheuer schwierig, Vertrauen und Sicherheit wiederzugewinnen, wenn die eigenen Eltern einmal darauf herumgetrampelt haben. Man entwickelt bestimmte Erwartungen, wie man behandelt wird, aufgrund der Beziehung zu den Eltern. Wenn diese Beziehung überwiegend fürsorglich ist und unsere Rechte und Gefühle respektiert werden, wachsen wir in der Erwartung auf, daß andere uns etwa genauso behandeln. Diese positiven Erwartungen erlauben uns, in erwachsenen Beziehungen relativ verletzlich und offen zu sein. Aber wenn, wie in Joes Fall, die Kindheit eine Zeit unaufhörlicher Angst, Spannung und Schmerzen ist, entwickeln wir negative Erwartungen und starke Verteidigungsmechanismen.

Joe erwartete von anderen immer das Schlimmste. Er erwartete, genauso verletzt und mißhandelt zu werden wie in der Kindheit. Daher umgab er sich mit einem emotionalen Schutzpanzer. Er ließ niemanden an sich heran. Leider erwies sich dieser Panzer eher als emotionales Gefängnis denn als Schutzvorrichtung.

»Ich habe so viele Probleme – kein Wunder, daß du was abkriegst«

Joe hat nie herausgefunden, was seinen Vater so erzürnte. Andere Mißhandler haben das Bedürfnis, sich zu erklären. Sie schlagen ihre Kinder und bitten sie dann um Verständnis und sogar um Vergebung. So war es für Kate:

»Ich erinnere mich an einen besonders schrecklichen Abend nach dem Essen, als meine Mutter einkaufen war. Mein Vater gab es mir tüchtig mit diesem verdammten Gürtel. Ich schrie so laut, daß ein Nachbar die Polizei verständigte, aber mein Vater konnte sie davon überzeugen, alles sei in Ordnung. Er erklärte den Polizisten, der Lärm stamme vom Fernsehen. Sie haben es geschluckt. Ich stand mit tränenüberströmtem Gesicht und dicken Striemen auf den Armen da, aber sie schluckten es. Und warum auch nicht? Mein Vater war einer der mächtigsten Männer der Stadt. Aber dadurch beruhigte er sich zumindest. Als sie gegangen waren, sagte er mir, er wäre in der letzten Zeit stark belastet. Ich wußte nicht einmal, was das bedeutete, aber er wollte wirklich, daß ich verstünde, was er gerade durchmachte. Er sagte, meine Mutter sei nicht nett zu ihm ... sie schliefe nicht mit ihm, und es sei nicht recht für eine Frau, nicht mit ihrem Mann zu schlafen. Daher sei er immer so erregt.«

Kates Vater teilte seiner Tochter intime Dinge mit, die sie noch gar nicht verstehen konnte. Doch er erwartete von ihr, ihn emotional zu umsorgen. Dieser Rollentausch verwirrte und erstaunte Kate, aber er ist unter mißhandelnden Eltern sehr verbreitet. Sie wollen, daß ihre Kinder ihnen Erleichterung verschaffen; sie schlagen sie und schieben die Schuld für ihr Verhalten einem anderen zu.

Statt direkt mit seinen Eheproblemem umzugehen, verlagerte Kates Vater seine Wut und sexuelle Frustration auf seine Töchter, und dann rationalisierte er seine Gewalttätigkeit, indem er seiner Frau die Schuld gab. Körperliche Gewalt gegen Kinder ist oft eine Reaktion auf Streß bei der Arbeit, auf einen Konflikt mit einem anderen Familienmitglied oder Freund oder auf allgemeine Spannung aufgrund eines unerfüllten Lebens. Kinder werden leicht zur Zielscheibe. Sie können sich nicht wehren und man kann sie durch Einschüchterung zwingen, ihr Leiden zu verschweigen. Aber verlagerte Wut schaffte für den Mißhandler wie für das Opfer nur vorübergehend Erleichterung. Die wahre Quelle der Wut bleibt unverändert und quillt erneut auf. Und das hilflose Ziel der Wut bleibt ebenfalls dazu bestimmt, diese Wut in sich aufzusaugen und mit ins Erwachsenenleben zu tragen.

»Ich tue das nur zu deinem Besten«

Manche Mißhandler versuchen sich damit zu rechtfertigen, sie handelten im Interesse des Kindes. Viele Eltern glauben immer noch, körperliche Strafen stellten die einzige Methode dar, einem Kind moralische oder verhaltensmäßige Regeln beizubringen. Viele dieser »Lektionen« werden im Namen der Religion erteilt. Niemals wurde ein Buch grausamer mißbraucht als die Bibel, wenn sie dazu dient, Prügel zu rechtfertigen.

Ich war entsetzt über eine Zuschrift, die in einer Leserbriefspalte erschien:

»Liebe Ann,
ich war sehr enttäuscht, als ich Ihre Antwort an das Mädchen las, das von seiner Mutter geschlagen wurde. Ihr Sportlehrer bemerkte die Schwellungen an ihren Beinen und am Rücken und nannte das ›Kindesmißhandlung‹. Warum sind Sie gegen Prügel für Kinder, wenn es doch in der Bibel eindeutig heißt, genau das sollten Eltern tun? Sprüche 23,13 sagt: ›Laß nicht ab, den Knaben zu züchtigen, denn wenn du ihn mit der Rute haust, so wird man ihn nicht töten.‹ In Sprüche 23,14 heißt es: ›Du haust ihn mit der Rute, aber du errettest seine Seele vor dem Tode.‹«

Die gleiche Art Eltern glaubt auch an die angeborene Schlechtigkeit von Kindern. Sie glauben, schwere Prügel würden ein Kind davor bewahren, schlecht zu werden. Sie sagen Dinge wie: »Ich wurde mit der Rute aufgezogen, und hin und wieder ein Streich hat mir nicht geschadet.« Oder: »Ich mußte ihm Gottesfurcht einbleuen.« »Sie muß lernen, wer der Herr im Haus ist.« »Er muß lernen, was ihn erwartet, damit er die Grenzen respektiert.«
Andere Eltern rechtfertigen Prügel als notwendiges Ritual zum Erwachsenwerden, um das Kind zäher, mutiger und stärker zu machen. Das wurde auch Joe eingeredet:

»Die Mutter meines Vaters starb, als er vierzehn war. Er ist nie darüber hinweggekommen. Er hat es immer noch nicht überwunden, und er wird bald vierundsechzig. Er hat mir vor kurzem erzählt, er sei so hart zu mir gewesen, weil er verhindern wollte, daß ich etwas fühle. So krank sich das anhört, er hatte die Theorie, wenn man nichts fühlt, kommt man mit den Schmerzen des Lebens besser zurecht. Ich bin wirklich überzeugt, er wollte mich davor schützen, verletzt zu werden. Er wollte nicht, daß ich so leide wie er, als seine Mutter starb.«

Statt Joe allerdings zäher und unempfindlicher zu machen, wurde er durch die Schläge ängstlich und mißtrauisch und viel weniger fähig, im Leben zurechtzukommen. Es ist absurd, zu glauben, schwere körperliche Strafen würden auch nur die geringste positive Wirkung auf ein Kind haben.

Wissenschaftliche Untersuchungen weisen im Gegenteil sogar darauf hin, daß körperliche Disziplinierung als Strafe nicht einmal bei besonders unerwünschtem Verhalten wirksam ist. Schläge haben sich nur als vorübergehende Abschreckung erwiesen, und sie lösen in Kindern starke Wutgefühle, Rachewünsche und Selbsthaß aus. Es ist ganz offensichtlich, daß der seelische, emotionale und oftmals körperliche Schaden, den körperliche Mißhandlung hervorruft, momentane »Vorteile« bei weitem überwiegt.

Der passive Mißhandler

Bislang habe ich mich ausschließlich auf aktive Mißhandler konzentriert. Doch in jedem Familiendrama gibt es einen weiteren Spieler, der einen Teil der Verantwortung trägt. Es handelt sich um den Elternteil, der die Mißhandlung aus eigener Angst, Abhängigkeit oder dem Bedürfnis heraus, den Status quo der Familie aufrechtzuerhalten, zuläßt. Dieser Elternteil ist der passive Mißhandler.

Ich fragte Joe, wie sich seine Mutter verhalten habe, wenn er verprügelt wurde.

»Sie hat nicht viel getan. Manchmal schloß sie sich im Bad ein. Ich fragte mich immer wieder, warum sie nichts unternahm, um diesen verrückten Idioten davon abzuhalten, mich ständig fast ohnmächtig zu schlagen. Aber sie hatte vermutlich selbst zu große Angst. Es war nicht ihre Natur, sich ihm entgegenzustellen. Mein Vater ist Christ und meine Mutter Jüdin. Sie stammt aus einer sehr armen orthodoxen Familie, und da lernen die Frauen nicht, ihren Männern Vorschriften zu machen. Vermutlich war sie dankbar, ein Dach über dem Kopf zu haben und daß ihr Mann viel Geld verdiente.«

Joes Mutter selbst schlug ihre Kinder nicht, aber da sie sie nicht vor der Brutalität ihres Mannes schützte, wurde sie Partner der Mißhandlung. Statt etwas zu unternehmen, um ihre Kinder zu verteidigen, wurde sie selbst zum verängstigten Kind und blieb angesichts der Gewalttätigkeit ihres Mannes hilflos und passiv. In Wirklichkeit aber verließ sie ihren Sohn.

Zu seinen Gefühlen, isoliert und unbeschützt zu sein, sah sich Joe noch mit einer überwältigenden Verantwortung beladen:

> »Ich weiß noch, als ich etwa zehn war, und mein Vater hatte meine Mutter eines Abends windelweich geprügelt, stand ich am nächsten Morgen sehr früh auf und wartete in der Küche, bis er im Bademantel herabkam. Er fragte, was ich so früh schon unten suche, und ich antwortete: ›Wenn du jemals wieder Mama schlägst, komme ich dir mit meinem Baseballschläger.‹ Da sah er mich nur an und lachte, ging nach oben, duschte und ging zur Arbeit.«

Joe nahm den klassischen Rollentausch eines mißhandelten Kindes vor. Er übernahm die Verantwortung dafür, die Mutter zu schützen, als sei er ein Elternteil und die Mutter das Kind.

Indem der passive Elternteil sich von Hilflosigkeit überwältigen läßt, kann er die stumme Komplizenschaft leichter verleugnen. Und indem das mißhandelte Kind zum Beschützer wird oder die Passivität des stummen Elternteils rationalisiert, kann es leichter die Tatsache verleugnen, daß beide Eltern es verlassen haben.

Das war der Fall bei Kate:

> »Als mein Vater zuerst anfing, uns zu schlagen, schrie meine Schwester nach Mutter um Hilfe. Aber sie ist nie gekommen. Sie saß unten und hörte, wie wir nach ihr schrien. Es dauerte nicht lange, bis wir begriffen, daß sie nicht kommen würde. Sie hat sich nie gegen meinen Vater gewehrt. Vermutlich konnte sie nicht anders.«

Wie oft ich auch den Satz hörte: »Vermutlich konnte sie nicht anders« – er regt mich immer noch auf. Kates Mutter hätte natürlich etwas unternehmen können. Ich sagte zu Kate, es sei wichtig, die Rolle ihrer Mutter realistisch zu betrachten. Ihre Mutter hätte sich gegen den Vater wehren müssen, und wenn sie vor ihm Angst hatte, hätte sie die Polizei holen müssen. Es gibt keine Entschuldigung für einen Elternteil, der zuläßt, daß die eigenen Kinder tyrannisiert werden.

In Kates wie in Joes Fall war der Vater der aktive Mißhandler und die Mutter der stumme Partner. Das ist allerdings keineswegs das einzig mögliche Familienszenarium. In manchen Familien ist die Mutter der aktive Teil, der Vater der passive. Das Geschlecht ändert sich vielleicht, aber die Dynamik passiver Mißhandlung bleibt die gleiche. Ich hatte Klienten, die von beiden Eltern mißhandelt wurden, aber die Kombination mißhandelnd/passiv ist weitaus häufiger.

Viele erwachsene Kinder entschuldigen den passiven Elternteil, weil sie ihn als Mitopfer betrachten. In Joes Fall wurde diese Meinung bestätigt, weil er den Rollentausch vorgenommen hatte, so daß er sich der Mutter gegenüber als Beschützer fühlte.

Für Terry, einen dreiundvierzigjährigen Marketingleiter, war die Situation noch verwirrender, weil der passive Elternteil zum mitleidigen Tröster wurde. Terry, der von seiner Mutter fast die ganze Kindheit lang mißhandelt worden war, idolisierte seinen schwachen Vater:

»Ich war ein sehr sensibles Kind und mochte Kunst und Musik viel mehr als Sport. Meine Mutter nannte mich immer eine Memme. Sie war oft wütend auf mich und schlug mich mit allen möglichen Gegenständen. Ich habe das Gefühl, mich einen Großteil meiner Kindheit in einem Schrank versteckt zu haben. Ich wußte nie, warum sie mich so oft schlug, aber alles, was ich machte, schien sie aufzuregen. Ich habe das Gefühl, sie hat mir die Kindheit geraubt.«

Ich fragte Terry, was sein Vater tat, wenn seine Mutter ihn terrorisierte.

»Mein Pa hat mich oft im Arm gehalten, wenn ich weinte, und mir gesagt, wie leid es ihm täte, daß Mutter immer diese Anfälle bekam. Er sagte immer, er könne nichts dagegen tun, und wenn ich mir ein bißchen mehr Mühe gäbe, würde es vielleicht besser. Mein Pa war ein netter Typ. Er arbeitete viel, damit seine Familie ein gutes Leben hatte. Er gab mir als Kind als einziger zuverlässige Liebe.«

Ich fragte Terry, ob er als Erwachsener mit seinem Vater über seine Kindheit gesprochen habe.

»Ich habe es ein paarmal versucht, aber er sagt immer: ›Laß die Vergangenheit ruhen.‹ Warum sollte ich ihn auch aufregen? Ich hatte Probleme mit meiner Mutter, nicht mit ihm.«

Terry stritt die Komplizenschaft seines Vaters ab, weil er seine einzigen guten Kindheitserinnerungen bewahren wollte – die liebevollen Momente mit seinem Vater. Genau wie er sich als verängstigtes Kind an den zärtlichen Vater geklammert hatte, klammerte er sich als verängstigter Erwachsener an ihn. Doch indem er einen dunklen Schrank gegen eine falsche Realität eintauschte, unternahm er nichts, um sich der Wahrheit zu stellen.

Terry war sich bewußt, wie stark die Mißhandlungen seiner Mutter sein Leben beeinträchtigt hatten, viel weniger aber, wieviel unterdrückte Wut er gegen seinen Vater hegte. Er hatte jahrelang geleugnet, daß sein Vater ihn nicht unterstützt hatte. Um die Sache zu verschlimmern, hatte der Vater Terry eine große Verantwortung aufgeladen, indem er vorschlug, Terry solle sich »Mühe geben«, um die Schläge zu vermeiden.

Wie man Selbsthaß lernt – »Alles ist meine Schuld«

So schwer das vielleicht zu glauben ist, aber geschlagene Kinder nehmen genau wie verbal mißhandelte Kinder die Schuld für die an ihnen begangenen Verbrechen auf sich. Joe erinnerte sich:

»Mein Vater hat immer zu mir gesagt, ich sei ein Stück Dreck und ebenso wertlos. Er hat meinen Namen im Zusammenhang mit allen erdenklichen Schimpfwörtern benutzt. Wenn er damit fertig war, glaubte ich wirklich, ich sei der schlechteste Mensch, der je gelebt hat. Und daß ich nur herumgestoßen würde, weil ich es verdiente.«

In Joe wurde die Saat zur Selbstbezichtigung schon früh gesät. Wie konnte ein kleines Kind der machtvollen Propaganda gegen sein

Selbstwertgefühl widerstehen? Wie alle mißhandelten Kinder glaubte Joe die beiden Lügen: daß er schlecht sei und nur geschlagen wurde, weil er so schlecht war.

Da diese Lügen von seinem mächtigen, allwissenden Vater stammten, mußten sie wahr sein. Diese Lügen schlummern unangetastet in den meisten Erwachsenen, die als Kinder verprügelt wurden, auch in Joe. Er beschrieb es so:

>Ich kann mich selbst nicht leiden ... ich scheine mit niemandem eine gute Beziehung zu haben. Ich finde es schwer, zu glauben, daß mich wirklich jemand leiden kann.«

Kate drückte sich ähnlich aus, wenn sie verhindern wollte, daß andere Leute herausfanden, wie »schlecht« sie sei. Diese ausgeprägte niedrige Selbstachtung entwickelt sich zu Selbsthaß und schafft im weiteren Leben ein Muster von beeinträchtigten Beziehungen, mangelndem Selbstbewußtsein, Minderwertigkeitsgefühlen, lähmender Angst und einer Wut, die keinen Gegenstand findet.

Kate drückte es so aus:

>Mein ganzes Leben lang habe ich immer gedacht, daß ich es nicht verdiene, glücklich zu sein, daher habe ich, glaube ich, nie geheiratet ... hatte nie eine gute Beziehung ... habe mir nie erlaubt, wirklich erfolgreich zu sein.«

Als Kate erwachsen wurde, hörten die körperlichen Mißhandlungen auf. Aber durch ihren Selbsthaß dauern die emotionalen Mißhandlungen an. Nur ist sie jetzt selbst die Täterin.

Mißhandlung und Liebe

Mißhandelte Kinder werden oft einer bizarren Mischung aus Liebe und Schmerz ausgesetzt. Joe beschrieb den Wechsel von Schrecken und zärtlichen Augenblicken:

>Manchmal war mein Vater richtig lustig, und manchmal, ich schwöre es, sogar richtig sanft. Wie damals, als ich mich zu

einem Skiwettbewerb meldete und er sich wirklich dafür inter-
essierte. Er hat mich dorthin gefahren – eine Zehnstunden-
fahrt –, nur damit ich auf richtigem Schnee üben konnte. Auf
dem Heimweg hat er zu mir gesagt, er fände mich ganz toll.
Dabei habe ich natürlich gedacht: ›Wenn ich so toll bin, warum
fühle ich mich dann so schlecht?‹ Aber er hat es gesagt. Und das
zählt. Ich versuche immer noch, das zu wiederholen, was wir an
jenem Tag gemeinsam erlebten.«

Die wechselnden Botschaften trugen nur zu Joes Verwirrung bei
und erschwerten es ihm, sich der Wahrheit über seinen Vater zu
stellen. Ich erklärte Joe, daß es sich um eine unglaublich starke,
perverse Eltern-Kind-Verschmelzung handelt, wenn ein Elternteil
Liebe verspricht, während er zugleich das Kind mißhandelt. Die Welt
eines Kindes ist sehr klein, und gleich, wie schlecht sie das Kind
behandeln, die Eltern sind immer noch die einzige Quelle für Liebe
und Trost. Das geschlagene Kind verbringt seine gesamte Kindheit
auf der Suche nach dem Heiligen Gral der elterlichen Liebe. Diese
Suche setzt sich im Erwachsenenleben fort.

Auch Kate hat solche Erinnerungen:

»Als ich noch ein Baby war, hat mein Vater mich oft in den
Armen gehalten, mit mir geschmust und mich gewiegt. Und als
ich ein bißchen älter war, hat er mich in den Tanzunterricht
gefahren oder ist am Wochenende mit mir ins Kino gegangen.
Zu einer bestimmten Zeit seines Lebens hat er mich wirklich
geliebt. Vermutlich ist es mein größter Wunsch, daß er mich
wieder so liebt wie damals.«

Die Hüter des Familiengeheimnisses

Das sporadische Wohlwollen des Vaters hielt in Kate die Sehnsucht nach seiner Liebe wach und ließ sie auf eine Änderung hoffen.
Diese Hoffnung fesselte sie noch lange, nachdem sie erwachsen geworden war, an ihn. Teil dieses Bandes war die Überzeugung, daß sie
die Wahrheit über das Verhalten ihres Vaters für sich behalten
mußte. Ein »gutes« Kind würde niemals seine Familie verraten.

Das »Familiengeheimnis« ist eine weitere Belastung für ein mißhandeltes Kind. Indem sie nie über die Mißhandlungen sprechen, schneiden sich diese Kinder alle Hoffnung auf emotionale Hilfe ab. Dazu Kate:

»Mein ganzes Leben ist wie eine Lüge. Es ist schrecklich, nicht frei über etwas reden zu können, das mein Leben so stark beeinflußt hat. Wie kann man einen Schmerz verwinden, wenn man nicht darüber sprechen kann? Klar, in der Therapie geht das, aber ich kann immer noch nicht mit den Leuten darüber reden, die all die Jahre soviel Macht über mich gehabt haben. Die einzige Person, mit der ich darüber sprechen konnte, war mein Kindermädchen. Es war für mich der einzige Mensch in der Welt, dem ich vertrauen konnte. Einmal, nachdem mein Vater mich geschlagen hatte, sagte sie: ›Schatz, dein Vater ist sehr krank.‹ Ich habe nie begriffen, warum er nicht ins Krankenhaus ging, wenn er so krank war.«

Ich fragte Kate, was ihrer Meinung nach passieren würde, wenn sie Vater und Mutter über ihre Kindheit befragte. Sie starrte mich ein paar Augenblicke lang an, ehe sie antwortete:

»Mein Vater... würde sicher zusammenbrechen... und dann gingen die Probleme erst richtig los. Meine Mutter würde vermutlich hysterisch. Und meine Schwester würde wütend, weil ich die Vergangenheit ausgrabe. Sie redet ja nicht einmal mit mir darüber!«

Kates Bindung an das »Familiengeheimnis« war der Leim, der die Familie zusammenhielt. Wenn sie den Pakt des Schweigens brach, würde die Familie auseinanderbrechen.

»Im Moment kommt alles wieder in mir hoch. Jedesmal, wenn ich bei ihnen bin... ich meine, nichts hat sich verändert. Mein Vater wird immer noch sehr unangenehm zu mir. Ich habe dann das Gefühl, ich explodiere und sage ihm, wie wütend ich bin, aber ich sitze einfach da und beiße mir auf die Lippe. Wenn mein Vater heute tobt, tut meine Mutter, als höre sie nicht, was vor sich geht. Ich war vor ein paar Jahren bei einem Klassentreffen und fühlte mich wie eine Heuchlerin. Meine Klassenkameraden dachten alle, ich hätte eine so tolle Familie. Ich dachte: ›Wenn die wüßten . . .‹ Ich wünschte, ich könnte meinen Eltern sagen, wie sie meine Schulzeit verdorben haben. Ich wollte sie anschreien, sie hätten mir so weh getan, daß ich niemanden lieben kann. Ich kann keine Liebesbeziehung mit einem Mann haben. Sie haben mich emotional eingefroren. Das tun sie immer noch. Aber ich habe zu viel Angst, es ihnen zu sagen.«

Der Erwachsene in Kate schrie danach, die Eltern mit der Wahrheit zu konfrontieren, aber das geschlagene, verängstigte Kind in ihr hatte zu große Furcht vor den Folgen. Sie war überzeugt, alle würden sie hassen, wenn sie die Katze aus dem Sack ließ. Sie glaubte, das Netz ihrer Familie würde sich auflösen. Als Folge davon war die Beziehung zwischen ihr und ihrer Familie zur Fassade geworden. Alle taten so, als sei nie etwas vorgefallen.

Wie man den Mythos am Leben erhält

Ich war nicht überrascht, als Kate sagte, alle Klassenkameraden hätten ihre Familie toll gefunden. Viele mißhandelnde Familien können dem Rest der Welt eine sehr präsentable Fassade bieten. Diese steht in direktem Gegensatz zur Wirklichkeit und stellt die Grundlage für den »Familienmythos« dar. Joe war dafür ein typisches Beispiel:

»Es ist eine Farce, wenn ich bei meiner Familie bin. Nichts hat sich verändert. Mein Vater trinkt immer noch, und ich bin sicher, er schlägt auch meine Mutter immer noch. Aber wie sie reden und sich benehmen, könnte man meinen, alles sei wunderbar. Bin ich denn der einzige, der sich erinnert, wie es wirklich war? Es ist eigentlich egal, denn ich sage nie etwas. Ich bin genauso ein Heuchler wie alle anderen. Nur kann ich vermutlich nicht die Hoffnung fahren lassen, daß eines Tages vielleicht alles anders wird. Wenn wir nur gut genug spielen, werden wir eines Tages vielleicht eine richtige Familie.«

Joe war in dem gleichen schrecklichen Konflikt befangen wie Kate: Er wollte seine Eltern mit der Wahrheit konfrontieren, hatte aber Angst, die Familie auseinanderzureißen. Während der Schulzeit hatte er Briefe geschrieben, wie er sich wirklich fühlte:

»Ich habe in diesen Briefen richtig mein Herz ausgeschüttet und beschrieben, wie ich geschlagen und ignoriert wurde. Dann ließ ich sie auf meinem Schreibtisch liegen und hoffte, meine Eltern würden sie lesen. Aber ich habe keine Ahnung, ob das jemals passiert ist. Niemand hat sie jemals erwähnt. Später habe ich eine Weile Tagebuch geschrieben. Auch das habe ich herumliegen lassen. Bis heute weiß ich nicht, ob meine Eltern es gelesen haben, und ich habe schreckliche Angst, sie danach zu fragen.«

Es war keine Angst vor erneuten Prügeln, die Joe abhielt, seine Eltern nach dem Tagebuch oder den Briefen zu fragen. In der Oberschule war er dazu zu erwachsen. Aber wenn sie sein Flehen gelesen und emotional nicht reagiert hatten, müßte er seine Phantasie aufgeben, daß eines Tages ein Wunder ihm den Schlüssel zu ihrer Liebe geben würde. Nach so vielen Jahren hatte er immer noch Angst, herauszufinden, ob sie ihn einfach wieder mal nicht beachtet hatten.

Am emotionalen Scheideweg

In mißhandelten Kindern tobt ein Kessel heißer Wut. Man kann sich nicht schlagen, demütigen, erschrecken, erniedrigen und für das eigene Leid beschuldigen lassen, ohne wütend zu werden. Aber ein mißhandeltes Kind hat keine Möglichkeit, diese Wut loszuwerden. Beim Erwachsenen sucht sie dann nach einem Ausweg.

Holly, 41, eine kräftige, ernste Hausfrau mit kurzem, vorzeitig ergrautem Haar, wurde an mich überwiesen, nachdem die Sozialbehörden durch die Schule ihres zehnjährigen Sohnes benachrichtigt worden waren, daß sie ihn mißhandelte. Ihr Sohn lebte vorübergehend bei den Eltern ihres Mannes. Ihre Therapie war zwar vom Gericht angeordnet, aber sie erwies sich dennoch als sehr motivierte Klientin.

»Ich schäme mich so. Ich habe ihn früher schon geschlagen, aber dieses Mal bin ich richtig ausgerastet. Dieses Kind macht mich so wütend... Wissen Sie, ich habe mir immer geschworen, wenn ich einmal Kinder habe, würde ich niemals gegen sie die Hand erheben. Ich weiß wirklich, wie das ist. Es ist furchtbar. Aber ohne es zu merken, habe ich mich in meine eigene verrückte Mutter verwandelt. Meine Eltern haben mich beide geschlagen, aber sie war schlimmer. Ich weiß noch, wie sie mich einmal mit dem Schlachtermesser durch die Küche gejagt hat!«

Holly hatte schon häufig ihre starken emotionalen Impulse aggressiv ausagiert. Als Teenager hatte sie ständig Schwierigkeiten und wurde mehrere Male von der Schule verwiesen. Die Erwachsene beschrieb sich als wandelndes Pulverfaß:

»Manchmal muß ich das Haus verlassen, solche Angst habe ich, dem Kind was anzutun. Ich habe das Gefühl, mich nicht mehr kontrollieren zu können.«

Hollys Wut richtete sich gegen ihren Sohn. In anderen Extremfällen kann sich unterdrückte Wut als gewalttätiges, kriminelles Verhalten äußern, als Schlagen von Frauen, Vergewaltigung oder Mord. Unsere Gefängnisse sind voll von Erwachsenen, die als Kinder körperlich mißhandelt wurden und nie lernten, ihre Wut angemessen auszudrücken.

Kate hingegen richtete ihre Wut nach innen. Sie fand dann einen Ausweg in körperlichen Symptomen:

»Was immer man zu mir sagt oder tut, ich kann mich nicht wehren. Ich fühle mich einfach nie stark genug. Ich bekomme Kopfschmerzen und fühle mich meistens elend. Man übergeht mich ständig, und ich habe keine Ahnung, wie ich das verhindern kann. Letztes Jahr war ich sicher, ein Magengeschwür zu haben. Ich hatte ständig Bauchschmerzen.«

Kate lernte schon früh, Opfer zu sein, und bis heute ist ihr Leben davon überschattet. Sie hatte keine Ahnung, wie sie sich davor schützen konnte, von anderen ausgenutzt und verfolgt zu werden. So setzte sie das Leid fort, das sie als Kind erlebt hatte. Es war damit zu rechnen, daß die ungeheure, in ihr aufgestaute Wut einen Ausweg fand, aber da sie Angst hatte, sie direkt auszudrücken, übernahmen es ihr Körper und ihre Launen: in Form von Kopfschmerzen, einem verspannten Magen und Depressionen.

Wie der Vater, so der Sohn

In manchen Fällen identifiziert sich das mißhandelte Kind unbewußt mit seinem mißhandelnden Elternteil. Immerhin wirkt der Mißhandler mächtig und unverletzbar. Mißhandelte Kinder glauben, wenn *sie* diese Eigenschaften besäßen, könnten sie sich schützen. Als unbewußte Verteidigungsstrategie entwickeln sie daher manche der Persönlichkeitszüge, die sie an ihren giftigen Eltern am meisten hassen. Trotz heißer Gelöbnisse, selbst anders zu werden, verhalten sie sich unter Belastung vielleicht genauso wie ihre Mißhandler. Aber dieses Syndrom ist nicht so weit verbreitet, wie man annimmt.

Lange herrschte die Annahme, daß aus fast allen mißhandelten Kindern mißhandelnde Eltern würden. Sie hatten ja nur dieses Rollenvorbild gehabt. Doch neuere Forschungen stellen diese Überzeugung in Frage. Nicht nur haben sich mißhandelte Kinder zu nicht mißhandelnden Eltern entwickelt, sondern eine Reihe dieser Eltern hat bei ihren Kindern selbst mit bescheidenen, nichtkörperlichen Strafmaßnahmen Probleme. In Auflehnung gegen die Schmerzen der eigenen Kindheit scheuen diese Eltern davor zurück, irgendwelche Grenzen zu setzen und durchzudrücken. Auch das kann negativen Einfluß auf ein Kind haben, weil Kinder sichere Grenzen brauchen. Aber die Schäden durch Überduldsamkeit sind gewöhnlich viel weniger schwerwiegend als die durch Mißhandlung.

Immerhin sollten wir froh sein, daß die erwachsenen Kinder mißhandelnder Eltern ihren Selbsthaß, ihre Verstrickung mit den Eltern, ihre ungerichtete Wut, ihre überwältigende Angst und Unfähigkeit, zu vertrauen und sich sicher zu fühlen, überwinden können.

7. Der schlimmste Verrat

Sexueller Mißbrauch

Inzest ist vielleicht die grausamste und verstörendste menschliche Erfahrung. Es handelt sich um den Verrat des grundsätzlichen Vertrauens zwischen Kind und Eltern. Inzest wirkt emotional vernichtend. Die jungen Opfer sind von den Tätern völlig abhängig und haben niemanden und nichts, wohin sie flüchten können. Aus Beschützern werden Verfolger, die Wirklichkeit wird zum Gefängnis schmutziger Geheimnisse. Inzest vernichtet den Kern der Kindheit, ihre Unschuld.

In den letzten beiden Kapiteln haben wir einige der dunkleren Realitäten giftiger Familien ins Auge gefaßt. Wir haben Eltern kennengelernt, die einen ungewöhnlichen Mangel an Mitleiden und Mitempfinden für ihre Kinder aufweisen. Sie schlagen ihre Kinder mit allen möglichen Waffen, von herabsetzender Kritik bis zum Ledergürtel, und sie rationalisieren diese Mißhandlungen als erzieherisch oder pädagogisch. Doch nun betreten wir ein perverses Feld, das sich jeder Rationalisierung entzieht. Ich muß nun über strikt psychologische Theorien hinausgehen: Ich glaube, sexueller Mißbrauch von Kindern ist grundsätzlich böse.

Was ist Inzest?

Inzest ist schwer zu definieren, denn die rechtlichen und psychologischen Definitionen klaffen weit auseinander. Die rechtliche Definition ist extrem eng gefaßt und bezeichnet Inzest gewöhnlich als sexuellen Verkehr zwischen Blutsverwandten. Als Folge davon erkannten sich Millionen von Menschen nicht als Inzestopfer, weil sie nicht penetriert worden waren. Vom psychologischen Standpunkt aus deckt Inzest ein viel breiteres Spektrum von Verhaltensweisen und Verwandtschaftsbeziehungen ab. Dazu gehören körperlicher Kontakt des Aggressors mit Mund, Brüsten, Genitalien, Anus oder anderen Körperteilen des Kindes, um sich zu erregen. Dieser Aggressor muß kein Blutsverwandter sein. Es kann jeder sein, den das Kind als Familienangehörigen betrachtet, etwa ein Stiefvater oder Schwager.

Es gibt noch andere Typen inzestuösen Verhaltens, die extrem schädlich sind, auch wenn dazu kein direkter Körperkontakt mit dem Kind gehört. Wenn ein Aggressor sich beispielsweise vor dem Kind entblößt oder masturbiert oder das Kind überredet, sich auf sexuell erregende Weise fotografieren zu lassen, begeht er eine Form von Inzest.

Zu dieser Definition gehört auch, daß dieses Verhalten geheim bleiben muß. Ein Vater, der sein Kind liebevoll umarmt und küßt, tut nichts, das man geheimhalten müßte. Im Gegenteil, derartige Berührungen sind für das emotionale Wohlergehen des Kindes grundsätzlich und wichtig. Doch wenn ein Vater die Geschlechtsteile des Kindes streichelt oder das Kind veranlaßt, seine zu streicheln, handelt es sich um einen Akt, der geheim bleiben muß; es handelt sich um Inzest.

Es gibt noch eine Reihe viel subtilerer Verhaltensweisen, die ich psychologischen Inzest nenne. Opfer von psychologischem Inzest werden vielleicht nicht körperlich berührt oder sexuell belästigt, aber sie erfahren eine Beeinträchtigung ihrer Privatsphäre oder ihrer Sicherheit. Ich meine damit, etwa einem Kind aufzulauern, das sich ankleidet oder badet, oder wenn wiederholt sexuell anzügliche Bemerkungen fallen. Keine dieser Verhaltensweisen fällt unter die enge Definition von Inzest, aber die Opfer fühlen sich oft verletzt und leiden unter den gleichen psychologischen Symptomen wie tatsächliche Inzestopfer.

Als ich begann, das öffentliche Bewußtsein hinsichtlich der epidemischen Ausmaße von Inzest zu schärfen, stieß ich auf starken Widerstand. Inzest hat etwas besonders Abstoßendes und Häßliches an sich, das verhindert, seine bloße Existenz anzuerkennen. In den letzten zehn Jahren hat die allgemeine Verleugnung angesichts überwältigender Beweise zu schwinden begonnen, und Inzest wurde zum akzeptierten – wenngleich immer noch unangenehmen – Thema öffentlicher Diskussionen. Doch ein Hindernis blieb: Der Inzestmythos. Im Massenbewußtsein herrschen starke Überzeugungen, die nicht in Frage gestellt werden. Doch sie stimmen nicht und haben nie gestimmt.

Mythos: *Inzest ist selten*
Realität: Alle seriösen Forschungsarbeiten und Daten weisen darauf hin, daß mindestens eines von zehn Kindern vor dem achtzehnten Lebensjahr von einem vertrauten Familienmitglied sexuell belästigt wird. Erst um 1980 begann man, zu merken, wie verbreitet Inzest ist. Davor glaubten die meisten Menschen, daß Inzest in etwa einer von hunderttausend Familien vorkäme.

Mythos: *Inzest kommt nur in armen und ungebildeten Schichten oder isolierten, zurückgebliebenen Gemeinschaften vor.*
Realität: Inzest ist gnadenlos demokratisch. Er kommt in allen sozioökonomischen Schichten vor. Inzest ist in Ihrer Familie ebenso wahrscheinlich wie irgendwo sonst.

Mythos: *Inzesttäter weichen vom gesellschaftlichen und sexuellen Durchschnitt ab.*
Realität: Jeder kann der typische Inzesttäter sein. Es gibt keinen gemeinsamen Nenner oder Eigenschaften. Es handelt sich oft um schwer arbeitende, angesehene, kirchentreue, scheinbar durchschnittliche Männer und Frauen. Ich habe Polizisten, Lehrer, Industriekapitäne, Gesellschaftsdamen, Bauarbeiter, Ärzte, Alkoholiker und Priester kennengelernt, die zu Tätern wurden. Ihre gemeinsamen Züge sind eher psychologischer Natur statt gesellschaftlicher, kultureller, rassischer oder ökonomischer.

Mythos: *Inzest ist eine Reaktion auf sexuelle Frustration.*

Realität: Die meisten Täter haben ein aktives Sexualleben innerhalb einer Ehe, oft verstärkt durch außereheliche Beziehungen. Sie wenden sich Kindern zu, um Macht- und Kontrollgefühle zu erleben oder um die bedingungslose, unbedrohliche Liebe zu gewinnen, die nur Kinder geben können. Obwohl beim Inzest unterschiedliche Bedürfnisse und Triebe sexualisiert werden, ist sexuelle Frustration nur selten der Auslöser.

Mythos: *Kinder – besonders Mädchen im Teenageralter – sind sexuell verführerisch und zumindest teilweise für diese Belästigungen verantwortlich.*

Realität: Die meisten Kinder versuchen, ihre sexuellen Gefühle und Impulse auf unschuldige, neugierige Weise bei Menschen auszudrücken, an die sie sich gebunden fühlen. Kleine Mädchen flirten mit den Vätern, kleine Jungen mit den Müttern. Manche Teenager sind offen provokativ. Die Verantwortung, in solchen Situationen angemessene Kontrolle auszuüben und die eigenen Impulse nicht auszuagieren, liegt jedoch beim Erwachsenen.

Mythos: *Die meisten Inzestgeschichten sind nicht wahr. Es handelt sich vielmehr um Phantasien, die den sexuellen Wünschen des Kindes entspringen.*

Realität: Dieser Mythos wurde von Sigmund Freud in die Welt gesetzt und hat die psychiatrische Lehre und Praxis seit Beginn des Jahrhunderts beeinflußt. Freud hörte in seiner psychologischen Praxis von den Töchtern der angesehenen Wiener Mittelschichtfamilien so zahlreiche Inzestschilderungen, daß er völlig grundlos entschied, sie könnten nicht alle stimmen. Um ihre Häufigkeit zu erklären, schloß er, daß sich diese Vorfälle vornehmlich in der Phantasie seiner Patientinnen abspielten. Die Folge von Freuds Irrtum ist, daß Tausende von Inzestopfern nicht das Gehör und die Unterstützung fanden und finden, die sie brauchen, selbst wenn sie den Mut aufbringen und professionelle Hilfe suchen.

Mythos: *Kinder werden öfter von Fremden belästigt als von vertrauten Personen.*

Realität: Die Mehrheit sexueller Verbrechen an Kindern wird von vertrauten Familienangehörigen begangen.

So eine nette Familie

Wie bei körperlichen Mißhandlungen wirken die meisten Inzestfamilien auf den Rest der Welt ganz normal. Die Eltern sind vielleicht angesehene Kirchgänger und genießen den Ruf, sehr moralisch zu sein. Es ist erstaunlich, wie stark sich Menschen hinter verschlossenen Türen verändern können.

Tracy, 38, ist eine schlanke, brünette, braunäugige Frau, die in Los Angeles einen kleinen Buchladen betreibt. Sie stammt aus einer dieser »normalen« Familien.

»Wir wirkten wie alle anderen. Mein Vater war Versicherungsvertreter, meine Mutter Vorstandssekretärin. Wir gingen jeden Sonntag zur Kirche und fuhren in den Sommerferien in Urlaub. Wie in der Werbung. Aber als ich zehn war, begann mein Vater, seinen Körper immer gegen meinen zu drücken. Etwa ein Jahr später erwischte ich ihn, wie er mir durch ein Loch, das er in die Wand gebohrt hatte, beim Ausziehen zusah. Als ich mich körperlich entwickelte, trat er oft hinter mich und umfaßte meine Brüste. Dann bot er mir Geld, damit ich mich nackt auf den Boden legte... um mich anzusehen. Ich fühlte mich sehr unwohl dabei, aber ich hatte Angst, nein zu sagen. Dann nahm er eines Tages meine Hand und legte sie an seinen Penis. Ich hatte solche Angst... Als er begann, meine Geschlechtsteile zu streicheln, wußte ich nicht, was ich tun sollte, daher machte ich alles mit.«

Für alle anderen war Tracys Vater ein typischer familienorientierter Angehöriger der Mittelklasse, ein Bild, das zu Tracys Verwirrung beitrug. Die meisten Inzestfamilien halten jahrelang diese Fassade von Normalität aufrecht, manchmal immer.

Liz, eine sportliche, blauäugige, blonde Musikredakteurin, stellt ein besonders dramatisches Beispiel für diese Kluft zwischen äußerem Anschein und innerer Realität vor:

»Alles war so unwirklich. Mein Stiefvater war ein bekannter Pfarrer mit einer großen Gemeinde. Die Leute, die sonntags in seine Kirche kamen, beteten ihn an. Ich weiß noch, wie ich einmal in der Kirche saß und zuhörte, wie er eine Predigt über Todsünden hielt. Da wollte ich nur herausschreien, daß dieser Mann ein Heuchler sei. Ich wollte aufstehen und vor der versammelten Gemeinde rufen, daß dieser wunderbare Gottesmann seine dreizehnjährige Stieftochter vögelte!«

Liz stammte, wie Tracy, aus einer scheinbaren Modellfamilie. Ihre Nachbarn hätten mit Entsetzen zur Kenntnis genommen, was ihr Pfarrer trieb. Aber die Tatsache, daß er eine religiöse Leitfigur war und Autorität und Vertrauen ausstrahlte, spielte keine Rolle. Eine steile Karriere oder eine gute akademische Bildung halten inzestuöse Impulse nicht in Schach.

Wie konnte das geschehen?

Es gibt zahlreiche Theorien über das Familienklima und die Rollen, die die Angehörigen spielen. Meiner Erfahrung nach stimmt dabei immer nur ein Faktor: Inzest kommt nicht in offenen, liebevollen Familien vor.

Inzest kommt statt dessen in Familien vor, in denen starke emotionale Einsamkeit, Geheimnistuerei, Hilflosigkeit, Streß und Mangel an Respekt herrschen. Auf mannigfaltige Weise kann Inzest als Teil des totalen Zusammenbruchs der Familie betrachtet werden. Aber es ist allein der Täter, der sexuell gewalttätig wird. Tracy beschreibt, wie es sich bei ihr zu Hause abspielte:

»Wir sprachen nie darüber, wie man sich fühlte. Wenn mich irgend etwas störte, verdrängte ich es einfach. Ich erinnere mich, wie meine Mutter mit mir geschmust hat, als ich klein war. Aber ich habe nie irgendwelche Zärtlichkeiten zwischen meinen Eltern erlebt. Wir unternahmen als Familie vieles gemeinsam, aber es herrschte keine wirkliche Nähe. Ich glaube, genau danach hat mein Vater gesucht. Manchmal fragte er mich, ob er mich küssen dürfte, und ich antwortete, ich wolle nicht. Dann bettelte er und meinte, er würde mir nicht weh tun, er wolle mir einfach nur nahe sein.«

Tracy kam nicht in den Sinn, daß ihr Vater, wenn er sich einsam und frustriert fühlte, andere Möglichkeiten hatte, als seine Tochter zu belästigen. Tracys Vater suchte wie viele Täter innerhalb der Familie das auszugleichen, was er als Mangel empfand. Der verzerrte Zustand, wenn ein Kind gezwungen wird, sich um die Bedürfnisse eines Erwachsenen zu kümmern, wird leicht sexualisiert, wenn der Erwachsene seine sexuellen Impulse nicht beherrschen kann.

Die vielerlei Gestalten von Zwang

In der Beziehung zwischen Eltern und Kind gibt es starke psychologische Zwänge. Tracys Vater brauchte seine Tochter nicht stark unter Druck zu setzen.

»Ich hätte alles getan, um ihn glücklich zu machen. Ich hatte immer schreckliche Angst, wenn er diese Dinge mit mir machte, aber er wurde wenigstens nicht gewalttätig.«

Opfer wie Tracy, die nicht körperlich unter Druck gesetzt werden, unterschätzen oft die erlittenen Schäden, weil sie nicht erkennen, daß emotionale Gewalt genauso destruktiv ist wie körperliche. Kinder sind von Natur aus liebe- und vertrauensvoll und daher leicht Opfer von bedürftigen, unverantwortlichen Erwachsenen. Die emotionale Verletzlichkeit eines Kindes ist oft der einzige Hebel, den der Inzesttäter bedienen muß.

Andere Aggressoren verstärken ihren psychologischen Vorteil mit der Androhung von körperlicher Gewalt, öffentlicher Demütigung oder Verlassen. Eine meiner Klientinnen war sieben, als ihr Vater ihr drohte, sie zur Adoption freizugeben, wenn sie seinen sexuellen Forderungen nicht nachkäme. Für ein kleines Mädchen ist die Drohung, nie wieder die Familie oder Freunde sehen zu dürfen, so schrecklich, daß es sich zu allem überreden läßt.

Inzesttäter benutzen auch Drohungen, um das Schweigen ihrer Opfer zu erzwingen. Zu den häufigsten Androhungen gehören:

- Ich bringe dich um, wenn du es weitererzählst.
- Ich verprügle dich, wenn du nicht den Mund hältst.
- Mama wird krank, wenn du es ihr erzählst.
- Wenn du das anderen erzählst, hält man dich für verrückt.
- Niemand wird es dir glauben.
- Wenn du es erzählst, wird Mama auf uns böse.
- Wenn du es weitererzählst, hasse ich dich mein ganzes Leben lang.
- Wenn du es erzählst, schickt man mich ins Gefängnis, und dann kümmert sich niemand um die Familie.

Solche Drohungen sind eine emotionale Erpressung und spekulieren mit den Ängsten und Verletzlichkeiten des Opfers.

Abgesehen von psychologischem Druck bedienen sich viele Aggressoren körperlicher Gewalt, um die Kinder zu zwingen, sich dem Inzest auszuliefern. Inzestopfer sind selten Lieblingskinder, abgesehen von der sexuellen Mißhandlung. Einige werden mit Geld, Geschenken oder besonderer Behandlung unter Druck gesetzt, aber die Mehrheit wird emotional und oft auch körperlich mißhandelt.

Liz erinnerte sich, was geschah, als sie versuchte, sich dem Stiefvater zu widersetzen:

»Ich war schon etwa fünfzehn, da sammelte ich eines Tages allen Mut und sagte ihm, ich wolle nicht mehr, daß er nachts in mein Zimmer kommt. Da wurde er sehr wütend und begann, mich zu würgen. Und dann begann er zu schreien. Gott dulde nicht, daß ich eigene Entscheidungen träfe. Der Herr wolle, daß er für mich entschiede, und Gott wolle, daß er Sex mit mir habe. Als er aufhörte, mich zu würgen, bekam ich kaum noch Luft. Ich hatte solche Angst, daß ich es mir sofort wieder gefallen ließ.«

Warum Kinder schweigen

Neunzig Prozent aller Inzestopfer erzählen niemals, was geschah oder geschieht. Sie bleiben stumm, nicht nur, weil sie Angst haben, verletzt zu werden, sondern vor allem, weil sie fürchten, die Familie auseinanderzureißen, wenn sie einem Elternteil Schwierigkeiten bereiten. Inzest ist vielleicht sehr angsterregend, aber der

Gedanke, für die Zerstörung der Familie verantwortlich zu sein, ist schlimmer. Familienloyalität ist bei den meisten Kindern eine sehr starke Kraft, wie belastet die Familie auch sein mag.

Connie, 36, eine lebhafte Rothaarige, die in einer Bank arbeitet, war das klassische loyale Kind. Die Angst, den Vater zu verletzen und seine Liebe zu verlieren, war für sie stärker, als das Bedürfnis nach Hilfe.

»Wenn ich zurückblicke, erkenne ich, daß er mich genau dort hinbekam, wo er mich wollte. Er sagte, es bedeute das Ende der Familie, wenn ich jemandem erzählte, was wir taten. Meine Mutter würde ihn fortschicken, und dann hätte ich keinen Papa mehr. Mich brächte man in ein Kinderheim, und die ganze Familie würde mich hassen.«

In den seltenen Fällen, in denen Inzest entdeckt wird, wird die Familie in der Tat zerstört. Ob durch Scheidung oder andere Eingriffe, die Entfernung des Kindes aus dem Zuhause oder die intensive Belastung durch das öffentliche Aufsehen, die meisten Familien überleben die Aufdeckung von Inzest nicht. Auch wenn eine solche Auflösung vielleicht im Interesse des Kindes ist, fühlt es sich unweigerlich dafür verantwortlich, was stark zu seiner bereits schweren emotionalen Belastung beiträgt.

Die Glaubwürdigkeitslücke

Sexuell mißhandelte Kinder erkennen sehr früh, daß ihre eigene Glaubwürdigkeit, verglichen mit der des Täters, nichts bedeutet. Es spielt keine Rolle, ob der Elternteil Alkoholiker, chronisch arbeitslos oder als gewalttätig bekannt ist. In unserer Gesellschaft wird einem Erwachsenen immer mehr geglaubt als einem Kind. Wenn die Eltern einigermaßen erfolgreich im Leben sind, wird aus der Glaubwürdigkeitslücke ein Abgrund.

Dan, 45, ein Luftfahrtingenieur, wurde vom fünften Lebensjahr an, bis er das Zuhause verließ, von seinem Vater sexuell mißbraucht:

»Schon als kleines Kind wußte ich, daß ich nie jemanden erzählen durfte, was mein Vater mit mir tat. Meine Mutter war von ihm völlig dominiert, und ich wußte, sie würde mir niemals glauben. Er war ein erfolgreicher Geschäftsmann und kannte jeden. Können Sie sich vorstellen, daß ich die Leute überzeugen konnte, dieser Großmogul zwänge seinen sechsjährigen Sohn jeden Abend im Badezimmer, ihm einen zu blasen? Wer hätte mir schon geglaubt? Sie hätten alle gedacht, ich wolle meinem Vater Schwierigkeiten bereiten oder so. Ich hatte keine Chance.«

Dan saß in einer schrecklichen Falle. Er wurde nicht nur belästigt, sondern auch noch durch den gleichgeschlechtlichen Elternteil, was seine Scham und die Überzeugung verdoppelte, daß niemand ihm glauben würde.

Inzest zwischen Vater und Sohn ist weitaus verbreiteter, als die meisten Menschen denken. Diese Väter wirken nach außen hin heterosexuell, werden aber vermutlich von starken homosexuellen Impulsen getrieben. Statt ihre wahren Gefühle zuzugeben, versuchen sie, ihre Homosexualität zu verleugnen, indem sie heiraten und Kinder haben. Ohne ein Ventil für ihre wirkliche sexuelle Präferenz werden die sexuellen Impulse stärker und stärker, bis sie schließlich alle Verteidigungsmechanismen durchbrechen.

Dans Vater begann mit seinen Übergriffen vor vierzig Jahren, als Inzest (wie Homosexualität) von falschen Vorstellungen verteufelt wurde. Wie die meisten Inzestopfer spürte Dan die Hoffnungslosigkeit, Hilfe zu erhalten, weil es irrwitzig schien, daß ein Mann vom gesellschaftlichen Rang seines Vaters ein solches Verbrechen begehen konnte. Eltern, wie giftig auch immer, haben ein Monopol auf Glaubwürdigkeit und Macht.

»Ich fühle mich so schmutzig!«

Die Scham von Inzestopfern ist ungeheuer. Schon sehr junge Opfer wissen, daß Inzest geheimgehalten werden muß. Ob man ihnen sagt oder nicht, daß sie schweigen sollen, sie spüren das Verbotene und die Scham im Verhalten des Aggressors. Sie wissen, daß sie verletzt werden, auch wenn sie zu jung sind, um Sexualität zu begreifen. Sie fühlen sich unwohl.

Inzestopfer internalisieren ihre Schuldgefühle ebenso wie verbal und körperlich mißhandelte Kinder. Bei Inzest tritt jedoch zu den Schuldgefühlen noch die Scham hinzu. Die Überzeugung, alles sei ihre Schuld, ist bei Inzestopfern am intensivsten. Diese Überzeugung hat starken Selbsthaß und Scham zur Folge. Abgesehen davon, daß sie irgendwie mit dem tatsächlichen Inzest fertig werden müssen, müssen sie aufpassen, nicht erwischt und als »schlimmes Kind« denunziert zu werden.

Liz hatte entsetzliche Angst, entdeckt zu werden:

»Ich war erst zehn, aber ich fühlte mich wie die schlimmste Hure der Welt. Ich wollte meinen Stiefvater wirklich anzeigen, hatte aber Angst, alle, auch meine Mama, würden mich dafür hassen. Ich wußte, daß mich jeder für schlimm halten würde. Ich konnte den Gedanken nicht ertragen, daß ich dabei als die schlechte Person gelten würde, obwohl ich mich genauso fühlte. Ich verdrängte daher alles.«

Es ist zunächst schwer zu verstehen, warum eine Zehnjährige, die vom Stiefvater zum Verkehr gezwungen wird, sich schuldig fühlt. Die Antwort liegt natürlich in der mangelnden Bereitschaft des Kindes, den vertrauten Elternteil als schlecht anzuerkennen. Irgend jemand muß die Verantwortung für diese schändlichen, demütigenden, angsterregenden Handlungen übernehmen, und da es nicht der Elternteil sein kann, muß es das Kind tun.

Das Gefühl, schlecht, schmutzig und verantwortlich zu sein, führt Inzestopfer in eine ungeheure psychologische Isolierung. Sie fühlen sich völlig alleingelassen, sowohl innerhalb der Familie als auch in der Außenwelt. Sie sind überzeugt, niemand würde ihr schreckliches Geheimnis glauben, doch dieses Geheimnis überschattet ihr Leben derart, daß sie alle Freundschaften meiden. Diese Isolierung kann sie zurück zum Täter treiben, der oft ihre einzige Quelle für Zuwendung darstellt, wie pervers diese auch sein mag.

Wenn das Opfer beim Inzest angenehme Gefühle erlebt, ist die Scham doppelt stark. Manche Erwachsene, die als Kinder Opfer von Inzest wurden, erinnern sich trotz der empfundenen Verwirrung und

Verlegenheit an angenehme Gefühle. Für solche Menschen ist es später noch schwieriger, ihr Verantwortungsgefühl abzulegen. Tracy erlebte tatsächlich Orgasmen. Sie erklärte es so:

> »Ich wußte, es war nicht recht, aber es gab mir angenehme Gefühle. Es war schlimm, mir so was anzutun, aber ich habe ebenso Schuld wie er, weil es mir gefiel.«

Ich hatte dies schon öfter gehört, aber es zerriß mir dennoch das Herz. Ich sagte zu Tracy wie schon zu anderen zuvor:

> »Es ist nicht schlecht, die Stimulation zu mögen. Der Körper ist biologisch darauf vorbereitet, solche Gefühle als angenehm zu empfinden. Aber die Tatsache, daß es als angenehm empfunden wurde, rechtfertigt das, was Ihr Vater tat, keineswegs und setzt Sie auch nicht ins Unrecht. Sie waren immer noch Opfer. Es war seine Verantwortung, als Erwachsener, sich zu kontrollieren, gleich, was Sie dabei empfanden.«

Es gibt noch ein weiteres Schuldgefühl, das für die meisten Inzestopfer einzigartig ist: Man nimmt den Vater der Mutter fort. Vater-Tochter-Opfer erwähnen oft, sich gefühlt zu haben »wie eine andere Frau«. Das erschwert ihnen natürlich um so mehr, Hilfe bei der einzigen Person zu suchen, bei der sie Grund haben, sie zu erwarten – ihrer Mutter. Statt dessen glauben sie, die Mutter verraten zu haben, was ihren Schuldgefühlen eine weitere Dimension zufügt.

Wahnsinnige Eifersucht: »Du gehörst nur mir!«

Inzest verschmilzt Opfer und Aggressor auf verrückte und intensive Weise. Besonders bei Inzest zwischen Vater und Tochter ist der Vater häufig von der Tochter besessen und wahnsinnig eifersüchtig auf deren Freunde. Vielleicht bekämpft er diese, indem er sie verbal mißhandelt, oder er vermittelt ihr, daß sie nur einem einzigen Mann gehört, nämlich Papa.

Diese Obsession verzerrt die normalen Entwicklungsstadien

von Kindheit und Adoleszenz auf dramatische Weise. Statt zunehmend unabhängiger von der elterlichen Kontrolle zu werden, wird das Inzestopfer immer stärker an den Aggressor gebunden.

Tracy wußte, daß die Eifersucht des Vaters verrückt war, aber sie erkannte nicht, wie degradierend und grausam sie war, denn sie verwechselte sie mit Liebe. Inzestopfer verwechseln Besessenheit häufig mit Liebe, was nicht nur drastisch ihre Fähigkeit verändert, zu begreifen, daß sie Opfer sind, sondern auch ihr Erwartungen an eine Liebesbeziehung in ihrem späteren Leben verzerrt.

Die meisten Eltern haben Ängste, wenn ihre Kinder anfangen, sich zu verabreden und sich an Menschen außerhalb der Familie zu binden. Der inzestuöse Vater aber erlebt diese normale Entwicklung als Verrat, Zurückweisung, Illoyalität und sogar Verlassen. Tracys Vater reagierte typisch – mit Wut, Beschuldigungen und Strafe.

»Er wartete immer auf mich, wenn ich von einer Verabredung nach Hause kam, und hielt mir eine gehörige Strafpredigt. Er fragte mich dann endlos lange aus, mit wem ich aus war, was wir getrieben hätten und ob ich mich von ihm hätte richtig küssen lassen. Wenn er mich dabei erwischte, wie ich einen Jungen zum Abschied küßte, stürmte er aus der Haustür, schrie ›Hure‹ und verscheuchte den Jungen.«

Wenn Tracys Vater seine Tochter beschimpfte und beleidigte, tat er nur, was viele inzestuöse Väter tun: Er wies die Schlechtigkeit, das Böse und die Schuld von sich und projizierte sie auf sie. Andere Aggressoren binden ihre Opfer jedoch mit Zärtlichkeit an sich, was es dem Kind erschwert, mit den in Konflikt liegenden Emotionen der Schuld und Liebe fertig zu werden.

»Du bist mein Leben!«

Doug, 46, ein schmaler, angespannt wirkender Mann, der als Maschinist arbeitete, kam aufgrund einer Reihe sexueller Schwierigkeiten zu mir, darunter immer wieder auftauchende Impotenz. Er war seit seinem achten Lebensjahr bis zum späten Teenageralter von seiner Mutter sexuell belästigt worden.

»Sie hat meine Genitalien gestreichelt, bis ich zum Orgasmus kam, aber ich dachte immer, da es kein richtiger Verkehr war, sei es in Ordnung. Sie veranlaßte mich, das gleiche bei ihr zu tun. Sie sagte zu mir, ich sei ihr Leben, und sie zeige mir ihre Liebe auf diese besondere Weise. Doch jedesmal, wenn ich mich jetzt einer Frau nähere, habe ich das Gefühl, meine Mutter zu betrügen.«

Das ungeheuerliche Geheimnis, das Doug mit seiner Mutter teilte, band ihn sehr stark an sie. Ihr krankes Verhalten hat ihn vielleicht verwirrt, aber die Botschaft war eindeutig: Sie war die einzige Frau in seinem Leben. Diese Botschaft war auf viele Weisen ebenso schädlich wie der Inzest selbst. Als er sich zu trennen und Erwachsenenbeziehungen einzugehen versuchte, verlangten seine Gefühle von Illoyalität und Schuld seinem emotionalen und sexuellen Wohlbefinden einen schrecklichen Preis ab.

Die Verschüttung des Vulkans

Inzestopfer haben häufig nur eine Möglichkeit, die frühen Traumata zu überleben, indem sie eine psychologische Barriere errichten und die Erinnerungen daran so weit wie möglich aus dem Bewußtsein verdrängen, damit sie jahrelang, wenn überhaupt, nicht mehr auftauchen.

Oft aber gelangen die Erinnerungen unerwartet wieder an die Oberfläche, besonders bei bestimmten Ereignissen. Ich habe von Klienten gehört, daß sie bei der Geburt eines Kindes auftauchen, beim Tod eines Familienangehörigen, wenn sie etwas über Inzest in den Medien lasen oder das Trauma im Schlaf wiedererlebten.

Häufig tauchen solche Erinnerungen auf, wenn das Opfer in einer Therapie an anderen Themen arbeitet, doch viele Menschen sind nur auf Nachhaken des Therapeuten bereit, davon zu sprechen.

Doch selbst, wenn die Erinnerungen wiederkehren, geraten viele Opfer in Panik und versuchen, sie zurückzudrängen, indem sie sich weigern, es zu glauben.

Eines der dramatischsten emotionalen Erlebnisse während meiner Arbeit als Therapeutin geschah mit Julie, 46, einer promovierten

Biochemikerin, die in einem großen Labor arbeitete. Julie kam zu mir, nachdem sie im Radio eine Diskussion über Inzest gehört hatte. Sie sagte mir, sie sei zwischen dem achten und fünfzehnten Lebensjahr von ihrem älteren Bruder belästigt worden.

»Ich habe schreckliche Phantasien vom Tod, verrückt zu werden und in einem Heim zu sterben. In der letzten Zeit bleibe ich die meiste Zeit im Bett und ziehe mir die Decke über den Kopf. Ich verlasse mein Haus nur, um zur Arbeit zu gehen, und auch dort funktioniere ich kaum noch. Man macht sich dort Sorgen um mich. Ich weiß, alles hängt mit meinem Bruder zusammen, aber ich kann einfach nicht darüber reden. Ich habe das Gefühl, darin zu ertrinken.«

Julie war sehr empfindlich und stand offensichtlich kurz vor einem ernsten Zusammenbruch. In einem Moment lachte sie hysterisch, im nächsten brach sie in krampfhaftes Schluchzen aus. Sie hatte fast alle Kontrolle über ihre Emotionen verloren.

»Mein Bruder vergewaltigte mich zum ersten Mal, als ich acht war. Er war vierzehn und sehr kräftig für sein Alter. Danach hat er sich mir mindestens drei- bis viermal die Woche aufgezwungen. Der Schmerz war so unerträglich, daß ich fast wahnsinnig wurde. Ich weiß jetzt, daß er ziemlich verrückt gewesen sein muß, denn er hat mich gefesselt und mit Messern, Scheren, Rasierklingen, Schraubenziehern und allem möglichen gefoltert. Die einzige Möglichkeit, zu überleben, war, so zu tun, als geschähe es mit jemand anderem.«

Ich fragte Julie, wo ihre Eltern waren, wenn diese schrecklichen Dinge passierten.

»Ich habe meinen Eltern nie erzählt, was Tommy mir antat, denn er drohte, mich umzubringen, wenn ich den Mund nicht hielt, und ich glaubte ihm. Mein Vater war Rechtsanwalt und arbeitete sechzehn Stunden am Tag. Meine Mutter war tablettensüchtig. Beide haben mich nie in Schutz genommen. Die paar Stunden, die Papa zu Hause war, wollte er seine Ruhe haben, und er erwartete von mir, daß ich mich um meine Mutter kümmerte. Meine Kindheit erscheint mir wie ein einziger Nebel aus Kummer.«

Julie war sehr stark gestört und hatte Angst vor der Therapie, doch sie brachte den Mut auf, an einer meiner Inzestopfer-Gruppen teilzunehmen. In den nächsten Monaten arbeitete sie hart daran, sich von den Folterungen und sexuellen Mißhandlungen des Bruders zu heilen. Ihr emotionaler Zustand verbesserte sich deutlich, und sie fühlte sich nicht mehr wie auf einem schmalen Grat zwischen Hysterie und Depression. Doch trotz ihrer Besserung sagte mir mein Instinkt, etwas fehle. In ihr schwelte immer noch etwas Dunkles, Verborgenes.

Eines Abends kam sie verstört aussehend in die Gruppe. Sie hatte eine plötzliche Erinnerung erlebt, die ihr angst machte:

»Vor ein paar Tagen hatte ich plötzlich eine deutliche Erinnerung an meine Mutter, die mich zwang, mit ihr oralen Sex zu praktizieren. Ich werde wohl langsam verrückt. Die Dinge mit meinem Bruder habe ich mir wohl auch alle eingebildet. Das hätte meine Mutter nie getan. Klar, sie stand ständig unter Drogen, aber sie hätte das einfach nicht getan. Ich werde verrückt und muß in eine Anstalt eingeliefert werden.«

Ich sagte: »Wenn Sie sich die Erinnerungen an Ihren Bruder nur ausgedacht haben, wie kommt es, daß Sie sich so viel besser fühlen, seit Sie daran arbeiten?« Das leuchtete ihr ein, und ich fuhr fort: »Sie wissen, daß solche Dinge nicht der Phantasie entspringen. Wenn Sie sich an diesen Vorfall mit Ihrer Mutter erinnern, dann nur, weil Sie jetzt stärker sind als früher. Sie sind jetzt besser in der Lage, damit umzugehen.«

Ich sagte zu Julie, ihr Unbewußtes habe sie geschützt. Wenn sie sich in dem Zustand an diese Episode erinnert hätte, in dem sie zuerst zu mir kam, wäre sie vielleicht völlig zusammengebrochen. Doch durch die Arbeit in der Gruppe war ihre emotionale Welt stabiler geworden. Ihr Unbewußtes hatte zugelassen, daß diese unterdrückte Erinnerung an die Oberfläche trieb, weil sie nun bereit war, damit umzugehen.

Nur wenige Menschen erwähnen jemals Mutter-Tochter-Inzest, aber ich habe mindestens ein Dutzend Opfer dieser Art behandelt. Die Motivation dazu scheint mir eine groteske Verzerrung des Bedürfnisses nach Zärtlichkeit, Körperkontakt und Zuneigung. Mütter, die fähig sind, die normale mütterliche Bindung derart zu verletzen, sind gewöhnlich extrem gestört und oftmals psychotisch.

Julies Kampf gegen die Erinnerungen hatte sie an den Rand eines Zusammenbruchs geführt. Doch so schmerzlich und verstörend diese Erinnerungen auch waren, ihre Freisetzung stellte den Schlüssel zu ihrer Besserung dar.

Ein Doppelleben

Inzestopfer werden oft zu sehr begabten Schauspielern. In ihrer Innenwelt herrschen so viel Entsetzen, Verwirrung, Trauer und Einsamkeit, daß viele ein falsches Selbst entwickeln, das sie der Außenwelt präsentieren. Sie verhalten sich, als sei alles schön und normal. Tracy sprach über ihr »Als-ob«-Selbst mit beträchtlicher Einsicht:

»Es war, als lebten in meinem Körper zwei Menschen. Vor meinen Freunden war ich sehr kommunikativ und freundlich, aber sobald ich allein in meiner Wohnung war, wurde ich absolut verschlossen. Ich hatte Weinkrämpfe, die einfach nicht mehr aufhörten. Ich hasse den Umgang mit meiner Familie, denn ich mußte immer so tun, als sei alles in Ordnung. Sie haben ja keine Ahnung, wie schwer es war, immer diese beiden Rollen aufrechtzuerhalten. Manchmal hatte ich das Gefühl, keinen Deut Kraft mehr zu haben.«

Auch Dan verdiente vermutlich einen Oscar. Er beschrieb es so:

»Ich fühlte mich so schuldig wegen dem, was mein Vater nachts mit mir anstellte. Ich fühlte mich wie ein Objekt. Ich haßte mich. Aber ich spielte die Rolle des fröhlichen Jungen, und niemand in der Familie hat es bemerkt. Irgendwann hörte ich auf zu träumen. Ich hörte sogar auf zu weinen. Ich tat so, als sei ich glücklich. Ich war der Spaßmacher der Klasse und ein guter

Klavierspieler. Ich unterhielt gern andere Leute... tat alles, damit andere mich nett fanden. Aber in mir tat alles weh. Mit dreizehn war ich schon ein heimlicher Alkoholiker...«

Indem Dan andere Menschen unterhielt, konnte er ein Gefühl von Bestätigung und Erfolg erfahren. Doch da sich sein inneres Selbst in einem so traurigen Zustand befand, erlebte er nur wenig echte Freude. Das ist der Preis, wenn man eine Lüge lebt.

Der stumme Partner

Täter und Opfer werden zu ausgezeichneten Schauspielern, um ihr Geheimnis für sich zu behalten. Aber was ist mit dem anderen Elternteil?

Zu Beginn meiner Arbeit mit Erwachsenen, die als Kinder sexuell mißhandelt worden waren, stellte ich fest, daß viele Vater-Tochter-Opfer auf die Mütter wütender waren als auf die eigentlichen Täter. Viele Opfer quälten sich mit der oft nicht zu beantwortenden Frage, wieviel ihre Mütter über den Inzest wußten. Häufig waren sie davon überzeugt, ihre Mütter müßten es zumindest geahnt haben, weil die Zeichen für die Mißhandlung in einigen Fällen recht offensichtlich waren. Andere waren sich sicher, ihre Mütter hätten Bescheid wissen müssen. Sie hätten die Verhaltensveränderungen an den Töchtern bemerken und spüren müssen, was sich in der Familie abspielte.

Tracy, die eigentlich sehr sachlich beschrieben hatte, wie ihr Vater, der Versicherungsvertreter, allmählich vom Beobachten, wenn sie sich auszog, dazu überging, ihre Genitalien zu streicheln, weinte mehrere Male, als sie über ihre Mutter sprach.

»Ich schien immer auf meine Mutter wütend zu sein. Ich konnte sie immer zugleich lieben und hassen. Diese Frau sah mich ständig bedrückt und erlebte, wie ich hysterisch in meinem Zimmer weinte, aber sie hat niemals auch nur ein Wort gesagt. Ist es möglich, daß eine Mutter bei rechtem Verstand es nicht ungewöhnlich findet, wenn ihre Tochter ständig in Tränen aufgelöst ist? Ich konnte ihr einfach nicht sagen, was vor sich ging, aber wenn sie mich gefragt hätte . . . ich weiß es nicht. Vielleicht hätte ich es ihr auch dann nicht sagen können. Gott, ich wünschte, sie hätte herausbekommen, was er mir antat.«

Tracy drückte einen Wunsch aus, den ich von Tausenden von Inzestopfern gehört habe – daß irgend jemand, besonders aber die Mutter, den Inzest entdeckt, ohne daß das Opfer es auf sich nehmen muß, davon zu berichten.

Ich stimmte Tracy zu, daß ihre Mutter sehr unsensibel auf die Bedrücktheit der Tochter reagiert habe, doch das bedeute nicht notwendig, daß sie wußte, was vor sich ging.

In Inzestfamilien gibt es drei Typen von Müttern: jene, die es wirklich nicht wissen, jene, die es vielleicht wissen, und jene, die Bescheid wissen.

Ist es möglich, daß eine Mutter von den Vorgängen in ihrer Familie nichts weiß? Mehrere Theorien behaupten, dies sei unmöglich; jede Mutter spüre den Inzest in der Familie irgendwie. Ich stimme damit nicht überein. Ich bin überzeugt davon, daß manche Mütter wirklich nicht Bescheid wissen.

Der zweite Typ Mutter ist der klassische stumme Partner. Sie trägt Scheuklappen. Die Hinweise auf Inzest sind vorhanden, aber sie ignoriert sie lieber und unternimmt den vergeblichen Versuch, sich und ihre Familie so zu schützen.

Der letzte Typ ist der verachtenswerteste: die Mutter, der die Kinder von den Belästigungen erzählen und die nichts dagegen tut. In diesem Fall wird das Opfer doppelt verraten.

Mit dreizehn unternahm Liz einen verzweifelten Versuch, ihrer Mutter über die zunehmenden sexuellen Übergriffe ihres Stiefvaters zu erzählen.

»Ich saß in der Falle. Ich dachte, wenn ich es meiner Mutter erzähle, wird sie zumindest mit ihm reden. Das war ein Witz. Sie brach fast in Tränen aus und sagte – ich werde niemals ihre Worte vergessen: ›Warum erzählst du mir das? Weißt du, was du mir antust? Ich lebe seit neun Jahren mit deinem Stiefvater zusammen. Ich bin sicher, das könnte er nie tun. Er ist schließlich Pfarrer. Jedermann respektiert uns. Du mußt geträumt haben. Warum willst du mein Leben ruinieren? Gott wird dich strafen.‹ – Ich konnte es kaum glauben. Es hatte mich soviel gekostet, es ihr zu erzählen, aber sie wandte sich einfach gegen mich. Am Ende habe ich sie getröstet.«

Liz begann zu weinen. Ich nahm sie ein paar Minuten in den Arm, als sie sich den Schmerz und den Kummer von der Seele weinte, weil ihre Mutter allzu typisch auf die Wahrheit reagiert hatte. Liz' Mutter war der klassische stumme Partner – passiv, abhängig und infantil. Sie war stark mit dem eigenen Überleben beschäftigt und bemüht, die Familie intakt zu halten. Daher mußte sie alles ableugnen, was das Familienboot ins Schaukeln gebracht hätte.

Viele stumme Partner wurden selbst als Kinder mißbraucht. Sie leiden unter extrem niedriger Selbstachtung und wiederholen vielleicht die Konflikte der eigenen Kindheit. Gewöhnlich werden sie von jedem Problem überwältigt, das den Status quo bedroht, weil sie die eigenen Ängste und Abhängigkeiten nicht konfrontieren wollen. So mußte Liz die Mutter trösten, obwohl sie selbst es war, die emotionale Unterstützung brauchte.

Einige Mütter drängen die Töchter geradezu zum Inzest. Debra, ein anderes Mitglied von Liz' Inzestgruppe, erzählte eine besonders schockierende Geschichte:

»Man sagte mir immer, ich sei hübsch – ich weiß auch, daß Männer mich anziehend finden –, aber ich habe fast mein ganzes Leben mit dem Gedanken zugebracht, ein Wesen von einem anderen Stern zu sein. Ich fühlte mich immer schleimig und abstoßend. Was mein Vater mir antat, war schlimm genug, doch wirklich weh getan hat mir meine Mutter. Sie war die Vermittlerin. Sie bestimmte Zeit und Ort und hielt manchmal sogar meinen Kopf im Schoß, wenn er es mit mir machte. Ich flehte sie an, mich nicht dazu zu zwingen, aber sie sagte: ›Bitte, Schatz, tu es für mich. Ich bin nicht genug für ihn, und wenn du ihm nicht gibst, was er will, sucht er sich eine andere Frau. Dann stehen wir auf der Straße.‹
Ich versuchte zu begreifen, was sie tat, aber nun habe ich selbst zwei Kinder, und für mich ist es absolut unvorstellbar, daß eine Mutter so etwas tun kann.«

Viele Psychologen glauben, daß stumme Partner die Frau-/Mutterrolle auf die Tochter übertragen. Dies traf mit Sicherheit auf Debras Mutter zu, doch so ist es offensichtlich ungewöhnlich.

Meiner Erfahrung nach übertragen stumme Partner nicht nur ihre Rolle, sondern entsagen auch jeglicher persönlichen Macht. Sie drängen gewöhnlich die Tochter nicht, sie zu ersetzen, sondern lassen zu, daß sie und die Tochter von dem Aggressor beherrscht werden. Ihre Ängste und Abhängigkeitsbedürfnisse erweisen sich als stärker als alle mütterlichen Instinkte und lassen die Tochter völlig ungeschützt.

Was Inzest hinterläßt

Jeder Erwachsene, der als Kind sexuell mißhandelt wurde, trägt starke Gefühle der Hoffnungslosigkeit, Minderwertigkeit, Wertlosigkeit und Schlechtigkeit mit sich herum. Wie anders ihr Leben äußerlich auch wirkt, alle Inzestopfer schleppen ein tragisches Erbe mit sich. Sie fühlen sich schmutzig, gestört und anders. Connies Leben war durch diese drei Elemente ernsthaft beeinträchtigt. Sie beschrieb es so:

»Ich fühlte mich immer, als trüge ich ein Schild auf der Stirn, auf dem stand: Inzestopfer. Ich glaube immer noch, daß viele Leute in mich hineinsehen und erkennen können, wie ekelhaft ich bin. Ich bin nicht wie andere Menschen. Ich bin nicht normal.«

Andere Opfer haben sich als »Monster«, als »Wesen aus dem Weltraum«, »aus der Irrenanstalt entlaufen« oder »niedrigster Abschaum« bezeichnet.

Inzest ist eine Form von seelischem Krebs. Er ist nicht tödlich, muß aber behandelt werden, und die Behandlung ist zuweilen schmerzlich. Connie blieb länger als zwanzig Jahre unbehandelt. Das verlangte ihrem Leben einen schrecklichen Preis ab, besonders im Bereich persönlicher Beziehungen.

Connies Abscheu vor sich selbst führte sie in eine Reihe erniedrigender Beziehungen mit Männern. Da die erste Beziehung mit einem Mann (ihrem Vater) Verrat und Ausbeutung bedeutet hatte, waren Liebe und Mißhandlungen eng miteinander verknüpft. Als Erwachsene fühlte sie sich von Männern angezogen, die es ihr ermöglichten, das vertraute Familienszenarium zu wiederholen. Eine gesunde Beziehung, zu der Respekt und Zuneigung gehören, hätte sie unnatürlich gefunden, nicht im Einklang mit ihrem Selbstbild.

Die meisten Inzestopfer finden es schwer, als Erwachsene Beziehungen einzugehen. Wenn ein Opfer zufällig eine liebevolle Beziehung findet, vergiften die Geister der Vergangenheit sie gewöhnlich – oftmals im Bereich der Sexualität.

Der Raub der Sexualität

Tracys Inzesttrauma beeinträchtigte ihre Ehe mit einem liebevollen, fürsorglichen Mann stark. Sie berichtete:

»Meine Beziehung mit David steht vor dem Zusammenbruch. Er ist wunderbar, aber wie lange kann er das aushalten? Für mich ist Sex einfach schrecklich. Das war schon immer so. Ich will nicht einmal mehr so tun, als ob. Ich hasse es, berührt zu werden. Ich wünschte, es gäbe keine Sexualität.«

Nicht selten empfinden Opfer beim Gedanken an Sex Abscheu. Dabei handelt es sich um eine normale Reaktion auf Inzest. Sex erinnert unweigerlich an den erlittenen Schmerz und Verrat. Immer wieder spielt ein Tonband im Kopf: »Sex ist schmutzig, Sex ist schlecht... ich habe als Kind schreckliche Dinge getan... wenn ich das jetzt wieder mache, fühle ich mich wieder so schlecht.«

Viele Opfer berichten, für sie sei Sex unmöglich, ohne von schrecklichen Erinnerungen heimgesucht zu werden. Sie versuchen, mit jemandem, den sie mögen, intim zu sein, aber in Gedanken erleben sie wieder das ursprüngliche Inzesttrauma. Inzestopfer hören oder sehen während des Verkehrs oft den Täter im gleichen Raum.

Diese Erinnerungen lösen alle negativen Gefühle aus, und ihre Sexualität verlischt wie ein Feuer, auf das man Wasser gießt.

Andere Inzestopfer, wie Connie, benutzen ihre Sexualität auf erniedrigende Weise, weil sie mit der Überzeugung aufwuchsen, daß sie nur dazu gut genug sind. Sie schlafen vielleicht gegen ein wenig Zuneigung mit Hunderten von Männern, aber viele dieser Opfer fühlen sich dennoch von Sex stark abgestoßen.

»Warum geht es mir bei diesen guten Gefühlen so schlecht?«

Ein Opfer, dem es als Erwachsenem gelingt, sexuell empfindsam zu werden und Orgasmen erleben zu können (das schaffen viele), haben vielleicht trotzdem immer noch Schuldgefühle hinsichtlich ihrer Sexualität, die es ihnen erschweren, wenn nicht sogar unmöglich machen, Lust zu empfinden. Schuldbewußtsein kann gute Gefühle in schlechte verwandeln.

Im Gegensatz zu Tracy war Liz sexuell sehr empfindsam, doch die Geister der Vergangenheit suchen sie nichtsdestoweniger heim:

»Ich habe oft einen Orgasmus. Ich habe an allen möglichen sexuellen Praktiken Spaß. Doch hinterher wird es immer ganz schlimm. Ich werde völlig bedrückt. Wenn es vorbei ist, will ich weder berührt noch umarmt werden . . . ich will nur, daß der Typ verschwindet. Er versteht das nicht. Ein paarmal, wenn es wirklich gut war, hatte ich anschließend die Phantasie, mich umzubringen.«

Obwohl Liz sexuelle Lust empfand, erlebte sie intensiven Selbsthaß. Daher mußte sie sich für diese Lust strafen, sogar mit dem Gedanken an Selbstmord. Es war, als könne sie mit diesen selbstzerstörerischen Gefühlen und Phantasien irgendwie die sündige und schändliche sexuelle Erregung ausgleichen.

Wir haben gesehen, wie Opfer körperlicher Mißhandlungen ihren Schmerz und ihre Wut gegen sich selbst richten – in manchen Fällen auch gegen andere. Inzestopfer folgen dem gleichen Muster. Sie setzen ihre unterdrückte Wut und ihren ungetrösteten Schmerz auf viele verschiedene Weisen um.

Depression ist ein sehr häufiger Ausdruck unterdrückter Inzestkonflikte. Sie offenbart sich von allgemeiner, unbestimmter Traurigkeit bis hin zu völliger Lähmung.

Eine sehr hohe Zahl von Inzestopfern, besonders Frauen, lassen es zu, als Erwachsene übergewichtig zu werden. Unbewußt verfolgen sie damit zwei Zwecke: (1) Man stellt sich vor, damit Männer abzuschrecken, und (2) die Körpermasse gibt einem die Illusion von Kraft und Macht. Viele Opfer haben zunächst schreckliche Angst, wenn sie abnehmen, weil sie sich dann wieder hilflos und verletzlich fühlen wie als Kind.

Immer wieder auftretende Kopfschmerzen sind bei Inzestopfern ebenfalls sehr häufig. Diese Kopfschmerzen sind nicht allein die körperliche Manifestation der unterdrückten Wut und Angst, sondern auch eine Art Selbstbestrafung.

Viele Inzestopfer verlieren sich im Alkoholdunst oder im Drogenrausch, was vorübergehend ihre Gefühle von Verlust und Leere lindert. Die Vermeidung des wirklichen Problems verlängert aber nur das Leiden des Opfers.

Eine große Anzahl von Inzestopfern sucht schließlich Bestrafung vom Rest der Welt. Sie sabotieren Beziehungen, suchen Strafe bei Kollegen und Vorgesetzten. Ein paar begehen schwere Verbrechen und suchen Bestrafung von der Gesellschaft. Andere werden zu Prostituierten und suchen Bestrafung von Zuhältern – oder sogar von Gott.

»Dieses Mal wird es besser«

Es ist ein verblüffendes Phänomen, daß viele Inzestopfer, gleich, wie schmerzlich ihr Leben gewesen ist, immer noch mit ihren giftigen Eltern verschmolzen bleiben. Diese Eltern haben ihr Leid verursacht, aber die Opfer wenden sich immer noch an sie, um es zu lindern. Es ist für erwachsene Inzestopfer sehr schwer, den Mythos der glücklichen Familie aufzugeben.

Eine der größten Erbschaften von Inzest ist diese niemals endende Suche nach dem magischen Schlüssel, der die Schatztruhe elterlicher Liebe und Bestätigung aufsperren soll. Diese Suche ist wie emotionaler Treibsand. Er fesselt das Opfer in einem nicht zu realisierenden Traum und verhindert, daß es sein eigenes Leben lebt.

Liz faßte es so zusammen:

»Ich stelle mir vor, daß sie eines Tages auf mich zugehen und sagen: ›Wir finden dich wunderbar und lieben dich genau so, wie du bist.‹ Obwohl ich weiß, daß mein Stiefvater ein Kinderschänder ist und meine Mutter *ihn* wählte und mich nicht beschützte ... es ist so, als bräuchte ich es, daß gerade sie mir vergeben.«

Das stärkste Familienmitglied

Viele Menschen sind schockiert, wenn ich sage, daß die Inzestopfer, mit denen ich gearbeitet habe, häufig das stärkste Mitglied ihrer Familie waren. Immerhin leidet das Opfer unter den Symptomen – Selbstbezichtigung, Depressionen, destruktives Verhalten, sexuelle Probleme, Selbstmordversuche, Drogenmißbrauch –, während der Rest der Familie nach außen hin gesund erscheint.

Doch trotz alledem hat das Inzestopfer oft die stärkste Einsicht in die Wahrheit. Es war gezwungen, sich selbst zu opfern, um den Wahnsinn und die Belastungen in seinem Familiensystem zu decken. Es hat immer das Familiengeheimnis gehütet. Es lebte mit ungeheurem Leid, um den Mythos der glücklichen Familie zu bewahren. Doch trotz all dieses Leids und der Konflikte ist das Opfer gewöhnlich die erste Person, die Hilfe sucht. Die Eltern werden sich fast immer weigern, ihre Verleugnungen und Verteidigungsmechanismen aufzugeben. Sie weigern sich, der Wahrheit ins Auge zu sehen.

Mit entsprechender Behandlung können die meisten Opfer ihre Würde und ihre Kraft wiedererlangen. Hilfe suchen, ist nicht nur ein Zeichen von Gesundheit, sondern auch von Mut.

8. Warum verhalten Eltern sich so?

Das Familiensystem

Wir alle wurden in einem Schmelztiegel namens Familie gehärtet. In den vergangenen Jahren hat man allmählich erkannt, daß eine »Familie« mehr ist als nur eine Anzahl miteinander verwandter Menschen. Sie ist ein System, eine Gruppe interagierender Personen, in der jede die anderen auf grundsätzliche, oft versteckte Weise beeinflußt. Sie ist ein komplexes Netz aus Liebe, Eifersucht, Stolz, Angst, Freude und Schuld – beständig Ebbe und Flut in der gesamten Bandbreite menschlicher Emotionen. Diese Emotionen treiben im trüben Wasser von Familieneinstellungen, -wahrnehmungen und -beziehungen. Und wie beim Meer kann man nur sehr wenige dieser inneren Bewegungen von außen erkennen. Je tiefer man hineintaucht, um so mehr entdeckt man.

Als Sie klein waren, stellte Ihr Familiensystem Ihre gesamte Realität dar. Sie gewannen Überzeugungen – wer sie waren, wie sie mit anderen interagieren wollten –, die darauf beruhten, wie Ihr Familiensystem die Welt einschätzte. Als Kind giftiger Eltern gewannen Sie vermutlich Überzeugungen wie: »Ich kann niemandem trauen«, »ich bin es nicht wert, daß man mich liebt«, »auf mich setzt niemand«. Solche Einstellungen sind selbstzerstörerisch und müssen geändert werden. Man kann sie häufig ändern und mit ihnen das gesamte Lebensszenario, aber zuerst muß man begreifen, wieviel von dem, was man glaubt, fühlt und auslebt, von dem jeweiligen Familiensystem geformt wurde.

Behalten Sie im Auge, daß auch Ihre Eltern Eltern hatten. Ein giftiges Familiensystem ist wie eine Massenkarambolage auf der Autobahn und verursacht Schäden über Generationen hinweg. Es wurde nicht erst von Ihren Eltern erfunden, sondern ist das Ergebnis akkumulierter Gefühle, Regeln, Interaktionen und Überzeugungen, die von den Urahnen weitergereicht wurden.

Überzeugungen: Es gibt nur eine Wahrheit

Wenn Sie das Chaos und die Verwirrung eines giftigen Familiensystems begreifen wollen, müssen Sie sich zuerst die Familienüberzeugungen ansehen, besonders jene, die bestimmen, wie Eltern mit ihren Kindern umgehen und wie Kinder sich zu verhalten haben. Die eine Familie zum Beispiel glaubt, daß die Gefühle eines Kindes wichtig seien, während die andere meint, Kinder seien Bürger zweiter Klasse. Derartige Überzeugungen bestimmen unsere Einstellungen, Urteile und Wahrnehmungen. Sie sind unglaublich mächtig. Sie trennen gut von böse und richtig von falsch. Sie definieren Beziehungen, moralische Werte, Erziehung, Sexualität, Berufswahl, Ethik und Finanzen. Sie prägen das gesamte Verhalten einer Familie.

Einigermaßen reife und fürsorgliche Eltern haben Überzeugungen, die die Gefühle und Bedürfnisse aller Familienmitglieder berücksichtigen. Sie stellen eine solide Basis für die Entwicklung des Kindes und dessen spätere Unabhängigkeit zur Verfügung. Ihre Überzeugungen lauten vielleicht: »Kinder haben ein Recht auf eine eigene Meinung«, »es ist falsch, ein Kind bewußt zu verletzen«, »Kinder sollten die Freiheit haben, Fehler zu machen«.

Die Überzeugungen giftiger Eltern hingegen sind fast immer selbstzentriert und dienen nur ihnen selbst. Sie glauben etwa: »Kinder sollten ihre Eltern respektieren, gleich, was diese sagen«, »es gibt nur zwei Möglichkeiten, meine und die falsche«, »Kinder sollte man nur sehen, nicht hören«. Diese Überzeugungen bilden den Boden, auf dem giftiges Elternverhalten gedeiht.

Giftige Eltern widersetzen sich jeder äußerlichen Realität, die ihre Überzeugungen in Frage stellt. Statt sich zu verändern, entwickeln sie lieber eine verzerrte Sicht der Realität, um die bereits gefaßten Überzeugungen zu bestätigen. Leider mangelt es Kindern an Einsicht, um zwischen echter und verzerrter Realität zu unterscheiden. Wenn Kinder giftiger Eltern heranwachsen, nehmen sie die Überzeugungen ihrer Eltern in ihr eigenes Erwachsenenleben mit.

Es gibt zwei Arten von Überzeugungen: ausgesprochene und unausgesprochene. Ausgesprochene Überzeugungen werden ausgedrückt oder direkt vermittelt. Sie sind deutlich vorhanden. Sie erscheinen oft als Ratschlag und in Begriffen wie: »sollte« oder »müßte«.

Diese offenen Überzeugungen haben den Vorteil, daß wir etwas Faßbares vor uns haben, mit dem wir uns beim Erwachsenwerden auseinandersetzen können. Diese Überzeugungen werden vielleicht zum Teil unseres Selbst, doch die Tatsache, daß sie ausgedrückt werden, macht es leichter, sie zu untersuchen und vielleicht zugunsten von anderen aufzugeben, die für unser Leben wichtiger sind.

Die elterliche Überzeugung, eine Scheidung sei schlecht, kann die erwachsene Tochter in einer unglücklichen Ehe festhalten. Doch diese Überzeugung kann hinterfragt werden. Die Tochter kann überlegen: »Was ist an einer Scheidung schlecht?« Und die Antwort kann dazu führen, daß sie die Überzeugung der Eltern ablehnt.

Es ist aber nicht so leicht, eine Überzeugung abzulehnen, deren Existenz man nicht sicher ist. Unausgesprochene Überzeugungen können viele Lebensgrundsätze diktieren. Sie existieren unterhalb der Bewußtseinsschwelle. Diese Überzeugungen ergaben sich daraus, wie der Vater die Mutter behandelte, wie beide sie behandelten. Sie sind wichtiger Bestandteil dessen, was wir vom Verhalten unserer Eltern lernen.

Es ist sehr selten, daß sich eine Familie zusammensetzt und Überzeugungen diskutiert wie: »Frauen sind Bürger zweiter Klasse«, »Kinder sollten sich für ihre Eltern opfern«, »Kinder sind von Natur aus schlecht«, »Kinder müssen hilflos bleiben, damit die Eltern sich gebraucht fühlen«. Auch wenn die Familie weiß, daß sie diese Überzeugungen vertritt, geben nur wenige sie zu. Doch diese negativen, unausgesprochenen Überzeugungen dominieren viele Familien mit giftigen Eltern und schädigen das Leben der Kinder schwer.

Michael, dessen Mutter mit einem Herzanfall drohte, falls er fortzöge, gab uns ein gutes Beispiel für unausgesprochene elterliche Überzeugungen:

»Jahrelang fühlte ich mich wie ein schlechter Sohn, weil ich nach Kalifornien zog und heiratete. Ich habe wirklich geglaubt, wenn man seine Eltern nicht über alles setzt, ist man ein schlechtes Kind. Meine Eltern haben das nie ausdrücklich gesagt, aber die Botschaft war eindeutig. Wie furchtbar sie meine Frau auch behandelten, ich habe sie nie ihnen gegenüber verteidigt. Ich habe wirklich geglaubt, daß Kinder immer annehmen müssen, was die Eltern ihnen vorsetzen. Ich sollte vor ihnen kriechen und Zugeständnisse machen. Ich war ihr Fußabstreifer.«

Michaels Eltern vermittelten die Überzeugung, außer ihnen habe niemand Rechte und Privilegien. Ohne es auszusprechen, erzeugten sie in Michael das Gefühl, daß nur ihre Bedürfnisse zählten und Michael nur existierte, um sie glücklich zu machen. Diese Überzeugungen hielten Michael im Würgegriff und zerstörten fast seine Ehe.

Ohne die Therapie hätte Michael diese Überzeugungen vermutlich an seine eigenen Kinder weitergegeben. Statt dessen lernte er die unausgesprochenen Leitsätze kennen, so daß er sie in Frage stellen konnte. Michaels Eltern reagierten wie alle giftigen Eltern mit Strafen und Liebesentzug, mit einer Taktik, um die Kontrolle über sein Leben wiederzuerlangen. Dank der neuen Einsichten in die Beziehung zu seinen Eltern tappte Michael nicht in diese Falle.

»Frauen können ohne Männer nicht leben«

Kim, deren launischer Vater sie mit Hilfe von Geld kontrollierte, akzeptierte ebenfalls viele unausgesprochene Überzeugungen ihrer Eltern. Sie beschrieb es so:

»Meine Eltern führten eine schreckliche Ehe. Meine Mutter hatte Todesangst vor meinem Vater, und ich bin sicher, er schlug sie, obwohl ich es nie gesehen habe. Ich habe sie oft getröstet, wenn sie schluchzend im Bett lag und mir erzählte, wie unglücklich sie mit ihm sei. Ich fragte sie immer, warum sie ihn nicht verließe, aber dann antwortete sie: ›Was soll ich denn tun? Ich kann nichts, und ich könnte all das hier nicht aufgeben. Wollt ihr Kinder denn, daß wir auf der Straße stehen?‹«

Ohne es zu erkennen, verstärkte Kims Mutter in ihrer Tochter die Überzeugung, die diese bereits aus dem Verhalten des Vaters gelernt hatte: Frauen sind ohne Männer hilflos. Diese Überzeugung führte dazu, daß Kim von ihrem starken Vater abhängig blieb, doch um den Preis ihrer Würde und einer Chance zu einer gesunden Beziehung.

Es gibt ebenso viele elterliche Überzeugungen wie es Eltern gibt. Sie bilden das Skelett der Wahrnehmung unserer Welt. Das Fleisch bilden unsere Gefühle und Verhaltensweisen. Das Skelett verleiht ihnen Gestalt. Wenn giftige Eltern uns verzerrte Überzeugungen vermitteln, werden unsere Gefühle und Verhaltensweisen vielleicht ebenso verzerrt wie das Skelett darunter.

Ausgesprochene und unausgesprochene Regeln

Elterliche Regeln entstammen elterlichen Überzeugungen. Wie die Überzeugungen entwickeln sie sich im Laufe der Zeit. Regeln stellen die Manifestation von Überzeugungen dar. Sie setzen schlichte Anweisungen durch, was man »tun« und »lassen« soll.

Die Familienüberzeugung, daß man nur Angehörige seiner eigenen Religion heiraten solle, drückt sich zum Beispiel in der Regel aus, sich mit keinem Anhänger einer anderen Religion zu verabreden. »Triff dich mit Jungen, die du aus der Kirche kennst«, »halte dich von Freunden fern, die sich in jemanden aus einer anderen Glaubensgemeinschaft verlieben«.

Wie bei den Überzeugungen gibt es ausgesprochene und unausgesprochene Regeln. Ausgesprochene Regeln können willkürlich sein, aber sie sind gewöhnlich eindeutig. »Weihnachten verbringt man immer zu Hause«, »gib keine Widerworte«. Da sie offen ausgesprochen werden, können wir sie als Erwachsene in Frage stellen.

Unausgesprochene Familienregeln hingegen sind wie Phantome. Sie ziehen uns an unsichtbaren Fäden und fordern blinden Gehorsam. Sie sind unsichtbar, verdeckt und existieren unterhalb der Bewußtseinsschwelle. Es handelt sich um Regeln wie: »Sei nicht erfolgreicher als dein Vater«, »sei nicht glücklicher als deine Mutter«, »führe kein eigenes Leben«, »du mußt mich immer brauchen«, oder: »Verlaß mich nie.«

Lee, die Tennislehrerin, deren Mutter nie genug für sie tun konnte, lebte nach einer besonders beeinträchtigenden unausgesprochenen Regel. Ihre Mutter setzte diese jedesmal durch, wenn sie sich der Tochter unter dem Deckmantel des Helfens aufdrängte. Als sie anbot, Lee nach San Francisco zu fahren oder deren Wohnung zu putzen, lautete die zugrundeliegende Überzeugung: »Solange meine Tochter sich nicht um sich selbst kümmern kann, braucht sie mich.« Die passende Regel dazu lautete: »Bleib unreif.« Natürlich sprach Lees Mutter diese Worte nie aus, und, damit konfrontiert, hätte sie zweifellos den Wunsch abgestritten, daß die Tochter hilflos bleiben solle. Doch ihr Verhalten sagte Lee deutlich, wie sie ihre Mutter glücklich machen konnte: indem sie abhängig blieb.

Kims Vater tat das gleiche. Er setzte Regeln fest, um das Leben seiner Tochter zu beherrschen, ohne diese jemals auszudrücken. Solange sich Kim unterlegene Männer aussuchte, solange sie immer wieder zu ihrem Vater zurückkam, um sich helfen zu lassen, solange ihr Bedürfnis nach seiner Bestätigung ihr Leben beherrschte, gehorchte sie der unausgesprochenen Regel: »Werde nicht erwachsen. Bleib immer Papas kleines Mädchen.«

Unausgesprochene Regeln bleiben einem hartnäckig auf den Fersen. Denn um sie zu verändern, müssen wir sie erst erkennen.

Gehorsam um jeden Preis

Wenn Überzeugungen die Knochen und Regeln das Fleisch des Familiensystems sind, dann bildet »blinder Gehorsam« die Muskulatur, die den Körper bewegt.

Wir gehorchen Familienregeln blindlings, denn Ungehorsam bedeutet Verrat an der Familie. Bindung an das Vaterland, politische Ideale oder die Religion verblassen im Vergleich zur Intensität unserer Bindung an die Familie. Jeder kennt diese Loyalität. Sie bindet uns an das Familiensystem, die Eltern und deren Überzeugungen. Sie treibt uns dazu, die Familienregeln zu befolgen. Wenn diese Regeln vernünftig sind, geben sie der Entwicklung des Kindes eine ethische und moralische Struktur.

Doch in Familien mit giftigen Eltern basieren die Regeln auf Rollenverzerrungen und bizarren Wahrnehmungen der Realität.

Blindes Befolgen dieser Regeln führt zu destruktivem, selbstzerstörerischem Verhalten.

Kate, die von ihrem Vater geschlagen wurde, zeigte, wie schwer es ist, dem Kreislauf blinden Gehorsams zu entrinnen:

»Ich bin überzeugt, daß ich mir Besserung für mich wünsche. Ich will nicht mehr depressiv sein. Ich will nicht weiterhin Beziehungen scheitern lassen. Ich will dieses Leben nicht. Ich will nicht wütend und ängstlich sein. Aber jedesmal, wenn ich einige vorsichtige positive Schritte unternehme, verpatze ich alles. Als hätte ich Angst, die Schmerzen aufzugeben. Immerhin sind sie mir vertraut – so werde ich mich wohl immer fühlen.«

Kate gehorchte den Regeln ihres mißhandelnden Vaters: »Akzeptiere die Tatsache, daß du schlecht bist«, »sei unglücklich«, »dulde den Schmerz«. Jedesmal, wenn sie versuchte, diesen Regeln zu trotzen, erwies sich ihre Loyalität gegenüber dem Familiensystem als weitaus stärker als ihre bewußte Bemühung. Sie mußte gehorchen, und wenn sie das tat, tröstete sie die Vertrautheit ihrer Gefühle, obwohl diese schmerzlich waren. Gehorsam schien der leichtere Weg.

Auch Glenn war seiner Familie gegenüber loyal, als er seinen alkoholsüchtigen Vater mit in die Firma nahm und seiner Mutter Geld gab, das er eigentlich selbst brauchte. Er glaubte, seine Eltern würden zusammenbrechen, wenn er sich nicht um sie kümmerte. Die Familienregel lautete: »Kümmere dich um andere, gleich, was es dich kostet.« Glenn brachte diese Regel mit in seine Ehe. Er gehorchte, indem er sein Leben der Rettung seines Vaters, seiner Mutter und seiner alkoholsüchtigen Frau widmete.

Glenn lehnte sich gegen seinen blinden Gehorsam auf, aber er konnte sich nicht befreien:

»Sie haben sich einen Dreck um mich geschert, als ich noch klein war, aber irgendwie muß ich mich um sie kümmern. Das macht mich so wütend. Egal, was ich für sie tue, es ändert nichts. Ich hasse es, aber ich weiß nicht, was ich machen soll.«

Der Gehorsam, um den es hier geht, beruht nicht auf freier oder bewußter Entscheidung. Jody, die im Alter von zehn zur Trinkkumpanin ihres Vaters wurde, brach die Therapie ab, weil sie immer bewußter ihre Überzeugung in Frage stellen mußte, ein schlechter Mensch zu sein. Sie hatte die Regeln mißachtet, die besagten: »Sag nie die Wahrheit«, »du darfst nicht erwachsen werden und Daddy verlassen«, und: »Du darfst keine vernünftigen Beziehungen haben.«

Auf dem Papier wirken diese Regeln lächerlich. Wer würde schon eine Regel befolgen, die heißt: »Du darfst keine vernünftigen Beziehungen haben«? Leider lautet die Antwort: Die meisten Kinder giftiger Eltern tun es. Wir müssen daran denken, daß es sich vorwiegend um unbewußte Regeln handelt. Niemand geht bewußt eine schlechte Beziehung ein, aber das hält Millionen von Menschen nicht davon ab, es unbewußt immer wieder zu tun.

Als ich Jody bat, die Überzeugungen in ihrer Familie unter die Lupe zu nehmen und sich zu fragen, wie ihre Befolgung der Familienregeln ihr Leben beeinflußte, wurde sie so ängstlich, daß sie die Therapie abbrach, als wolle sie sagen: »Mein Bedürfnis, meinem Vater zu gehorchen, ist wichtiger als mein Bedürfnis, gesund zu werden.«

Auch wenn beide Eltern bereits gestorben sind, fühlen sich die erwachsenen Kinder weiterhin dem Familiensystem verpflichtet. Eli, der reiche Mann, der wie ein Armer lebte, erkannte nach mehreren Monaten Therapie, wie sein Vater ihn noch aus dem Grab heraus beherrschte.

»Mich verblüfft es einfach, daß all die Ängste und Schuldgefühle, wann immer ich mir etwas Gutes tue, meine Methode sind, meinen Vater nicht zu verraten. Es geht mir gut. Ich brauche mir keine Sorgen zu machen, daß meine Welt zusammenbricht. Aber ich habe immer noch Schwierigkeiten, das meinem Dickschädel einzubleuen. Die Stimme meines Vaters ertönt immer noch aus dem Grab und sagt, mein Erfolg sei nicht von Dauer, jede Frau, die ich kennenlerne, werde mich zum Narren halten, und jeder Geschäftspartner sei auf nichts anderes aus, als mich zu betrügen. Und ich glaube ihm. Es verblüfft mich einfach. Es ist, als ob ich seiner gedenke, indem ich unglücklich bin.«

Aus seinem unerfüllten, frugalen Leben gewann Eli den Trost, seiner Familie gegenüber loyal zu bleiben, indem er die Überzeugungen seines Vaters übernahm (»Man muß das Leben erdulden, nicht genießen«) und die Familienregeln befolgte (»Gib dein Geld nicht für Unnützes aus«, und: »Traue niemandem«).

Blinder Gehorsam prägt schon früh im Leben unsere Verhaltensmuster und verhindert, daß wir ihnen entkommen können. Zwischen den Erwartungen und Forderungen unserer Eltern und dem, was wir wirklich wollen, besteht oft ein Riesenunterschied. Leider drängt uns unser Unbewußtes, zu gehorchen, und verdrängt unsere bewußten Bedürfnisse und Wünsche. Wir können destruktive Regeln nur verwerfen, indem wir das Unbewußte erhellen und diese Regeln ans Licht bringen. Erst, wenn wir diese Regeln deutlich erkennen, können wir uns frei entscheiden.

»Ich weiß nicht, wo ich ende und wo du beginnst«

Der einzige, aber hochdramatische Unterschied zwischen gesunden und giftigen Familiensystemen ist das Ausmaß an Freiheit der einzelnen Mitglieder, sich als Individuen auszudrücken. Gesunde Familien fördern Individualität, persönliche Verantwortung und Unabhängigkeit. Sie vermitteln den Kindern das Gefühl, mit den Eltern gleichrangig zu sein und sich selbst zu respektieren.

Ungesunde Familien verhindern jeden individuellen Ausdruck. Alle müssen sich den Gedanken und Handlungen der giftigen Eltern unterwerfen. Sie verlangen Verschmelzung, ein Verschwimmen der persönlichen Grenzen, ein Zusammenschweißen der Familienmitglieder. Auf unbewußter Ebene können die Familienmitglieder nur schwer erkennen, wo der eine endet und der andere beginnt. In ihrem Bemühen, einander nahe zu sein, ersticken sie oft die Individualität des einzelnen.

In einer verstrickten Familie bezahlt man häufig für die gelegentlichen Gefühle von Bestätigung und Sicherheit mit dem Selbst. Man darf sich zum Beispiel nicht fragen: »Bin ich heute abend zu müde, um meine Eltern zu besuchen?« Statt dessen muß man sich fragen: »Wenn ich nicht gehe, wird Vater wütend und schlägt Mutter? Betrinkt sich Mama sinnlos? Werden sie wieder einen Monat lang nicht mit mir sprechen?« Diese Fragen entstehen, weil Sie bereits wissen, wie verantwortlich Sie sich fühlen, wenn eines dieser Ereignisse eintritt. Jede von Ihnen getroffene Entscheidung wird unentwirrbar mit dem Rest der Familie verwoben. Ihre Gefühle, Verhaltensweisen und Entscheidungen gehören nicht Ihnen. Sie sind nicht Sie selbst, sondern ein Anhängsel des Familiensystems.

Anders sein, heißt schlecht sein

Als Fred beschloß, Ski laufen zu fahren statt Weihnachten bei seiner Familie zu verbringen, versuchte er, ein Individuum zu sein und sich von seinem Familiensystem zu befreien. Doch da brach die Hölle los. Seine Mutter und Geschwister behandelten ihn wie einen Bösewicht, der ihnen Weihnachten kaputtmachte, und belasteten ihn so mit Schuldgefühlen. Statt mit seiner Freundin auf den idyllischen Hängen von Aspen Ski zu laufen, saß Fred allein im Hotelzimmer und griff ständig nervös zum Telefonhörer. Verzweifelt flehte er um Vergebung für das Leid, das er der Familie angeblich bereitet hatte.

Als Fred versuchte, etwas Gesundes für sich selbst zu tun, auch wenn der Rest der Familie es mißbilligte, bildete diese Familie eine geeinte Front gegen ihn. Er wurde zum gemeinsamen Feind, einer Bedrohung des Systems. Sie griffen ihn mit Wut, Vorwürfen und Anschuldigungen an. Da er sehr stark an seine Familie gebunden war, reichte allein sein Schuldgefühl aus, ihn wieder zurückzubringen.

In Familien wie der von Fred hängen ein Großteil der Identität eines Kindes und seine Illusion von Sicherheit von dem Gefühl ab, eingebunden zu sein. Es entwickelt das Bedürfnis, Teil anderer Menschen zu sein, die wiederum Teil von ihm werden. Es kann nicht ertragen, ausgestoßen zu werden. Dieses Bedürfnis nach Einbindung setzt sich bis ins Erwachsenenleben fort.

Kim kämpfte gegen dieses Bedürfnis, als ihre Ehe scheiterte.

»Obwohl es keine großartige Ehe war, immerhin gehörte ich zu jemanden. Und als es zu Ende ging und er plötzlich nicht mehr da war, war ich sehr erschrocken. Ich fühlte mich wie ein Nichts, es war, als würde ich nicht existieren. Ich fühle mich, glaube ich, nur wohl, wenn ich mit einem Mann zusammen bin, der mich in Ordnung findet.«

Als Kim noch klein war, schuf die Verstrickung mit ihrem mächtigen Vater eine zweifelhafte Sicherheit für sie. Wann immer sie versuchte, sich von ihm zu lösen, fand er Methoden, ihr Unabhängigkeitsbestreben zu unterdrücken. Als Erwachsene konnte sie sich nicht sicher fühlen, wenn sie nicht zu einem Mann gehörte und dieser ein Teil von ihr wurde.

Verstrickung schafft fast vollständige Abhängigkeit von Bestätigung und Anerkennung durch Dritte. Liebhaber, Vorgesetzte, Freunde und sogar Fremde werden zu Eltern-Stellvertretern. Erwachsene wie Kim, die in Familien aufgewachsen sind, in denen die Ausbildung ihrer Individualität behindert wurde, werden häufig zu »Bestätigungsjunkies«, die ständig auf der Suche nach ihrem nächsten Fix sind.

Das Gleichgewicht der Familie

Wie wir in Michaels Fall sahen, kann eine verstrickte Familie die Illusion von Liebe und Stabilität aufrechterhalten, solange niemand versucht, sich aus ihr zu lösen, und solange jeder die Familienregeln befolgt. Als Michael beschloß, fortzuziehen und zu heiraten, eine eigene Familie zu gründen und ein von den Eltern getrenntes Leben zu führen, brachte er unbewußt die Familie aus dem Gleichgewicht.

Jede Familie schafft ihr eigenes Gleichgewicht, um eine gewisse Stabilität beizubehalten. Solange die Familienmitglieder auf bestimmte vertraute und berechenbare Weisen interagieren, wird dieses Gleichgewicht nicht gestört.

Das Wort *Gleichgewicht* klingt nach Gelassenheit und Ordnung. In einem giftigen Familiensystem jedoch ist die Aufrechterhaltung des Gleichgewichts ein hochempfindlicher Drahtseilakt. In solchen Familien ist Chaos Normalität und das einzige, worauf man sich verlassen kann. Alle giftigen Verhaltensweisen, die wir bislang betrachtet haben – auch Mißhandlungen und Inzest – dienen dazu, dieses empfindliche Familiengleichgewicht aufrechtzuerhalten. Giftige Eltern bekämpfen den Verlust des Gleichgewichts oft sogar, indem sie das Chaos vergrößern.

Michael ist dafür ein perfektes Beispiel. Wenn seine Mutter in der Familie genügend Unfrieden gestiftet hatte, zogen die Schuldgefühle ihn zurück, um alles in Ordnung zu bringen. Er tat dann alles, um das Familiengleichgewicht wiederherzustellen, auch wenn er dazu die Kontrolle über sein eigenes Leben aufgeben mußte. Je giftiger die Familie, um so schneller wirkt jedes Ungleichgewicht bedrohlich. Daher reagieren giftige Eltern schon auf geringe Abweichungen so, als stünde ihr Leben auf dem Spiel.

Glenn brachte seine Familie aus dem Gleichgewicht, indem er die Wahrheit sagte. Er erklärte es so:

»Eines Tages, ich war etwa zwanzig, beschloß ich, meinen Vater wegen seiner Trinkerei zur Rede zu stellen. Ich hatte schreckliche Angst davor, aber ich wußte, daß es richtig war.
Ich beschloß, meinem Vater zu sagen, mir gefiele nicht, wie er sich verhielt, wenn er betrunken war, und ich wollte, daß er das in Zukunft unterließe. Es war verblüffend, was dann passierte. Meine Mutter sprang ihm sofort zur Seite, und ich fühlte mich schuldig, es überhaupt erwähnt zu haben. Mein Vater stritt alles ab. Ich bat meine Schwestern um Unterstützung, aber sie versuchten nur, wieder Frieden zu stiften. Ich fühlte mich furchtbar, als hätte ich etwas Schreckliches getan. Tatsache ist, daß ich die Wahrheit gesagt hatte: Mein Vater war ein Alkoholiker. Aber am Ende war ich der Verrückte, nur weil ich versucht hatte, die Wahrheit zu sagen.«

Ich fragte Glenn, ob sein Versuch, die Wahrheit aufzudecken, dauerhafte Wirkung auf die familiären Interaktionen gehabt habe.

»Es war erstaunlich. *Ich* war der Aussätzige – niemand wollte mehr mit mir reden. Wer war ich schon, solche Anschuldigungen zu erheben? Sie behandelten mich, als sei ich Luft. Ich konnte es aber nicht ertragen, von meiner Familie ignoriert zu werden, daher erwähnte ich das Trinken nicht mehr. Ich habe es zwanzig Jahre nicht mehr erwähnt . . . bis jetzt.«

In Glenns Familie hatte jeder seine Rolle, um das Familiensystem aufrechtzuerhalten. Die Rolle des Vaters war, zu trinken. Die Mutter spielte die Koabhängige, und die Kinder, im Rollentausch, die Eltern. Das war vertraut und sicher. Als Glenn versuchte, diese Rollenverteilung in Frage zu stellen, bedrohte er das Gleichgewicht. Seine Strafe war die Verbannung in ein emotionales Sibirien.

Es braucht nicht viel, um in einer giftigen Familie eine Krise heraufzubeschwören: Vater verliert seine Stelle, ein Verwandter stirbt, eine Schwägerin zieht dazu, eine Tochter verbringt zu viel Zeit mit dem neuen Freund, oder Mutter wird krank. Wie Glenns Familie bei dem Versuch, das Trinken des Vaters zu konfrontieren, reagieren die meisten giftigen Eltern auf eine Krise mit Verleugnung, Vertuschung und, am schlimmsten, mit Vorwürfen. Und diese Vorwürfe richten sich fast immer gegen die Kinder.

Wie bewältigen giftige Eltern das Leben?

In einer relativ gutfunktionierenden Familie neigen die Eltern dazu, mit den Problemen des Lebens umzugehen, indem sie diese durcharbeiten, offen darüber kommunizieren, Wahlmöglichkeiten erkunden und keine Angst vor Hilfe von außen haben, falls diese gebraucht wird. Giftige Eltern hingegen reagieren auf die Bedrohung ihres Gleichgewichts, indem sie ihre Ängste und Frustrationen ausagieren, ohne viel an die Folgen für ihre Kinder zu denken. Ihre Bewältigungsmechanismen sind starr und vertraut. Zu den häufigsten gehören:

1. *Verleugnung.* Wie wir bereits gesehen haben, ist Verleugnung oft die erste Methode, zu der giftige Eltern greifen, um das Gleichgewicht wiederherzustellen. Verleugnung kennt zwei Varianten: »Alles ist in Ordnung«, und: »Es stimmte etwas nicht, aber jetzt ist alles wieder in Ordnung.« Verleugnung verniedlicht destruktives Verhalten, wertet es ab, fegt es mit einem Scherz beiseite, rationalisiert es oder benennt es um. Umbenennung ist eine andere Version von Verleugnung – man versteckt ein Problem hinter einem Euphemismus. Aus einem Alkoholiker wird ein »Gelegenheitstrinker«, ein Kindesmißhandler zeigt »strenge Disziplin«.

2. *Projektion.* Auch die Projektion kennt zwei Varianten: Eltern bezichtigen das Kind der gleichen Schwächen, unter denen sie selbst leiden, und werfen ihm genau die giftigen Verhaltensweisen vor, die es aufgrund ihrer eigenen Unzulänglichkeit entwickelt hat. Ein unzulänglicher Vater zum Beispiel, der es an keiner Arbeitsstelle lange aushält, wirft seinem Sohn vor, faul und ziellos zu sein; eine alkoholsüchtige Mutter bezichtigt die Tochter, Grund für ihr Unglück zu sein und sie zum Trinken zu treiben. Es ist nicht ungewöhnlich, daß toxische Eltern zu beiden Formen der Projektion greifen, um die Verantwortung für ihr eigenes Verhalten und Fehler zu vermeiden. Sie brauchen einen Sündenbock, und oft finden sie ihn im verletzlichsten Kind der Familie.

3. *Sabotage.* In einer Familie mit schwer gestörten Eltern – verrückt, trunksüchtig, krank oder gewalttätig – übernehmen andere Familienangehörige die Rollen von Versorgern und Rettern. So entsteht ein erträgliches Gleichgewicht von schwach/stark, gut/böse, krank/gesund. Wenn sich der dysfunktionale Elternteil bessert oder in Behandlung begibt, kann dadurch das Familiengleichgewicht ernsthaft gestört werden. Der Rest der Familie (besonders aber der andere Elternteil) findet unbewußt Möglichkeiten, die Heilung des dysfunktionalen Partners zu sabotieren, damit jeder wieder in seine vertraute Rolle zurückfallen kann. Das kann auch geschehen, wenn ein gestörtes Kind sich bessert. Ich habe giftige Eltern erlebt, die ein Kind aus der Therapie nahmen, als es Zeichen von Besserung aufwies.

4. *Triangulation.* In einem giftigen Familiensystem zieht ein Elternteil oft ein Kind als Vertrauten oder Verbündeten gegen den anderen an sich. Kinder werden zum Baustein eines ungesunden Dreiecks, wo sie der Druck zur Entscheidung zerreißt. Wenn die Mutter sagt: »Ich bin mit deinem Vater unglücklich«, oder der Vater: »Deine Mutter schläft nicht mehr mit mir«, wird das Kind zur »emotionalen Müllkippe« und läßt zu, daß die Eltern ihr Unbehagen loswerden, ohne sich der Ursache ihrer Probleme zu stellen.

5. *Geheimnisse.* Geheimnisse helfen giftigen Eltern, Probleme zu bewältigen. Sie verwandeln ihre Familien in kleine Privatclubs, zu denen keine Außenstehenden zugelassen werden. Es entsteht ein Band, das die Familie zusammenhält, besonders, wenn das Gleichgewicht bedroht ist. Das Kind, das Mißhandlungen deckt, indem es

dem Lehrer erzählt, es sei die Treppe herabgefallen, schützt seinen Familienclub vor Störung von außen.

Wenn Sie giftige Eltern aus der Perspektive des Familiensystems betrachten – ihre Überzeugungen, ihre Regeln und ihren Gehorsam gegenüber diesen Regeln –, wird Ihnen ein Großteil ihres destruktiven Verhaltens klar. Sie begreifen die starken Kräfte besser, die das Verhalten Ihrer Eltern in so starkem Maße bestimmen, letztendlich auch Ihr eigenes.

Begreifen ist der Beginn von Veränderung. Es eröffnet neue Wahlmöglichkeiten und Entscheidungsfreiheit. Aber die Dinge in anderem Licht sehen, reicht nicht aus. Echte Freiheit entstammt nur verändertem Handeln.

Zweiter Teil
Neuer Anspruch an das Leben

Unser Interesse verlagert sich nun von dem, was unsere Eltern uns antaten, zu dem, was wir selbst tun können, um ihre Macht über unser Leben zu verringern. Ich zeige Ihnen besondere Techniken und Verhaltensstrategien, die selbstzerstörerische Lebensmuster verändern und Sie zu der Person machen, die Sie sein wollen.

Diese Strategien sollen die therapeutische Arbeit, Selbsthilfegruppen und Zwölf-Schritte-Programme nicht ersetzen, sondern unterstützen. Manch einer möchte diese Arbeit vielleicht allein leisten, aber wenn Sie ein erwachsenes Opfer körperlicher oder sexueller Mißhandlung sind, halte ich professionelle Hilfe für unabdingbar. Wenn Sie Alkohol oder andere Drogen benutzen, um Ihre Gefühle zu betäuben, müssen Sie zunächst diese Sucht behandeln, ehe Sie die Arbeit mit diesem Buch beginnen. Sie haben keine Chance, Kontrolle über Ihr Leben zu erlangen, wenn Sie von einer Sucht beherrscht werden. Aus diesem Grund bestehe ich bei Klienten, die Drogen mißbrauchen, darauf, sich zusätzlich einem Behandlungsprogramm wie etwa dem der Anonymen Alkoholiker anzuschließen. Die Arbeit in diesem Buch sollte erst nach mindestens sechs Monaten Abstinenz begonnen werden. Sie werden zu Beginn der Heilung sehr empfindlich sein, und es besteht immer die Gefahr, daß die Aufdeckung und Erforschung schmerzlicher Kindheitserlebnisse in dieser Phase einen Rückfall auslösen.

Es wäre sowohl unrealistisch als auch unverantwortlich von mir, zu behaupten, daß, wenn Sie dem von mir aufgezeichneten Weg folgen, all Ihre Probleme über Nacht verschwinden. Doch ich kann Ihnen versichern, daß Sie, wenn Sie die Arbeit in diesem Buch leisten, neue Wege finden, um mit Ihren Eltern und anderen Menschen umzugehen. Sie werden definieren können, wer Sie sind und wie Sie Ihr Leben führen wollen. Und Sie werden neues Selbstvertrauen und neue Selbstachtung finden.

9. Sie müssen nicht vergeben

An dieser Stelle fragen Sie sich vielleicht: »Heißt der erste Schritt nicht, meinen Eltern zu vergeben?« Meine Antwort lautet: »Nein.« Dies ärgert, schockiert und verwirrt vielleicht viele Menschen. Die meisten sind vom Gegenteil überzeugt: daß Verzeihen der erste Schritt zur Heilung sei.

Es ist nicht notwendig, Ihren Eltern zu vergeben, um sich besser zu fühlen und Ihr Leben zu ändern!

Mir ist bewußt, daß diese Behauptung den meisten religiösen, philosophischen und psychologischen Prinzipien widerspricht. Nach der judäisch-christlichen Ethik ist »Irren menschlich, Vergebung göttlich«. Mir ist ebenfalls bewußt, daß viele Vertreter helfender Berufe aufrichtig glauben, daß Vergebung nicht nur den ersten Schritt zu innerem Frieden darstellt, sondern oft auch den einzigen. Ich stimme nicht mit ihnen überein.

Zu Beginn meiner beruflichen Laufbahn glaubte auch ich, ein wichtiger Bestandteil des Heilungsprozesses sei, den Menschen zu verzeihen, die einen verletzt haben, besonders den Eltern. Ich habe oft Klienten aufgefordert – von denen viele schwer mißhandelt worden waren –, ihren grausamen Eltern zu vergeben. Darüber hinaus behaupteten viele Klienten zu Beginn der Therapie, ihren giftigen Eltern bereits verziehen zu haben. Allerdings stellte ich sehr oft fest, daß sie sich deshalb keinen Deut besser fühlten. Es ging ihnen immer noch schlecht. Das Verzeihen hatte keine deutlichen, dauerhaften Veränderungen bewirkt. Einige Klienten fühlten sich sogar noch minderwertiger als zuvor. Sie sagten etwa: »Vielleicht habe ich ihnen nicht ausreichend vergeben«, »mein Pastor sagte, ich hätte ihnen nicht wirklich mit dem Herzen vergeben«, oder: »Ich kann aber auch nichts richtig machen.«

Ich nahm das Konzept des Vergebens genau unter die Lupe und fragte mich bald, ob es wirklich den Fortschritt beschleunigte oder ihn etwa verlangsamte.

Ich gelangte zu der Erkenntnis, daß Vergebung zwei Aspekte hat, das Bedürfnis nach Rache aufzugeben, und den Schuldigen von seiner Verantwortung zu befreien. Ich konnte akzeptieren, daß man den Gedanken an Rache aufgeben muß. Rache ist ein normales, aber negatives Gefühl. Denn sie fesselt durch Phantasien von Gegenschlägen, um Befriedigung zu erlangen. Sie schafft viel Unglück und Frustrationen. Sie arbeitet gegen emotionales Wohlbefinden. Trotz des momentanen süßen Rachegefühls schafft sie immer wieder Chaos zwischen Ihnen und den Eltern. Man vergeudet kostbare Zeit und Energie. Der Verzicht auf Rache ist schwer, bedeutet aber einen gesunden Schritt.

Doch der andere Aspekt des Vergebens war nicht so eindeutig zu bestimmen. Ich hatte das Gefühl, etwas stimme nicht, wenn man jemanden fraglos von seiner rechtmäßigen Verantwortung entbindet, besonders, wenn er ein unschuldiges Kind schwer mißhandelt hat. Warum in aller Welt sollte man einem Vater verzeihen, der geprügelt und terrorisiert hat? Der einem die Kindheit zur Hölle auf Erden machte? Wie soll man die Tatsache »übersehen«, daß man fast jeden Tag in ein dunkles Zuhause zurückkam und sich um die betrunkene Mutter kümmern mußte? Und muß man wirklich einem Vater »verzeihen«, der einen im Alter von sieben Jahren vergewaltigte?

Je mehr ich darüber nachdachte, um so deutlicher erkannte ich, daß diese Vergebung nur eine andere Form der Verleugnung darstellte. »Wenn ich dir vergebe, können wir so tun, als ob das, was geschah, nicht so schrecklich gewesen sei.« Ich gelangte zu der Erkenntnis, daß dieser Aspekt der Vergebung in Wirklichkeit viele Menschen davon abhielt, mit ihrem Leben fertig zu werden.

Einer der gefährlichsten Aspekte der Vergebung ist, daß sie die Fähigkeit beeinträchtigt, aufgestaute Emotionen freizusetzen. Wie kann man seine Wut auf einen Elternteil zugeben, dem man bereits verziehen hat? Verantwortung kann nur in eine von zwei Richtungen gehen, nach außen, zu den Menschen, die Sie verletzt haben, oder nach innen, zu einem selbst. Irgend jemand muß verantwortlich sein. Sie können daher Ihren Eltern zwar vergeben, aber am Ende hassen Sie sich selbst um so stärker dafür.

Ich stellte auch fest, daß viele Klienten sich mit der Vergebung beeilten, um die schmerzliche Arbeit in der Therapie zu vermeiden. Sie glaubten, mit der Vergebung hätten sie eine Abkürzung zu einem besseren Leben gefunden. Ein paar vergaben, brachen die Therapie ab und versanken immer tiefer in Ängsten und Depressionen.

Manche Klienten klammerten sich an ihre Vorstellung: »Ich brauche nur zu vergeben, und dann werde ich geheilt. Ich werde wunderbar gesund, und alle lieben einander. Wir nehmen uns oft in den Arm und werden schließlich alle glücklich.« Nur zu oft entdeckten Klienten, daß dem leeren Versprechen von Vergebung bloß eine bittere Enttäuschung folgte. Manche erlebten eine Phase des Wohlbefindens, die jedoch nicht andauerte, weil sich weder ihre Gefühle noch die Interaktionen ihrer Familie wirklich verändert hatten.

Ich erinnere mich an eine besonders bewegende Sitzung mit einer Klientin namens Stephanie, deren Erfahrung einige der typischen Probleme durch vorzeitige Vergebung beleuchtet. Stephanie, 27, war zutiefst religiös, als ich sie kennenlernte. Mit elf Jahren war sie von ihrem Stiefvater vergewaltigt worden. Er hatte sie sexuell mißhandelt, bis ihre Mutter ihn (aus anderen Gründen) ein Jahr später aus dem Haus warf. In den folgenden vier Jahren wurde Stephanie von mehreren der vielen Freunde ihrer Mutter sexuell belästigt. Mit sechzehn lief sie von zu Hause fort und wurde Prostituierte. Sieben Jahre später wurde sie von einem Freier fast zu Tode geprügelt. Als sie danach im Krankenhaus lag, lernte sie einen Pfleger kennen, der sie überredete, seiner Kirche beizutreten. Ein paar Jahre später heirateten sie und bekamen einen Sohn. Stephanie versuchte aufrichtig, ihr Leben neu zu gestalten. Doch trotz der neuen Familie und ihrer neuen Religiosität war sie unglücklich. Sie verbrachte zwei

Jahre in Therapie, konnte aber ihre schwere Depression nicht abschütteln. Dann kam sie zu mir.

Ich empfahl Stephanie eine meiner Inzestopfer-Gruppen. In der
ersten Sitzung versicherte sie uns, daß sie Frieden gefunden und
ihrem Stiefvater und der kalten, unzulänglichen Mutter verziehen
habe. Ich sagte ihr, wenn sie die Depression loswerden wolle, müsse
sie eine Weile »unversöhnlich« sein, um mit ihrer Wut in Kontakt zu
treten. Sie wiederholte, sie glaube zutiefst an Vergebung und müsse
nicht wütend sein, um geheilt zu werden. Dann entwickelte sich eine
ziemlich hartnäckige Diskussion zwischen uns, teils, weil ich sie bat,
etwas für sie Schmerzliches zu tun, aber auch, weil ihre religiösen
Grundsätze im Konflikt mit ihren seelischen Bedürfnissen lagen.

Stephanie tat ihre Arbeit pflichtschuldig, aber sie weigerte sich,
ihre Wut anzuzapfen. Allmählich aber begann sie, anstelle anderer
Gruppenmitglieder zornig zu werden. Sie nahm zum Beispiel eines
Abends ein anderes Gruppenmitglied in den Arm und sagte: »Dein
Vater war ein Ungeheuer. Ich hasse ihn!«

Ein paar Wochen später brach ihre eigene unterdrückte Wut
endlich auf. Sie schrie, fluchte und beschuldigte ihre Eltern, ihre
Kindheit zerstört und ihr Erwachsenenleben beeinträchtigt zu haben.
Ich nahm die schluchzende Frau in den Arm und spürte, wie sich ihr
Körper entspannte. Als sie sich wieder beruhigt hatte, fragte ich sie
scherzend: »Benimmt sich so eine anständige Christin?« Ihre Antwort werde ich niemals vergessen:

»Vermutlich will Gott eher, daß es mir bessergeht, statt daß ich
vergebe.«

Das war für sie der Wendepunkt.

Man kann giftigen Eltern vergeben, aber besser am Ende, nicht
am Beginn des emotionalen Hausputzes. Man muß wütend werden
über das, was mit einem geschehen ist. Man muß über die Tatsache
trauern, daß man nie die elterliche Liebe empfing, die man sich
wünschte. Man muß aufhören, den Schaden zu beschönigen oder zu
ignorieren, der einem zugefügt wurde. Zu oft bedeutet »vergeben
und vergessen«, »so tun, als sei nichts geschehen«.

Ich glaube auch, daß Vergebung nur angemessen ist, wenn
Eltern etwas tun, um sie sich zu verdienen. Giftige Eltern, besonders

die mißhandelnden Typen, müssen anerkennen, was geschehen ist, die Verantwortung dafür übernehmen und Bereitschaft zeigen, es wiedergutzumachen. Wenn Sie einseitig Ihren Eltern verzeihen, diese Sie jedoch weiterhin schlecht behandeln, Ihre Gefühle ignorieren und immer wieder Ihnen die Schuld zuweisen, behindern Sie vielleicht die notwendige emotionale Arbeit. Wenn einer oder beide Eltern tot sind, können Sie die Wunden immer noch heilen, indem Sie sich selbst vergeben und die Macht freisetzen, die Ihre Eltern über Sie hatten.

An diesem Punkt fragen Sie sich vielleicht verständlicherweise, ob Sie für den Rest Ihres Lebens wütend und bitter bleiben werden, wenn Sie Ihren Eltern nicht vergeben. Doch das Gegenteil ist der Fall. Ich habe im Verlauf der Jahre gesehen, daß emotionaler und seelischer Friede sich einstellt, wenn man sich selbst aus der Kontrolle giftiger Eltern löst, ohne ihnen notwendigerweise zu vergeben. Diese Lösung kann nur erfolgen, wenn Sie die intensiven Gefühle von Empörung und Kummer durchgearbeitet und die Verantwortung dorthin übergeben haben, wo sie hingehört.

10. »Ich bin doch erwachsen. Warum fühle ich mich dann nicht so?«

Kinder giftiger Eltern haben ein so starkes Bedürfnis nach elterlicher Bestätigung, daß sie nicht das erwünschte Leben führen können. Die meisten Erwachsenen sind mit mindestens einem Elternteil fortlaufend verstrickt. Auf die Frage: »Können Sie eigene Gedanken und Gefühle haben und handeln, ohne in irgendeiner Weise die Hoffnungen oder Erwartungen Ihrer Eltern zu berücksichtigen?« können nur wenige Menschen uneingeschränkt mit »ja« antworten. In einer gesunden Familie ist ein gewisser Grad von Verstrickung gut. Sie trägt zu dem Gefühl von Zugehörigkeit und Familiengemeinschaft bei. Doch auch in gesunden Familien kann dieser Einfluß zu weitreichend sein, und in giftigen Familien geht Verstrickung weit über das gesunde Maß hinaus.

Manche Menschen reagieren verlegen und ablehnend, wenn ich andeute, sie seien vielleicht auf selbstzerstörerische Weise an die Eltern gebunden. Doch man sollte berücksichtigen, daß es sich um ein sehr verbreitetes Problem handelt. Nur wenige Menschen sind reif genug, um ihr Leben selbst zu kontrollieren und völlig unabhängig von elterlicher Bestätigung zu sein. Die meisten haben körperlich das Zuhause verlassen, aber nur wenige auch emotional.

Es gibt grundsätzlich zwei Arten von Verstrickung. Zur ersten Kategorie gehört, daß man den Eltern ständig nachgibt, um sie zufriedenzustellen. Gleich, wie ihre eigenen Bedürfnisse und Wünsche aussehen, die Bedürfnisse und Wünsche der Eltern kommen immer an erster Stelle.

Der zweite Typ stellt genau das Gegenteil dar. Diese Menschen sind vielleicht genauso verstrickt, wenn sie herumschreien, drohen oder sich völlig von den Eltern zurückziehen. In diesem Fall, so paradox das klingt, haben die Eltern immer noch ungeheuer starke Macht über die Gefühle und Handlungen des Kindes. Solange man so stark auf sie reagiert, verleiht man ihnen die Macht der Kontrolle.

Um herauszufinden, wie verstrickt Sie mit Ihren Eltern immer noch sind, habe ich drei Listen aufgestellt, eine für Überzeugungen, eine für Gefühle und eine für Verhaltensweisen. Benutzen Sie sie als Katalysatoren, um schädliche Überzeugungen, Gefühle und Verhaltensweisen zu entdecken.

Wenn ich den Begriff Eltern benutze, möchten Sie vielleicht lieber Vater oder Mutter sagen. Ich benutze den Plural nur der Einfachheit halber.

Was glauben Sie?

Wie wir sahen, sind Überzeugungen tiefverwurzelte Einstellungen, Wahrnehmungen und Vorstellungen über Menschen, Beziehungen und Moral. Ehe Sie irgendeinen Prozeß der Reife und der Veränderung beginnen, müssen Sie sich zunächst der Verbindung zwischen falschen Überzeugungen, negativen Gefühlen und selbstzerstörerischen Verhaltensweisen bewußt werden.

Eine Überzeugung wie: »Ich kann nicht gewinnen. Meine Eltern sind zu mächtig«, führt vermutlich zu dem Gefühl, hilflos, ängstlich, frustriert und überwältigt zu sein. Um sich gegen solche Gefühle zu wappnen, weichen Sie bei Meinungsverschiedenheiten automatisch zurück, geben Wünschen der Eltern nach und benutzen vielleicht Drogen oder Alkohol, um diese Gefühle zu vermeiden. Überzeugungen stehen immer am Anfang.

Die erste Checkliste hilft Ihnen, einige Überzeugungen zu identifizieren, die Ihren Gefühlen und Verhaltensweisen zugrunde liegen. Markieren Sie jede Aussage, die auf Sie zutrifft.

Hinsichtlich der Beziehung zu meinen Eltern bin ich von folgendem überzeugt:

- Es liegt an mir, meine Eltern glücklich zu machen.
- Es liegt an mir, meine Eltern stolz zu machen.
- Ich bin der Sinn des Lebens für meine Eltern.

- Meine Eltern könnten ohne mich nicht überleben.
- Ich könnte nicht ohne meine Eltern überleben.
- Wenn ich meinen Eltern die Wahrheit sagte (über meine Scheidung, meine Abtreibung, mein Schwulsein, daß mein Freund Atheist ist usw.), würde sie das umbringen.
- Wenn ich mich gegenüber meinen Eltern durchsetze, verliere ich sie auf immer.
- Wenn ich meinen Eltern sagte, wie sehr sie mich verletzt haben, wollen sie nichts mehr mit mir zu tun haben.
- Ich darf nichts tun oder sagen, was die Gefühle meiner Eltern verletzt.
- Die Gefühle meiner Eltern sind wichtiger als meine eigenen.
- Es hat keinen Sinn, mit meinen Eltern zu reden, weil es nichts nützt.
- Wenn meine Eltern sich änderten, würde ich mich besser fühlen.
- Ich muß gut zu meinen Eltern sein, weil ich ein so schlechter Mensch bin.
- Wenn ich sie nur dazu bringen könnte, einzusehen, wie sie mir weh getan haben, würden sie sich anders verhalten.
- Was immer sie getan haben, sie sind meine Eltern und ich muß sie in Ehren halten.
- Meine Eltern haben keine Kontrolle über mein Leben. Ich streite mich ständig mit ihnen.

Wenn von diesen Aussagen mehr als vier auf Sie zutreffen, sind Sie immer noch sehr mit Ihren Eltern verstrickt. So schwer das zu akzeptieren ist, all diese Überzeugungen sind selbstzerstörerisch. Sie verhindern, daß Sie zu einer unabhängigen und individuellen Persönlichkeit werden. Sie verstärken Abhängigkeit und berauben Sie erwachsener Macht.

Einige dieser Überzeugungen schreiben Ihnen die volle Verantwortung dafür zu, wie sich Ihre Eltern fühlen. Wenn giftige Eltern sich nicht gut fühlen, schieben sie oft anderen die Schuld zu, meistens den Kindern. Wenn man Sie überzeugt hat, Sie seien für die Gefühle Ihrer Eltern verantwortlich, glauben Sie vermutlich immer noch, es läge an Ihnen, sie – und oft auch noch alle anderen Menschen – glücklich zu »machen«.

Viele Experten für menschliches Verhalten sind der Meinung,

man könne niemandem zu irgend etwas »machen« – jeder Mensch sei selbst dafür verantwortlich, wie sie oder er sich fühlt. Ich stimme dem nicht zu. Ich glaube, daß wir Einfluß auf die Gefühle der Menschen haben, mit denen wir verbunden sind. Aber Einfluß haben ist nicht das gleiche wie dafür verantwortlich zu sein, diese Gefühle in Ordnung zu bringen. Genauso, wie Sie verantwortlich dafür sind, eine Möglichkeit zu finden, sich besser zu fühlen, wenn jemand Ihnen weh getan hat, sind Ihre Eltern verantwortlich, eigene Wege zu finden, sich besser zu fühlen, wenn jemand ihnen weh tut.

Wenn Sie also zum Beispiel etwas tun, das weder grausam noch mißhandelnd ist, Ihre Mutter aber dennoch traurig macht – wie jemanden heiraten, den sie nicht mag, oder eine Stelle in einer anderen Stadt annehmen –, liegt es an Ihrer Mutter, einen Weg zu finden, sich besser zu fühlen. Es ist absolut angemessen, wenn Sie sagen: »Es tut mir leid, daß dich das aufregt«, aber es gibt keinen vernünftigen Grund dafür, Ihre Pläne einzig und allein wegen der Gefühle Ihrer Mutter zu ändern. Wenn Sie die eigenen Bedürfnisse zugunsten derer Ihrer Mutter ignorieren, tun Sie sich weder selbst noch Ihrer Mutter einen Gefallen. Die Wut und die Vorwürfe, die Sie unweigerlich empfinden, müssen Ihre Beziehung beeinträchtigen. Und wenn Ihre Bemühungen, Ihre Mutter glücklich zu machen, auch noch scheitern, fühlen Sie sich schuldig und minderwertig.

Wenn Sie fast alle Lebensentscheidungen davon abhängig machen, wie Ihre Eltern sie beurteilen, geben Sie Ihre Entscheidungsfreiheit auf. Wenn die Gefühle Ihrer Eltern *immer* an erster Stelle stehen, haben diese für den Rest Ihres Lebens *Macht über Sie.*

Überlegen Sie, welche anderen Überzeugungen Sie vertreten, die verhindern, daß Sie sich vor Ihren Eltern wie ein unabhängiger Erwachsener verhalten. Fügen Sie sie der Liste bei. Diese Liste wird bei einer kleinen Übung benutzt, die ich später erkläre.

Falsche Überzeugungen, schmerzliche Gefühle

Selbstzerstörerische Überzeugungen führen immer zu schmerzlichen Gefühlen. Wenn Sie Ihre Gefühle untersuchen, erkennen Sie allmählich Ihre ursprünglichen Überzeugungen und die daraus resultierenden Verhaltensweisen.

Die meisten Menschen halten Gefühle für Reaktionen auf Dinge, die uns zugestoßen sind, die von außen an uns herangetragen wurden. Doch in Wirklichkeit entstammen selbst extremste Furcht, Freude oder Schmerz irgendeiner Überzeugung.

Wenn Sie zum Beispiel eines Tages allen Mut zusammennehmen und Ihrem alkoholischen Vater sagen, Sie wollten nicht mehr in seiner Nähe sein, wenn er betrunken ist, und er beginnt zu brüllen, wie undankbar und respektlos Sie seien, fühlen Sie sich schuldig. Sie glauben vielleicht, Ihre Schuldgefühle seien eine Folge des väterlichen Verhaltens, doch das ist nur die halbe Wahrheit. Ehe Sie diese Gefühle durchfluteten, wurden in Ihrem Kopf einige Überzeugungen ausgelöst – derer Sie sich vermutlich nicht bewußt waren. Hier lauten diese Überzeugungen vielleicht: »Kinder sollten ihren Eltern nie widersprechen«, oder: »Mein Vater ist krank, und ich muß mich um ihn kümmern. « Da Sie diesen tiefverwurzelten Überzeugungen nicht gefolgt sind, fühlen Sie sich schuldig.

Wenn Sie vor einer Situation stehen, die eine emotionale Reaktion verlangt, durchlaufen Ihre Gedanken die Familienüberzeugungen wie ein unbewußtes Raster. Zu begreifen, daß diese Überzeugungen fast immer den Gefühlen vorausgehen, ist mehr als nur eine interessante psychologische Übung.

Das Begreifen der Beziehung zwischen Überzeugungen und Gefühlen ist ein grundwichtiger Schritt zur Verhinderung selbstzerstörerischen Verhaltens.

»Aber ich fühle nichts«

Jeder Mensch reagiert emotional stark auf seine Eltern. Manche stehen mit diesen Gefühlen in Kontakt, doch andere schützen sich vor deren Intensität, indem sie sie vergraben.

Sie haben vielleicht in der Kindheit deutliche Botschaften erhalten, daß Gefühle ein unsicherer Boden sind. Vielleicht wurden Sie bestraft, wenn Sie Gefühle ausdrückten, oder Ihre Gefühle waren so schmerzlich, daß Sie sie tief im Unbewußten vergruben, um zu überleben. Möglicherweise mußten Sie sich einreden, es sei Ihnen egal, oder Sie glaubten, Ihren Eltern beweisen zu müssen, sie könnten Ihnen nichts anhaben.

Als Erwachsener findet man es vielleicht schwer, die emotionalen Quellen wieder anzuzapfen. Die Verbindung zwischen starken Emotionen, der Vergangenheit und der gegenwärtigen Beziehung zu den Eltern ist vielleicht besonders schwer einzuschätzen. Die Gefühle, die ich in diesem Buch darstelle, scheinen Ihnen womöglich fremd. Sie halten sich selbst vielleicht für abgestumpft und kalt oder glauben keine Gefühle zu empfinden, so daß sie hinsichtlich Liebe und Fürsorge nicht viel zu bieten hatten. Wenn das zutrifft, waren Ihre unterdrückten Kindheitsgefühle vermutlich sehr intensiv, und Sie brauchten starke Schutzmechanismen, um heranzuwachsen.

Wenn Ihre Gefühle tief vergraben sind, können Sie die folgende Checkliste als Ausgangspunkt benutzen, um mit ihnen in Kontakt zu treten. Sie können auch versuchen, sich vorzustellen, wie sich jemand fühlt, der eine ähnliche Beziehung zu seinen Eltern hat. Viele Leute finden ohne Therapie einfach keinen Zugang zu ihren Gefühlen. Ihre Gefühle sind aber nicht verloren, sondern nur fehlgeleitet, und manchmal braucht man professionelle Hilfe, um sie wiederzuentdecken. Aber gleich, was dazu nötig ist, Sie können diese Arbeit nicht leisten, ohne mit Ihren Gefühlen in Kontakt zu gelangen.

Es ist sehr wichtig, langsam vorzugehen, wenn Sie einigen Ihrer blockierten Gefühle erlauben, an die Oberfläche zu treten. Sie sind vielleicht eine Weile sehr erregt, wenn Ihre Gefühle auftauen. Viele Menschen beginnen eine Therapie in der Erwartung, sich sogleich besser zu fühlen. Sie sind enttäuscht, wenn sie feststellen, daß sie sich erst einmal schlechter fühlen müssen, damit es ihnen bessergeht. Es handelt sich immerhin um emotionale Operationen, und wie bei jeder Operation müssen die Wunden gereinigt werden, ehe sie heilen können. Es dauert seine Zeit, bis der Schmerz verschwindet. Doch der Schmerz ist das Zeichen, daß der Heilungsprozeß begonnen hat.

Um Ihnen zu helfen, sich auf Ihre Gefühle zu konzentrieren, habe ich sie in vier Gruppen unterteilt: Schuld, Angst, Trauer und Wut. Wir befassen uns hier mit den automatischen, vorhersehbaren negativen Gefühlen – denjenigen, die Ihnen gewöhnlich Probleme bereiten.

Gehen Sie die folgende Aufstellung von Aussagen durch, und bezeichnen Sie, welche am besten Ihre Gefühle beschreiben:

Das fühle ich in der Beziehung zu meinen Eltern:

- Ich fühle mich schuldig, wenn ich den Erwartungen meiner Eltern nicht entspreche.
- Ich fühle mich schuldig, wenn ich etwas tue, das sie aufregt.
- Ich fühle mich schuldig, wenn ich entgegen ihrem Rat handele.
- Ich fühle mich schuldig, wenn ich mit ihnen streite.
- Ich fühle mich schuldig, wenn ich meine Eltern enttäusche oder ihre Gefühle verletze.
- Ich fühle mich schuldig, wenn ich nicht genug für sie tue.
- Ich fühle mich schuldig, wenn ich nicht alles für sie tue, um das sie mich bitten.
- Ich fühle mich schuldig, wenn ich ihnen etwas abschlage.

- Ich habe Angst, wenn meine Eltern mich anbrüllen.
- Ich habe Angst, wenn sie wütend auf mich sind.
- Ich habe Angst, wenn ich auf sie wütend bin.
- Ich habe Angst, wenn ich ihnen etwas sagen muß, das sie vielleicht nicht hören wollen.
- Ich habe Angst, wenn sie drohen, mir ihre Liebe zu entziehen.
- Ich habe Angst, wenn wir nicht einer Meinung sind.
- Ich habe Angst, wenn ich mich ihnen widersetze.

- Ich bin traurig, wenn meine Eltern unglücklich sind.
- Ich bin traurig, wenn ich weiß, daß ich meine Eltern im Stich gelassen habe.
- Ich bin traurig, wenn ich ihr Leben nicht besser machen kann.
- Ich bin traurig, wenn meine Eltern mir sagen, ich hätte ihr Leben ruiniert.
- Ich bin traurig, wenn ich etwas tue, das ich tun will, meinen Eltern aber weh tut.
- Ich bin traurig, wenn meine Eltern meinen Mann (Frau, Liebhaber, Freunde) nicht mögen.

- Ich bin wütend, wenn meine Eltern mich kritisieren.
- Ich bin wütend, wenn meine Eltern versuchen, mich zu kontrollieren.
- Ich bin wütend, wenn sie mir sagen, wie ich mein Leben zu führen habe.

- Ich bin wütend, wenn sie mir vorschreiben, was ich denken und fühlen soll und wie ich mich zu verhalten habe.
- Ich bin wütend, wenn sie mir sagen, was ich tun oder lassen soll.
- Ich bin wütend, wenn sie Forderungen an mich stellen.
- Ich bin wütend, wenn sie ihr Leben durch mich leben.
- Ich bin wütend, wenn sie erwarten, daß ich mich um sie kümmere.
- Ich bin wütend, wenn sie mich zurückweisen.

Bitte fügen Sie alle weiteren Aussagen hinzu, die auf Sie zutreffen. Dazu gehören vielleicht körperliche Reaktionen auf Ihre Eltern. Körperreaktionen sind oft die Sprache, mit der wir schmerzliche Gefühle ausdrücken, besonders, wenn es nicht gut scheint, sie den Verursachern direkt mitzuteilen. Wir drücken oft mit dem Körper aus, was wir nicht in Worten artikulieren können oder wollen. Die besonderen körperlichen Symptome werden durch die medizinische Familiengeschichte, Neigungen oder Empfindlichkeiten bestimmter Körperteile sowie durch unsere einzigartige physische Kondition und unseren emotionalen Zustand beeinflußt. Für erwachsene Kinder giftiger Eltern ist es nicht ungewöhnlich, unter Kopfschmerzen, Magenschmerzen, Muskelverspannungen, Müdigkeit, Appetitmangel oder Eßzwang, Schlafproblemen und Übelkeit zu leiden. Diese Reaktionen sollte man nie unterschätzen, und wenn sie sich zu streßgebundenen Krankheiten ausweiten, können sie sogar zum Tod führen. Daher ist es sehr wichtig, bei jedem chronisch erscheinenden Zustand ärztliche Hilfe heranzuziehen, auch wenn Sie überzeugt sind, daß die Ursache emotionaler Natur ist.

Wenn mehr als ein Drittel der Aussagen auf dieser Liste auf Sie zutreffen, sind Sie immer noch eng mit den Eltern verstrickt, und Ihre emotionale Welt wird überwiegend von ihnen kontrolliert.

Die Verbindung

Versuchen Sie nun, hinter jede Äußerung, die auf Sie zutrifft, ein »... weil« anzuhängen, und verbinden Sie es mit einem Satz aus der ersten Liste. Diese Rückkopplung hilft, in Ihren Reaktionen mehr Sinn zu sehen und sie zu erklären. Zum Beispiel: »Ich fühle mich schuldig, wenn ich etwas tue, das meine Eltern aufregt, weil ich nichts tun oder sagen sollte, das ihre Gefühle verletzt.« »Ich bin traurig, wenn ich meine Eltern im Stich gelassen habe, denn es liegt an mir, meine Eltern glücklich zu machen.« »Ich habe Angst, wenn ich auf sie wütend bin, denn wenn ich meinen Eltern widerspreche, verliere ich sie auf immer.«

Wenn Sie beginnen, diese sehr wichtigen Verbindungen zu erkennen, sind Sie vermutlich überrascht, wie viele Ihrer Gefühle in Ihren Überzeugungen wurzeln. Diese Übung ist ungeheuer wichtig, denn erst wenn Sie die Quelle Ihrer Gefühle erkennen, können Sie anfangen, sie zu kontrollieren.

Was tun Sie?

Überzeugungen führen zu Regeln, Gefühle lassen Sie diesen Regeln gehorchen, und das führt wiederum zu Verhalten. Wenn Sie Ihr Verhalten ändern wollen, müssen Sie die ganze Gleichung durcharbeiten und Ihre Überzeugungen und Gefühle ändern, um die Regeln zu ändern. Wenn Sie erkennen, daß Verhalten das Endprodukt von Überzeugungen und Gefühlen ist, ergibt ein Teil Ihres Verhaltens mehr Sinn.

Nun folgt eine Liste von Verhaltensweisen, die möglicherweise den Überzeugungen und Gefühlen entstammen, die ich bereits aufgelistet habe. Diese Verhaltensweisen fallen in zwei Kategorien, nachgebende und aggressive. Suchen Sie diejenigen heraus, die auf Sie zutreffen. Und wiederum: Wenn Sie destruktive Verhaltensweisen bei sich kennen, die nicht aufgeführt sind, fügen Sie sie hinzu.

Ich verhalte mich in Beziehung zu meinen Eltern so: Nachgebendes Verhalten

- Ich gebe meinen Eltern oft nach, gleich, wie ich mich dabei fühle.
- Ich sage ihnen oft nicht, was ich wirklich denke.
- Ich sage ihnen oft nicht, was ich wirklich fühle.
- Ich verhalte mich oft so, als sei zwischen uns alles in Ordnung, auch wenn das nicht stimmt.
- Ich bin oft heuchlerisch und oberflächlich meinen Eltern gegenüber.

- Meinen Eltern gegenüber handele ich oft aus Schuldbewußtsein oder Angst, statt aus freiem Willen.
- Ich gebe mir große Mühe, sie zu ändern.
- Ich gebe mir große Mühe, ihnen meinen Standpunkt zu erklären.
- Ich werde in einem Konflikt zwischen ihnen oft zum Vermittler.
- Ich opfere mich oft auf, um ihnen zu gefallen.
- Ich hüte weiterhin die Familiengeheimnisse.

Aggressive Verhaltensweisen

- Ich streite mich ständig mit meinen Eltern, um ihnen zu beweisen, daß ich recht habe.
- Ich tue ständig Dinge, die ihnen mit Sicherheit nicht gefallen, um ihnen zu beweisen, daß ich ein eigenständiger Mensch bin.
- Ich schreie und fluche oft bei meinen Eltern, um ihnen zu zeigen, daß sie mich nicht kontrollieren können.
- Ich muß mich oft zurückhalten, um sie nicht körperlich anzugreifen.
- Ich habe alle Verbindungen zu meinen Eltern abgeschnitten.

Wenn zwei oder mehr Aussagen auf Sie zutreffen, stellt die Verstrickung mit den Eltern in Ihrem Leben immer noch ein größeres Problem dar.

Es ist unschwer zu erkennen, wie nachgiebiges Verhalten Ihre Unabhängigkeit verhindert. Doch die Verstrickung durch aggressives Verhalten ist weniger eindeutig. Diese Verhaltensweisen scheinen Sie von den Eltern zu trennen. Sie schaffen die Illusion, daß Sie zurückschlagen, statt zu kapitulieren. In Wirklichkeit deutet aggressives Verhalten mit seinen intensiven Gefühlen, der Wiederholung und Vorhersehbarkeit von Reaktionen und der Tatsache, daß das Verhalten nicht auf freier Entscheidung beruht, sondern auf dem trotzigen Bedürfnis, seine Unabhängigkeit zu beweisen, auf eine Verstrickung hin. Nachgiebigkeit und Aggression sind lediglich zwei Seiten der gleichen »Verhaltensmedaille«.

Carol, das Fotomodell und jetzige Innenarchitektin, die von ihrem Vater verbal mißhandelt wurde, war verblüfft, als sie ihre Checkliste abzählte. Sie entdeckte, daß sie im Alter von 52 immer noch stark mit den Eltern verstrickt war.

»Ich schäme mich so. Ich bin schon älter, war dreimal verheiratet und habe einen erwachsenen Sohn, und meine Eltern halten immer noch die Fäden in der Hand. Sie werden es nicht glauben... aber ich habe beinahe jede Überzeugung und jedes Gefühl angekreuzt. Und was die Nachgiebigkeit angeht... wann werde ich es jemals in meinen Dickschädel bekommen, daß meine Eltern sich niemals ändern werden? Sie waren immer grausam und haben mir nie geholfen, und so werden sie wohl auch bleiben.«

Ich sagte zu Carol, Scham und Verlegenheit träten häufig auf, wenn ein Erwachsener entdeckt, daß er oder sie immer noch von den Eltern kontrolliert wird. Wir alle glauben gern, unabhängige Erwachsene zu sein, die eigenständige Entscheidungen über ihr Leben treffen.

Carol hatte vermutlich recht. Ihre Eltern würden sich vermutlich nicht mehr ändern. Der erste Schritt, die destruktiven Bande abzuschütteln, besteht darin, zu begreifen, was sie so stark macht.

Wie viele meiner Klienten reagierte Carol wütend auf die Erkenntnis, immer noch verstrickt zu sein. Sie wollte hinauseilen und ihre Eltern herausfordern. Wenn Sie diesen Impuls verspüren, beherrschen Sie sich. Jetzt ist nicht der richtige Zeitpunkt. Impulsive Handlungen schlagen fast immer auf Sie zurück.

Meiden Sie Konfrontationen, wenn Sie stark erregt sind. Ihre Perspektive und Urteilsfähigkeit sind dann eingeschränkt.

Sie haben viel Zeit, Ihr neues Bewußtsein in Ihr Leben zu integrieren. Doch stellen Sie zuerst einen Plan auf, wie Sie vorgehen werden.

Behalten Sie im Auge, daß dies erst der Beginn eines Prozesses ist, keine Heilung über Nacht. Diese Listen stellen den Anfang Ihrer Forschungsreise dar. Vor Ihnen liegen noch sehr komplexe und verblüffende Erlebnisse. Sie wollen doch nicht in einen See springen, ohne vorher den Grund nach Steinen abgesucht zu haben. Sie können lebenslange Muster nicht über Nacht ändern, wie selbstzerstörerisch sie auch sein mögen. Doch Sie *können* die Sie einengenden Überzeugungen und selbstzerstörerisches Verhalten in Frage stellen und schließlich verwerfen, damit Ihr wahres Selbst auftauchen kann. Aber ehe Sie Ihr wahres Selbst entdecken, müssen Sie herausfinden, wer Sie sind.

11. Der Anfang der Selbstdefinition

Emotionale Unabhängigkeit bedeutet nicht, daß Sie sich von Ihren Eltern trennen müssen. Sie bedeutet, daß Sie Mitglied der Familie bleiben, aber zugleich ein eigenständiges Individuum. Es bedeutet, Sie können sein, wie Sie sind, und Ihre Eltern sein lassen, wie diese sind.

Wenn Sie sich frei genug fühlen, eigene Überzeugungen, Gefühle und Verhaltensweisen zu vertreten, die von denen Ihrer Eltern oder anderen abweichen, sind Sie »selbstdefiniert«. Wenn Ihren Eltern nicht gefällt, was Sie tun oder denken, werden Sie unweigerlich unangenehme Situationen erleben, und das müssen Sie und Ihre Eltern aushalten, wenn Sie sich nicht rasch wieder ihnen zuliebe ändern wollen. Auch wenn einige Ihrer Überzeugungen mit denen Ihrer Eltern identisch sind oder Ihr Verhalten deren Billigung findet, ist es wichtig, daß Sie selbst entscheiden und sich frei fühlen, mit ihnen übereinzustimmen oder nicht.

Das bedeutet nicht, daß Sie die Gefühle anderer verletzen oder den Einfluß negieren sollen, den Ihr Verhalten auf andere hat. Doch genausowenig dürfen Sie zulassen, daß man Sie überfährt. Jeder muß das Gleichgewicht zwischen der Berücksichtigung anderer und dem finden, was für ihn selbst gut ist.

Niemand kann unausgesetzt selbstdefiniert sein. Jeder ist Mitglied einer größeren Gesellschaft. Niemand ist völlig von dem Wunsch nach Bestätigung durch andere frei. Niemand ist völlig von emotionaler Abhängigkeit irgendeiner Art frei, und nur sehr wenige Menschen wünschen sich dies. Menschen sind gesellige Wesen, und offene Beziehungen verlangen einen gewissen Grad an emotionaler

Abhängigkeit. Aus diesem Grund muß Selbstdefinition flexibel sein. Es ist nicht falsch, mit den Eltern Kompromisse zu schließen, solange Sie sich aus freiem Willen entscheiden. Ich spreche hier von der Aufrechterhaltung Ihrer emotionalen Integrität, dem »sich selbst treu sein«.

Egoismus ist manchmal richtig

Viele Menschen treten nicht für sich ein, weil sie Selbstdefinition mit Egoismus verwechseln. Das Wort »Egoismus« oder Selbstsucht läßt alle unsere Warnlampen für Schuldgefühle aufleuchten. Sandy, die Friseuse, deren unversöhnliche Eltern sie noch als Erwachsene für die Abtreibung bestrafen, die sie mit fünfzehn hatte, ging lieber in eine emotionale Hölle, um das Etikett »egoistisch« zu vermeiden. Sie erklärte es so:

»Es gibt keinen Ausweg. Ich glaube, ich habe mein Leben völlig ruiniert. Meine Eltern lassen momentan ihr Haus renovieren, und meine Mutter rief mich letzte Woche an und meinte, der Lärm mache sie verrückt, daher wollten sie und Vater zu uns ziehen, bis alles fertig ist, und das könnte Wochen dauern. Ich wollte eigentlich nicht ja sagen, aber was konnte ich schon tun? Immerhin sind sie meine Eltern. Als mein Mann es erfuhr, wurde er fast verrückt. Er benutzt unser Gästezimmer als Büro und steckt mitten in einem großen Projekt. Er veranlaßte mich daher, meine Mutter anzurufen und vorzuschlagen, vielleicht besser in ein Hotel zu ziehen. Und da ist sie natürlich an die Decke gegangen. Ich mußte mir eine halbe Stunde anhören, wie undankbar und egoistisch ich sei, das sei doch wohl das letzte, wenn man bedenkt, was sie alles für mich getan hätten. Ich antwortete, ich müsse es mit meinem Mann erneut besprechen, aber ich wußte bereits, was er sagen würde. Was soll ich nur tun?«

Ich schlug Sandy vor, diese Situation als Gelegenheit zu nutzen, den Prozeß der Selbstdefinition zu beginnen. Es war Zeit, daß sie diesen Streit genau analysierte und feststellte, daß es sich nicht um einen Einzelfall handelte, sondern nur um das letzte Glied in einer Kette von Problemen mit ihren Eltern. Es ging nicht um das vorübergehende Zusammenziehen. Es ging um ihre automatische Reaktion, nachzugeben und ihnen den Gefallen zu tun. Wenn sie dieses Muster durchbrechen wollte, mußte sie sich zunächst einmal darauf konzentrieren, was sie selbst wollte, statt auf das, was die Eltern von ihr verlangten. Ich fragte sie, ob sie überhaupt wisse, was sie wolle.

Sandy: »Als erstes fällt mir dazu ein, daß ich von meinen Eltern in Ruhe gelassen werde. Ich will nicht, daß sie bei uns wohnen. Das wäre schrecklich. Aber ich fühle mich schuldig, das auch nur zuzugeben, denn Kinder sollen doch immer für ihre Eltern da sein. Vielleicht sage ich einfach, sie könnten kommen. Dann fühle ich mich nicht so schrecklich. Mit Bill streiten ist viel leichter als mit ihnen. Warum kann ich nicht alle zufriedenstellen?«

Susan: »Diese Frage müssen Sie selbst beantworten.«

Sandy: »Ich kann das aber nicht. Deshalb bin ich ja hier. Ich weiß, daß ich momentan nicht mit ihnen zusammenleben kann, aber ich liebe sie, und ich kann sie nicht einfach so abweisen.«

Susan: »Ich fordere Sie nicht auf, sie abzuweisen. Ich bitte Sie, sich vorzustellen, wie es wäre, wenn Sie manchmal nein sagten, Grenzen setzten. Definieren Sie sich selbst, Sandy. Treffen Sie Entscheidungen, die auf dem begründet sind, was Sie wollen und was Sie brauchen, statt auf dem, was Ihre Eltern wollen oder brauchen.«

Sandy: »Das hört sich aber sehr egoistisch an.«

Susan: »Das ist schon in Ordnung, manchmal egoistisch zu sein.«

Sandy: »Ich will aber ein guter Mensch sein. Ich bin in dem Glauben groß geworden, daß man füreinander da sein soll.«

Susan: »Sandy, wenn Sie zu sich selbst so gut wären wie zu Ihren Eltern, säßen Sie vermutlich nicht hier. Sie sind ein sehr guter Mensch – zu allen anderen, nur nicht zu sich selbst.«

Sandy: »Wie kommt es dann, daß ich mich so schlecht finde?«

Sandy begann zu weinen. Es war ihr wichtig, ihrer Mutter zu beweisen, daß sie weder selbstsüchtig noch undankbar war, wenn sie nicht ihr Zuhause und ihre Ehe ihretwegen aufs Spiel setzen wollte.

Sandy fällte viele Lebensentscheidungen aufgrund eines über-entwickelten Pflichtgefühls ihren Eltern gegenüber. Sie glaubte, sie müsse ihre Bedürfnisse hinter denjenigen der Eltern zurückstellen. Sie tat nur selten, was sie selbst wollte. Daraus resultierten jahrelang aufgestaute Wut und mangelnde persönliche Erfüllung, die sich schließlich als Depression manifestierten.

Sandy reagierte wie die meisten Menschen auf ihre Eltern mit einem automatischen Kniefall. Diese Reaktion erfolgt meistens ohne nachzudenken, ohne zuzuhören und ohne andere Möglichkeiten zu erforschen. Die Rückkoppelung ist immer am stärksten, wenn man sich emotional bedroht oder angegriffen fühlt. Diese Rückkoppelung kann sich in fast allen Beziehungen abspielen – mit einem Liebhaber, einem Vorgesetzten, einem Freund, aber am intensivsten wohl mit den Eltern.

Wenn Sie rückgekoppelt sind, sind Sie von der Anerkennung anderer abhängig. Sie fühlen sich nur wohl, wenn niemand ihnen widerspricht, sie kritisiert oder ihr Verhalten mißbilligt. Ihre Gefühle stehen oft in keinem Verhältnis zu dem verursachenden Ereignis. Sie fassen einen Vorschlag als persönlichen Angriff auf, eine geringe, konstruktive Kritik als persönliches Scheitern. Ohne die Anerken-nung anderer ist es sehr schwer für Sie, auch nur einigermaßen eine emotionale Stabilität aufrechtzuerhalten.

Wenn Sie rückgekoppelt sind, sagen Sie vielleicht Dinge wie: »Jedesmal, wenn meine Mutter mir vorschreibt, wie ich zu leben habe, werde ich verrückt.« »Sie wissen wirklich genau, wo sie den Hebel ansetzen müssen – ich habe bei ihnen einfach keine Chance.« »Ich brauche nur die Stimme meines Vaters zu hören, und ich sehe rot.« Wenn Sie Ihren emotionalen Reaktionen erlauben, automatisch abzulaufen, geben Sie die Kontrolle auf und bieten Ihre Gefühle einem anderen auf einem Silbertablett dar. Dadurch verleihen Sie anderen enorme Macht über sich.

Rückkoppelung und Verantwortung

Das Gegenteil von Rückkoppelung ist Verantwortung. Man handelt verantwortlich, wenn man sowohl denkt als auch fühlt. Man ist sich seiner Gefühle bewußt, läßt sich aber von ihnen nicht zu impulsiven Handlungen treiben.

Indem man verantwortlich handelt, erlaubt man sich auch, trotz allem, was die Eltern vielleicht sagen, ein Gefühl von Selbstachtung zu bewahren, und das ist extrem befriedigend. Die Gedanken und Gefühle anderer ziehen Sie nicht mehr in einen Strudel der Selbstzweifel. Sie erkennen alle möglichen Optionen und Wahlmöglichkeiten im Umgang mit anderen, weil Ihre Perspektive und Ihr Verstand nicht von Emotionen überfrachtet sind. Durch Verantwortung erlangen Sie ein Gutteil Kontrolle über Ihr Leben wieder.

Bei Sandy mußte an die Stelle der Rückkoppelung die Verantwortung treten. Ich warnte sie, daß Verhaltensänderungen für jeden schwierig seien, mich selbst eingeschlossen, aber ich versicherte ihr, daß sie es schaffen könnte.

Als erstes wies ich sie darauf hin, daß die meisten ihrer Meinungen über sich selbst auf ihre Eltern zurückzuführen seien – sie entstammten deren Definition von ihr. Die negativen Teile dieser Definition bezeichneten Sandy als egoistisch, undankbar und schlecht. Sandy hatte dieses negative Selbstbild jahrelang internalisiert, daher konnten wir es nicht über Nacht ändern. Aber ich zeigte ihr ein paar Verhaltensstrategien, um den Prozeß beginnen und die Definition ihrer Eltern durch ein realistischeres Bild dessen ersetzen zu können, wer sie wirklich war.

Ich bat sie, sich vorzustellen, ich sei ihre Mutter. Ich wollte, daß sie beim Rollenspiel neue Wege fand, auf die Kritik ihrer Mutter zu reagieren, eine Alternative zu ihrer sonstigen Kapitulation.

Susan (als Mutter): »Du bist egoistisch und undankbar!«
Sandy: »Nein, das bin ich nicht. Ich denke immer an alle anderen. Ich denke immer an dich. Ich mache mich verrückt, damit ich dir und Papa nicht weh tue. Du vergißt die vielen Male, wenn ich völlig erschöpft war, aber immer noch mit euch zum Einkaufen gefahren bin oder euch zum Abendessen eingeladen habe. Nichts ist für euch jemals genug.«

Ich sagte Sandy, sie sei defensiv. Sie entschuldigte sich, argumentierte und erklärte immer noch. Sie mußte versuchen, aufzuhören, »es ihnen beizubringen«. Solange sie die Bestätigung der Mutter suchte, stand sie unter deren Herrschaft. Sie mußte nichtdefensiv werden, wenn sie sich ablösen wollte. Der Gedanke dahinter ist, soviel Gereiztheit wie möglich in der Interaktion zu vermeiden.

Um ihr das zu zeigen, tauschten wir die Rollen. Sandy sollte die Mutter sein, ich war Sandy.

Sandy (als Mutter): »Dein Vater und ich brauchen eine Unterkunft. Du bist wieder einmal egoistisch und undankbar.«

Susan (als Sandy): »Ach, das ist aber interessant, wie du das siehst.«

Sandy (als Mutter): »Nach allem, was wir für dich getan haben, kann ich kaum glauben, daß du uns vorschlägst, in ein Hotel zu ziehen.«

Susan (als Sandy): »Es tut mir leid, daß dich das so aufregt.«

Sandy (als Mutter): Können wir nun zu dir ziehen oder nicht?«

Susan (als Sandy): »Ich muß darüber nachdenken.«

Sandy (als Mutter): »Ich will aber eine Antwort, mein Fräulein.«

Susan (als Sandy): »Das weiß ich, Mutter, aber ich muß einfach darüber nachdenken.«

Sandy (bricht aus der Rolle): »Ich weiß nicht mehr, was ich sagen soll.«

Sandy entdeckte ein paar überraschende Aspekte in dieser Übung. Sie merkte, daß nichtdefensive Reaktionen eine Eskalation des Konflikts verhindern. Außerdem stand sie nicht mehr als Verteidigerin mit dem Rücken zur Wand.

Nichtdefensives Verhalten

Niemandem wird beigebracht, sich nichtdefensiv zu verhalten. Daher fällt diese Technik nicht leicht. Sie muß erlernt und geübt werden. Außerdem nehmen die meisten Menschen an, wenn sie sich in einem Konflikt nicht verteidigen, betrachten ihre Gegner sie als schwach und überfahren sie. In Wirklichkeit trifft das Gegenteil zu. Wenn man ruhig bleibt und sich weigert, überfahren zu werden, behält man die Macht.

Ich kann nicht oft genug wiederholen, wie wichtig es ist, nichtdefensive Reaktionen zu erlernen, besonders gegenüber giftigen Eltern. Diese Art Reaktion ist überaus wichtig, um den Kreis aus Angriff, Rückzug, Verteidigung und Eskalation zu durchbrechen.

Hier einige Beispiele nichtdefensiver Reaktionen:

– Oh?
– Ach so.
– Das ist interessant.
– Du hast sicher ein Recht auf eine eigene Meinung.
– Es tut mir leid, daß dir das nicht gefällt.
– Laß mich darüber nachdenken.
– Warum reden wir nicht darüber, wenn du nicht mehr so aufgeregt bist?
– Es tut mir leid, daß du verletzt (aufgeregt, enttäuscht) bist.

Es ist wichtig, daß Sie diese nichtdefensiven Reaktionen für sich üben, ehe Sie sie bei anderen ausprobieren. Dazu stellen Sie sich Ihre Eltern vor, die etwas Kritisches oder Abwertendes zu Ihnen sagen. Reagieren Sie laut und nichtdefensiv darauf. Denken Sie daran, sobald Sie argumentieren, entschuldigen, erklären oder versuchen, die Meinung des anderen zu ändern, übergeben Sie Ihre Macht an ihn. Wenn Sie jemanden bitten, zu verzeihen oder zu verstehen, geben Sie ihm die Macht, dies zu verweigern. Bei nichtdefensiven Reaktionen bitten Sie um nichts, und wenn Sie um nichts bitten, kann Ihnen auch nichts verweigert werden.

Wenn Sie sich mit nichtdefensiven Reaktionen einigermaßen vertraut fühlen, testen Sie sie bei der nächsten Meinungsverschiedenheit, aber mit anderen Personen, nicht mit Ihren Eltern. Es ist eine gute Idee, sie bei jemandem auszuprobieren, auf den Sie weniger emotional reagieren – bei einem Kollegen oder einem Bekannten. Zuerst fühlen Sie sich vermutlich unwohl und unnatürlich. Sie fallen vielleicht wieder in defensive Reaktionen zurück. Wie bei jeder neuen Fähigkeit müssen Sie üben und bereit sein, Fehler in Kauf zu nehmen. Doch es wird Ihnen allmählich zur zweiten Natur.

Eine andere Verhaltenstechnik ist die Positionsbestimmung. Sie hilft, weniger rückgekoppelt zu sein, und bringt Sie auf dem Weg zur Selbstdefinition weiter.

Positionsbestimmungen definieren, was Sie glauben und denken, was Ihnen wichtig ist, was Sie zu tun bereit sind und was nicht, was ausgehandelt werden kann und was nicht. Die Bedeutung der Themen reicht von Ihrer Meinung über einen Film bis zu Grundsatzüberzeugungen. Ehe Sie eine Positionsbestimmung vornehmen, müssen Sie natürlich festlegen, wie Ihre Position aussieht.

Als ich Sandy fragte, wie sie auf die Forderung ihrer Eltern reagieren würde, antwortete sie: »Ich weiß es nicht. Ich mache mir solche Sorgen, sie aufzuregen, daß ich nicht mehr erkennen kann, was ich selbst will.«

Sandys Dilemma war typisch für die meisten Menschen, die sich ihr ganzes Leben lang für ihre Eltern verantwortlich gefühlt haben. Es ist schwer, sich zu definieren, wenn man in der Vergangenheit nur selten Gelegenheit dazu bekam. Um Sandy bei ihrer Positionsbestimmung zu helfen, wies ich sie darauf hin, daß sie grundsätzlich nur drei Möglichkeiten hatte:

1. Ich bin nicht bereit, euch bei uns aufzunehmen.
2. Ich bin bereit, euch auf eine bestimmte, begrenzte Zeit aufzunehmen.
3. Ich bin bereit, euch so lange aufzunehmen, wie ihr wollt.

Sandy beschloß, daß sie die Eltern eigentlich überhaupt nicht bei sich wohnen lassen wollte, doch es schien ihr ein zu großer Sprung, ihren Willen durchzusetzen. Sie beschloß, ihnen eine Woche anzubieten, und hielt diese Methode für gut, ihre eigenen Bedürfnisse durchzusetzen und zugleich ihre Eltern, zumindest teilweise, zufriedenzustellen.

Sandy war mit dieser Lösung aber nicht völlig zufrieden. Ihr Mann und ihre Beziehung wurden dadurch immer noch belastet, und sie glaubte, der Grund dafür sei ihre Schwäche. Mit einem tiefen Seufzer sagte sie: »Vermutlich kann ich mich gegen meine Eltern einfach nicht durchsetzen.« Ich bat sie, diese Bemerkung zu wiederholen, aber statt dessen zu sagen: »*Ich habe mich bislang noch nie gegen meine Eltern durchgesetzt.*«

»Ich habe noch nie« zeigt an, eine Wahl zu haben, während: »Ich kann nicht« keine Wahl andeutet: Endgültigkeit. Fehlende Wahlmöglichkeiten sind direkt mit Verstrickung verbunden. Sie sind der Schlüssel, das Kind im Käfig zu halten. Bei Kindern werden die Wahlmöglichkeiten von den Eltern diktiert. Indem man sagt: »Ich habe noch nie . . .« öffnen Sie die Tür zu einem neuen Verhalten in der Zukunft. Sie akzeptieren Hoffnung.

Manche meinen, wenn sie ein unerwünschtes Verhalten lediglich als Wahlmöglichkeit formulieren, statt das Verhalten zu ändern, gäben sie eine Niederlage zu. Ich stimme dem nicht zu. Ich verstehe Entscheidungsfreiheit als Schlüssel zur Selbstdefinition. Jede Entscheidung, die auf einer Auswahl basiert, führt uns von bloßer Reaktion fort. Es besteht ein großer Unterschied zwischen Kapitulation vor den Eltern *aus freier Entscheidung*, wenn man die Alternativen überlegt und entschieden hat, daß man nicht zu einem Streit bereit ist, und der *automatischen* Kapitulation, weil man sich hilflos fühlt. Eine Entscheidung treffen bedeutet einen Schritt auf Kontrolle zu, ein rückgekoppelter Kniefall die Rückkehr zum Kontrolliertwerden. Es fühlt sich vielleicht nicht wie ein ungeheurer großer Fortschritt an, aber ich versichere Ihnen, es ist einer.

Generalprobe bei den Eltern

Einige meiner Klienten sind beim ersten Ausprobieren der neuen Verhaltensweisen von deren Erfolg so begeistert, daß sie es nicht erwarten können, es bei den Eltern zu versuchen. Andere aber machen sich Sorgen, daß die Eltern frustriert und/oder wütend über ihre nichtdefensiven Reaktionen und Positionsbestimmungen werden. Giftige Eltern sind so sehr daran gewöhnt, von den Kindern automatische Reaktionen zu bekommen, daß sie sich aufregen, wenn diese nicht erfolgen.

Mein Rat hierzu lautet: Versuchen Sie es trotzdem. Je früher, desto besser. Wenn man diesen ersten kleinen Schritt hinauszögert und vielleicht Wochen und Monate darüber nachdenkt, verstärkt sich die Angst nur. Denken Sie immer daran:

Sie sind erwachsen und können Unbehagen aushalten, um zu einem selbständigen Menschen zu werden.

Der eigentliche Versuch ist nur selten so schlimm, wie man befürchtet. Sie müssen ja nicht gleich das emotional heißeste Thema zwischen Ihnen und Ihren Eltern aufwerfen. Sie können Ihre nicht-defensiven Reaktionen ausprobieren, wenn Ihrer Mutter Ihr Lippenstift nicht gefällt oder Ihr Vater Ihr Essen kritisiert.

Ich schlug Sandy vor, die Zeit, in der ihre Eltern bei ihr wohnten, zu nutzen, nichtdefensive Reaktionen zu üben und in kleinen Dingen Positionsbestimmungen vorzunehmen. Ich forderte sie auf, ihre Gedanken und Meinungen auszudrücken. Statt zu sagen: »Du hast unrecht, Krustentiere sind ungesund«, könnte sie sagen: »Ich stimme nicht mit dir überein. Ich finde Krustentiere ungesund.« So würde ihre Position als Meinung statt einer Herausforderung vorgetragen. Man reduziert damit die Möglichkeit zu einem hitzigen Gefecht.

Ich schlug außerdem vor, falls sie sich mutig genug fühle, ein paar wichtigere Probleme in ihrer Beziehung anzuschneiden, indem sie den Eltern Grenzen setzte und sie wissen ließ, was sie für sie zu tun bereit war und was nicht.

Sandy hatte ziemlich viel Angst vor den Dingen, aber sie wußte, wenn sie ihr neues Verhalten nicht mindestens ansatzweise ausprobierte, würde sie festgefahren bleiben. Doch sie war pessimistisch hinsichtlich der Fähigkeit ihrer Eltern, sich zu ändern. Sie fragte mich, wie sie ihre Verhaltensänderungen weiterentwickeln könne, falls diese scheiterten und ihre Eltern sich daraufhin nicht änderten. Ich erinnerte sie daran, daß sie sich ja nicht ändern müßten. Wenn Sandy ihre Reaktion auf ihre Eltern umstellte, würde sie für sich die Beziehung zu ihnen verändern. Dadurch konnte sie bei den Eltern eine Veränderung bewirken, aber selbst wenn nichts passierte, würde Sandy das Machtgleichgewicht zu ihren Gunsten verschieben.

Wenn man selbstdefiniert wird – wenn man verantwortlich statt rückgekoppelt reagiert, wenn man deutlich erkennen läßt, was man fühlt und denkt, wenn man Grenzen setzt, was man zu tun bereit ist und was nicht, wird sich die Beziehung zu den Eltern ändern müssen.

12. Wer ist wirklich verantwortlich?

Ich wünschte, Sie hätten eine glückliche Kindheit gehabt, aber ich kann die Vergangenheit nicht ändern. Doch ich kann eine größere Veränderung in Ihren Überzeugungen davon bewirken, wer für das Leid Ihrer Kindheit verantwortlich ist. Diese Veränderung ist sehr wichtig, denn bis Sie ehrlich festlegen, wer die Verantwortung trug, werden Sie mit dieser Bürde durchs Leben gehen. Und solange Sie sich selbst die Schuld dafür geben, werden Sie unter Scham und Selbsthaß leiden und immer Wege finden, sich selbst zu bestrafen.

Finden Sie Ihr eigenes Tempo

In den letzten beiden Kapiteln war die Arbeit, die wir leisteten, vornehmlich intellektueller Art. Ich bat Sie, zu erforschen, wahrzunehmen und zu begreifen. In diesem und dem folgenden Kapitel werden wir auf einer eher emotionalen Ebene arbeiten. Daher ist es sehr wichtig, daß Sie sich Zeit lassen. Emotionale Arbeit kann sehr anstrengend sein, und ehe Sie es merken, suchen Sie vielleicht nach Vorwänden, sie zu vermeiden.

Wenn Sie das Gefühl haben, aus dem Gleichgewicht zu geraten, sollten Sie das Tempo verlangsamen und die Arbeit ein paar Tage beiseite legen. Doch wenn Sie feststellen, daß Sie es immer wieder hinausschieben, setzen Sie sich einen Termin, wann Sie darauf zurückkommen wollen, und bleiben Sie dann bei der Sache.

Vielleicht hilft es Ihnen, sich Unterstützung zu suchen, ehe Sie diese Arbeit beginnen. Wenn belastendes emotionales Material an die

Oberfläche steigt, kann eine Selbsthilfegruppe oder ein Therapeut wertvolle Anleitung geben. Ein liebevoller Freund, Partner oder Verwandter kann Sie ermutigen, denn Sie fühlen sich womöglich durch die Intensität Ihrer Emotionen verschreckt. Vielleicht bitten Sie diese Person, das Buch gemeinsam mit Ihnen durchzugehen. Er oder sie können Sie besser unterstützen, wenn sie wissen, was Sie durchmachen.

Die Verantwortung liegt bei Ihren Eltern

Ich weiß, ich habe das schon mehrere Male gesagt, aber ich kann nicht genug betonen, wie wichtig diese Botschaft ist und wie schwer zu internalisieren:

Sie müssen die Verantwortung für die schmerzlichen Ereignisse Ihrer Kindheit abgeben und dorthin verlagern, wohin sie gehört.

Um Ihnen zu helfen, diese Verantwortung abzulegen, habe ich eine Liste der zahlreichen Dinge aufgestellt, die sich meine Klienten fälschlicherweise selbst zuschreiben. Sie nutzen diese Liste wirksam, wenn Sie sich ausreichend Zeit und Ruhe nehmen, um mit dem Kind in Ihnen zu reden. Um sich vorzustellen, wie klein und hilflos Sie waren, brauchen Sie vielleicht ein Kinderfoto von sich. Sagen Sie laut zu diesem Kind: »Du warst nicht verantwortlich dafür...«, und beenden Sie den Satz mit jedem Punkt auf der Liste, der auf Ihr Leben zutrifft:

1. daß sie dich vernachlässigten oder ignorierten,
2. daß sie dir das Gefühl gaben, ungeliebt oder unliebenswert zu sein,
3. daß sie dich grausam oder gedankenlos neckten,
4. daß sie dir Schimpfnamen gaben,
5. daß sie unglücklich waren,
6. daß sie Probleme hatten,
7. daß sie entschieden, nichts gegen ihre Probleme zu unternehmen,
8. daß sie tranken,
9. was sie taten, wenn sie tranken,
10. daß sie dich prügelten,
11. daß sie dich sexuell belästigten.

Fügen Sie alle anderen schmerzlichen, wiederholt gemachten Erfahrungen hinzu, für die Sie sich immer verantwortlich gefühlt haben.

Zum zweiten Teil der Übung gehört, daß die Verantwortung dorthin verlagert wird, wohin sie gehört – zu Ihren Eltern. Um dies besser zu beleuchten, wiederholen Sie jeden Punkt auf der Liste, aber setzen Sie nun die Worte voran: »Meine Eltern waren verantwortlich für...« Wiederum sollten Sie alles hinzufügen, was zu Ihrer persönlichen Erfahrung gehört.

Zu Beginn mögen Sie auf der intellektuellen Ebene begreifen, daß es nicht Ihre Schuld war, aber das kleine Kind in Ihnen fühlt sich vielleicht immer noch verantwortlich. Es dauert seine Zeit, bis Ihre Gefühle dieses neue Bewußtsein aufgenommen haben. Eventuell müssen Sie diese Übung mehrere Male wiederholen.

»Ich glaube nicht, daß sie es böse meinten«

Vielleicht zögern Sie besonders stark, Ihren Eltern die Verantwortung zu geben, weil sie unzulänglich oder krank waren, überwältigende Probleme hatten oder gute Absichten zu zeigen schienen.

Les, der mit acht Jahren, nach dem Zusammenbruch seiner Mutter, die Verantwortung für die jüngeren Brüder übernahm, ist ein deutliches Beispiel für dieses Dilemma. Ich sagte zu ihm, daß viele seiner heutigen Probleme mit Frauen direkt mit der Last der Schuldgefühle und der Verantwortung zusammenhingen, die er als Kind auf sich genommen hatte. Les ließ sich jedoch nicht überzeugen, obwohl er zu Beginn der Sitzung die Verantwortungsliste durchgegangen war.

Les: »Aber ich bin verantwortlich. Meine Mutter war so unglücklich. Das ist sie immer noch. Sie braucht mich. Ich möchte ihr Leben einfach besser machen.

Susan: »Wie lange fühlen Sie sich schon für ihr Leben verantwortlich?

Les: »Seit ich acht war.«

Susan: »Und wer war für Sie verantwortlich?«

Les: »Ich habe mich wohl immer für alle verantwortlich gefühlt, mich eingeschlossen.«

Susan: »Was würde es bedeuten, Les, wenn Sie begännen, Ihre Eltern für sich selbst verantwortlich sein zu lassen?«

Les: »Wie kann man das jemandem antun, der depressiv ist und schwach . . . der niemals einen angenehmen Tag im Leben hatte. Das war nicht ihre Schuld. Sie ging zu vielen Ärzten. Sie versuchte, Heilung zu finden. Sie wollte nicht krank sein.«

Susan: »Dadurch wird es aber noch nicht Ihre Verantwortung. Was ist mit Ihrem Vater? Wie kommt es, daß er sich so leicht lösen konnte? Wann ist er an der Reihe, sich wie ein Erwachsener zu verhalten?«

Les (nach einigem Nachdenken): »Wissen Sie, so habe ich das noch nie gesehen. Vermutlich ist er einfach schwach.«

Susan: »Ich weiß, daß man bei Eltern wie den Ihren, die Sie nicht offen mißhandelt haben, viel schwerer erkennen kann, wie sehr sie Ihnen schadeten. Doch es gab eine Menge Gewalt. Es gab emotionale Vernachlässigung. Niemand hat sich um Ihr Leben gekümmert. Sie haben nie eine Kindheit gehabt. Wichtig ist hier nicht, für wieviel Ihre Eltern verantwortlich waren, sondern daß Sie selbst erkennen, für nichts verantwortlich gewesen zu sein.«

Les ließ das in sich einsinken. Den Rest der Sitzung arbeitete er an diesem neuen Bewußtsein. Von diesem Tag an machte er viel schnellere Fortschritte.

Sie haben vielleicht erkannt, daß ihre Eltern unzureichend, depressiv oder unzugänglich waren, aber Sie haben immer noch mit ihnen Mitleid. Ihre Eltern hatten schließlich Grenzen. Kaum jemand fühlte sich vor dreißig, vierzig Jahren frei genug, eine Therapie anzufangen. Ihre Eltern waren vielleicht so passiv, daß sie hilflos wirkten. Sie sind vielleicht überzeugt, daß sie es nicht böse meinten. In vielen Fällen hat sicher keine böse Absicht bestanden, aber auf eine Absicht zu spekulieren, ist Zeitverschwendung. Allein die Folgen zählen. Wenn unzulängliche Eltern Schaden zufügten, ist die Absicht unwichtig. Unzulängliche Eltern sind sowohl für das, was sie taten, als auch für das, was sie unterließen, verantwortlich.

Damit Les erkannte, wie sehr das auch auf ihn zutraf, benutzte ich einen leeren Stuhl, der seine Eltern symbolisierte, und spielte selbst Les' Rolle. Ich wollte, daß er laut ausgesprochen hörte, was er niemals für sich selbst hatte sagen können.

Susan (als Les): »Mutter und Vater, als ich klein war, hatte ich das Gefühl, daß nie jemand für mich da war. Ich hatte Angst und war einsam. Und ich verstand nicht, warum sich niemand um mich kümmerte. Ich verstehe nicht, Mutter, warum ich mich um dich kümmern mußte und nicht Papa. Ich verstehe nicht, warum ich nicht Kind sein durfte. Ich dachte immer, niemand liebt mich. So fühle ich mich immer noch. Wann hört ihr auf, mich auszunutzen? Wann werdet ihr erwachsen? Ich bin es so leid, immer für die gesamte Familie verantwortlich zu sein. Ich bin es leid, für die ganze Welt verantwortlich zu sein. Ich bin es leid, mir für alles, was schiefging, die Schuld zu geben. Mutter, du warst krank und unglücklich, aber es war nicht meine Schuld!«

Les: »Alles, was Sie sagten, stimmte. Genauso habe ich mich gefühlt. Aber ich hätte ihnen das niemals sagen können.«

Susan: »Niemals ist eine lange Zeit. Momentan ist wichtig, daß Sie es sich selbst sagen. Später, wenn wir weitergearbeitet haben und Sie sich stärker fühlen, treffen Sie vielleicht eine andere Entscheidung.«

Les begann zu erkennen, daß seine Eltern erwachsen waren und daher eine bestimmte Grundverantwortung für ihre Kinder hatten. Indem sie deren körperliche und emotionale Bedürfnisse nicht erfüllten, schufen sie, wie alle unzulänglichen Eltern, eine verzerrte Version der Eltern-Kind-Beziehung.

Erst als Les diese Grundwahrheiten genau erkennen, glauben und fühlen konnte, löste er sich von seinem selbstzerstörerischen Verhalten, das seiner Arbeitswut zugrunde lag und seine Liebesfähigkeit beeinträchtigte.

Erwachsene, die als Kinder schwer mißhandelt wurden, haben ebenfalls Schwierigkeiten, die Schuld auf die richtige Person zu übertragen. Wir müssen im Auge behalten, daß das Annehmen der Schuld zum Überlebensmechanismus mißhandelter Kinder wird. Sie halten den Mythos der glücklichen Familie aufrecht, indem sie glauben, sie selbst, und nicht die Eltern, seien schlecht. Diese Überzeugung liegt praktisch sämtlichen Formen selbstzerstörerischen Verhaltens von Erwachsenen zugrunde, die als Kinder mißhandelt wurden. Aber es ist eine Überzeugung, die verändert werden kann.

Joe, der Psychologiestudent, der von seinem alkoholsüchtigen, gewalttätigen Vater schrecklich geprügelt worden war, kam schließlich zu mir in die Therapie. In der ersten Sitzung bot er ein gutes Beispiel, wie hartnäckig Selbstbezichtigung sein kann:

Joe: »Ich blicke auf meine Kindheit zurück und erkenne, daß mein Vater einen sehr gemeinen Charakter hatte. Aber ich entschuldige ihn immer noch, weil er vielleicht wirklich glaubte, mir würde guttun, was er mir antat. Ich erkenne rational, daß es schrecklich war und kein Kind es verdient, so behandelt zu werden. Aber emotional fühle ich mich immer noch wie das schlimme Kind, das nur bekommt, was es verdient. Und ich fühle mich immer noch so verdammt schuldig, daß ich meine Mutter nicht beschützen konnte!«

Susan: »Sie konnten überleben, indem Sie alle Schlechtigkeit auf sich nahmen. Wenn Sie damals Ihren Vater als schlimm wahrgenommen hätten, wäre das für Sie überwältigend und sehr erschreckend gewesen. Aber Sie sind kein kleines Kind mehr, Joe, Sie müssen sich nun die Wahrheit sagen. Und die Wahrheit lautet, daß Ihr Vater allein verantwortlich für seine Mißhandlungen, seine Gewalttätigkeit und seine Trunksucht war. Er war zudem absolut verantwortlich für die Entscheidung, nichts gegen seine Probleme zu unternehmen und seine Familie zu zerstören. Es ist vielleicht für Sie tröstend, Ihre Mutter als unschuldiges Opfer zu sehen, aber sie war ebenfalls allein dafür verantwortlich, ihre Kinder und sich selbst nicht zu schützen. Sie ließ die Mißhandlungen zu. Sie müssen die Verantwortung dorthin verlagern, wohin sie gehört. Wie wollen Sie jemals Therapeut sein und anderen Menschen helfen, wenn Sie sich weigern, mit der Wirklichkeit Ihres eigenen Lebens fertig zu werden?«

Joe: »Ich höre alles, was Sie sagen, aber es kommt nicht wirklich an.«

Joes Verteidigungsmechanismen schienen unerschütterlich. Statt direkt mit ihm zu sprechen, was auf eine Menge Widerstand zu stoßen schien, bat ich Joe, die Rolle seines Vaters zu spielen.

Susan: »Ich will mit Ihnen über ein paar Dinge aus Joes Kindheit reden. Joe hat mir erzählt, Sie seien ziemlich gewalttätig gewesen und hätten ihn oft geschlagen. Er sagte auch, Sie seien Alkoholiker.«

Joe (als Vater): »Zunächst mal, was in meiner Familie passiert, geht Sie einen Dreck an. Wenn ich ihn geschlagen habe, dann nur, um ihn abzuhärten. Und mein Trinken ist meine Angelegenheit.«

Susan: »Es ist vielleicht Ihre Angelegenheit, aber Sie haben damit fast Ihre Familie zerstört. Sie haben Ihren Sohn und Ihre Frau mißhandelt und verschreckt. Haben Sie eine Ahnung, wie das für Joe war? Ist Ihnen das eigentlich egal?«

Joe (als Vater): »Es ist mir völlig egal. Nur ich bin mir wichtig.«

Susan: »Ich finde, Sie sind ein schrecklicher Vater. Sie haben nichts getan, außer mehreren Menschen viel Kummer zu bereiten. Ich bin sicher, auch Sie hatten Kummer, aber Sie waren erwachsen und er ein kleiner Junge. Sie hätten etwas unternehmen können, um sich zu helfen, statt andere zu verletzen. Sie waren damals wie heute für Ihren Alkoholismus verantwortlich. Ich finde, Sie sind ein Feigling, der sich nur stark fühlt, wenn er Frauen und Kinder schlägt. In all den Jahren glaubte Joe, er trage die Schuld, während es in Wirklichkeit Ihre Verantwortung war.«

Joe (als Vater): »Haha! Der kleine Bastard hat mir ständig Widerworte gegeben. Zu Hause hat er nie etwas getan . . .«

Susan (ihn unterbrechend): »Nichts, was Joe tat oder nicht tat, rechtfertigt, was Sie ihm zufügten.«

An dieser Stelle verließ Joe seine Rolle.

Joe: »Wissen Sie, das gebe ich nicht gern zu, aber ich fand das richtig gut, wie Sie meinem Vater die Meinung gesagt haben. Ich habe richtig gefühlt, wie wütend und selbstgerecht er ist... und ich wollte nichts von dem hören, was Sie zu mir sagten. Sie haben recht, er hat unsere Familie fast zerstört. Was für ein Schweinehund. Aber ich glaube, er hat mehr Angst als ich. Ich versuche immerhin, das alles zu bewältigen. Er rennt immer nur davor fort. Er ist wirklich ein Feigling!«

So schmerzlich es für Joe war, diese Dinge zu erkennen, es war auch sehr befreiend. Er verlagerte die Verantwortung dorthin, wohin sie gehörte, und war bereit, sich selbst zu befreien.

Joe hatte mir in einer früheren Sitzung erzählt, er arbeite gern mit Kindern und helfe oft freiwillig in einem Kinderkrankenhaus. Ich bat ihn, sich eines der Kinder vorzustellen, mit denen er arbeitete. Dieses Kind erleide eine ähnliche Kindheit wie er. Was würde er dem Kind sagen, wenn es nun neben uns säße.

Joe war bei diesem Gedanken unbehaglich, doch nach ein paar Stichworten holte er tief Luft und sprach das imaginäre Kind an:

»Ich habe gehört, bei euch zu Hause soll es ziemlich schlimm zugehen. Das tut mir leid. Dein Alter soll sich oft betrinken und dich verprügeln. Und er beschimpft dich. Er sagt dir, du taugst nichts. Ich weiß, wie dich das verschrecken muß. Mir ist nämlich als Kind das gleiche passiert. Und ich wette, du glaubst, alles sei deine Schuld, aber das stimmt nicht. Du bist nämlich ein liebes Kind, und niemand hat das Recht, dich so zu behandeln. Niemand. Dein Vater ist gemein! Er ist krank. Und er ist ein Feigling, denn er stellt sich seinen eigenen Problemen nicht. Ich glaube, er hat wirklich Spaß daran, dich zu verhauen. Ich könnte ihn dafür umbringen!«

Joe zitterte am ganzen Körper vor Wut. Ich fragte ihn, mit wem er gesprochen habe: »Mit mir selbst!« rief er. »Mein Gott, mit mir selbst!«

Joes lange unterdrückte Wut trat endlich an die Oberfläche. Er konnte endlich beginnen, seinen Eltern die Verantwortung für die Schmerzen und den Selbsthaß zu geben, an denen er sein ganzes Leben gelitten hatte.

Ich bat Joe, sich vorzustellen, sein Vater säße nun auf dem Stuhl. Ich erinnerte ihn, daß er dennoch sicher sei. Er könne alles sagen, was er wolle. Dieses Mal zögerte Joe nicht:

»Du Bastard! Du verfluchter Hundesohn! Hast du eine Ahnung, was du mir angetan hast? Daß du die ganze Familie unglücklich gemacht hast? Hast dich vermutlich toll stark gefühlt, ein kleines Kind zu verprügeln! Ich habe mich mein ganzes Leben wie ein Stück Dreck gefühlt, als hätte ich es verdient, immer in den Arsch getreten zu werden! Aber ich bin es satt, von dir heruntergeputzt zu werden!«

Mich überraschte die Intensität von Joes Wut nicht. Wenn man die Verantwortung erst einmal abgelegt hat, erlebt man starke Wut auf die Dinge, die einem angetan wurden, und die Täter. Aber Joe hatte vor dem Ausmaß der Wut in sich Angst. Wie viele Erwachsene, die als Kinder geschlagen wurden, hatte er Angst, die Kontrolle zu verlieren und jemanden zu verletzen, zusammenzubrechen oder auf immer wütend zu bleiben. Er hatte sogar Angst, verrückt zu werden.

Angst vor der Wut

Wut ist ein sehr aufwühlendes Gefühl. Sie bringen Wut vielleicht mit der Mißhandlung als Kind in Verbindung. Sie assoziieren Wut vielleicht mit Menschen, die Sie vor Wut außer sich erlebt haben. Sie machen sich vielleicht Sorgen, häßlich zu erscheinen, wenn Sie wütend werden, und daß andere Sie dann zurückweisen. Sie glauben vielleicht, gute, liebevolle Menschen werden nicht wütend, oder daß Sie kein Recht haben, auf Ihre Eltern wütend zu sein, die Ihnen das Leben schenkten.

Wut ist auch angsterregend. Sie fürchten vielleicht, jemanden mit Ihrer Wut zu vernichten, die Kontrolle zu verlieren oder, wie Joe, die Wut nie wieder abstellen zu können. Diese Ängste sind alle sehr real, aber es bleibt die Tatsache:

Was wir fürchten, wenn wir wütend werden, tritt nur dann ein, wenn wir nicht wütend werden!

Wenn Sie Ihre Wut unterdrücken, werden Sie vielleicht depressiv oder aggressiv, und andere Menschen weisen Sie genauso ab, als würden Sie Ihre Wut offen zeigen. Unterdrückte Wut ist unberechenbar – sie kann jederzeit explodieren. Und dann wird sie oft unkontrollierbar. Wut ist immer destruktiv, besonders, wenn zugelassen wurde, daß sie im Unbewußten tobte, es sei denn, sie bleibt unter Kontrolle.

Der Umgang mit Wut

Erwachsene Kinder giftiger Eltern haben es besonders schwer mit ihrer Wut, denn sie wuchsen in Familien auf, in denen emotionaler Ausdruck unterdrückt wurde. Wut durften nur die Eltern zeigen.

Die meisten Kinder giftiger Eltern entwickeln eine hohe Toleranzschwelle für Mißhandlungen. Sie sind sich vielleicht nur vage bewußt, daß Ihnen als Kind etwas Ungewöhnliches zustieß. Es besteht sogar die Möglichkeit, daß Sie nicht einmal wissen, wie wütend Sie wirklich sind.

Sie gehen mit Ihrer Wut vermutlich auf eine der folgenden Weisen um: Sie vergraben die Wut und werden krank oder depressiv, Sie verwandeln die Wut in Leiden und Märtyrertum, Sie betäuben sich mit Alkohol, Drogen, Essen oder Sex oder explodieren bei jeder Gelegenheit und lassen sich von Ihrer Wut in eine angespannte, frustrierte, mißtrauische, gereizte Person verwandeln.

Leider verlassen sich die meisten Menschen im Umgang mit ihrer Wut auf diese alten, zuverlässigen, wirkungslosen Methoden. Doch sie helfen nicht, Sie von der Herrschaft Ihrer Eltern zu befreien. Es ist viel wirksamer, Ihre Wut so zu kanalisieren, daß sie Ihnen hilft, sich und Ihre Grenzen zu definieren.

Lassen Sie mich ein paar wirksame neue Weisen zeigen, mit Ihrer Wut umzugehen:

1. Geben Sie sich Erlaubnis, wütend zu sein, ohne Ihre Gefühle zu beurteilen. Wut ist ebenso ein Gefühl wie Freude oder Angst. Sie ist weder gut noch böse – sondern einfach da. Sie gehört zu Ihnen.

Sie ist Teil dessen, was den Menschen ausmacht. Wut ist aber auch ein Signal, das Ihnen etwas Wichtiges mitteilt. Sie sagt Ihnen vielleicht, daß Ihre Rechte verletzt, Sie beleidigt oder ausgenutzt oder Ihre Bedürfnisse nicht berücksichtigt werden. Wut bedeutet immer, daß sich etwas ändern muß.

2. Richten Sie Ihre Wut nach außen. Boxen Sie in ein Kissen, brüllen Sie ein Foto derjenigen an, auf die Sie wütend sind, oder führen Sie mit ihnen einen imaginären Dialog allein zu Hause. Sie brauchen niemanden anzugreifen oder zu beleidigen – reden Sie mit Menschen, denen Sie anvertrauen können, wie wütend Sie sind. Erst, wenn Sie Ihrer Wut Luft verschaffen, können Sie mit ihr umgehen.

3. Werden Sie körperlich aktiver. Die Umsetzung in körperliche Aktivität hilft, einen Großteil der Spannung abzubauen. Wenn Sie weder Tennis spielen, rennen oder Fahrrad fahren können, räumen Sie einen chaotischen Schrank auf oder gehen Sie tanzen. Körperliche Aktivität verstärkt die Produktion von Endorphinen – den körpereigenen Chemikalien, die Ihr Gefühl von Wohlbefinden verstärken. Sie stellen sicher fest, daß Ihre Wut Ihre Energie und Produktivität verstärkt. Nichts ist kräftezehrender als aufgestaute Wut.

4. Benutzen Sie Ihre Wut nicht, um ihr negatives Selbstbild zu verstärken. Sie sind nicht schlecht, weil Sie wütend sind. Schuldgefühle wegen einer Wut, besonders auf die Eltern, müssen erwartet werden. Sagen Sie laut: »Ich bin wütend. Ich habe ein Recht, wütend zu sein.« Es ist auch in Ordnung, sich schuldig wegen dieser Wut zu fühlen, wenn das nötig ist. Ich bin nicht schlecht oder unzureichend, wenn ich solche Gefühle habe.

5. Benutzen Sie Ihre Wut als Energiequelle für Ihre Selbstdefinition. Ihre Wut kann Ihnen eine Menge über Sie selbst zeigen, wie Sie sind und was Sie in Ihrer Beziehung zu den Eltern nicht akzeptieren wollen. Sie kann helfen, Ihre Grenzen zu definieren. Sie kann Sie ein gutes Stück auf den Weg bringen, Sie von den alten Mustern der Unterwerfung, der Nachgiebigkeit und der elterlichen Mißbilligung befreien. Ihre Wut kann helfen, Ihre Energien wieder auf sich selbst zu zentrieren, statt an dem unmöglichen Versuch, Ihre Eltern zu ändern, zu verschwenden. Verwandeln Sie das: »Ich bin wütend, weil mein Vater mich niemals mein eigenes

Leben führen ließ« in: »Ich werde nicht mehr zulassen, daß mein Vater mich kontrolliert oder abwertet.«

Wenn Sie diese Techniken anwenden, gewinnen Sie mehr Macht über Ihre Wut. Wenn Sie das geschafft haben, haben Sie reichlich Zeit, Ihre Wut auf Ihre Eltern direkt auszudrücken. Diese Macht wird für den Erfolg einer eventuellen Konfrontation mit den Eltern sehr wichtig sein, wie wir noch sehen werden.

Jeder erlebt Wut zu Zeiten als sehr schwierig, und Sie werden die Ihre nicht über Nacht beherrschen lernen. Besonders Frauen sind dazu erzogen, ihre Wut nicht zu zeigen. Frauen dürfen weinen, offen trauern, depressiv werden und zärtlich sein, aber Wut gilt für eine Frau als unangemessen. Als Folge davon fühlen sich viele Frauen von Partnern angezogen, die einen Teil ihrer Wut für sie ausagieren. So können sie ihren unterdrückten Zorn stellvertretend loswerden. Leider sind viele Männer, die leicht wütend werden, auch kontrollierend und mißhandelnd.

Es ist für Ihr Wohlbefinden grundsätzlich wichtig, zu lernen, wirksam mit Wut umzugehen. Wenn Sie zuerst mit Ihrer Wut in Kontakt treten, fühlen Sie sich vielleicht vorwiegend erregt und schuldbewußt. Seien Sie geduldig und hartnäckig. Sie bleiben nicht auf immer wütend. Die einzigen Menschen, auf die das zutrifft, geben ihre Wut nicht zu oder benutzen Sie, um durch Einschüchterung anderer Macht zu erlangen.

Wut ist die normale menschliche Reaktion auf schlechte Behandlung. Erwachsene Kinder giftiger Eltern haben offensichtlich mehr Wut als andere. Doch es ist vielleicht nicht so offensichtlich, daß sie auch mehr als andere leiden.

Kummer und Trauer

»Was meinen Sie mit trauern?«, fragte Joe. »Ist denn jemand gestorben?«

Trauer ist die normale und notwendige Reaktion auf einen Verlust. Es muß sich nicht unbedingt um den Verlust eines Lebens handeln. Wie Joe haben Sie vermutlich in Ihrer Kindheit ungeheure Verluste erlitten.

- Verlust positiver Gefühle sich selbst gegenüber,
- Verlust des Gefühls von Sicherheit,
- Verlust von Vertrauen,
- Verlust von Freude und Spontaneität,
- Verlust fürsorglicher, Sie respektierender Eltern,
- Verlust der Kindheit,
- Verlust der Unschuld,
- Verlust von Liebe.

Sie müssen diese Verluste identifizieren, wenn Sie Trauer erfahren wollen. Sie müssen diese Gefühle durcharbeiten, um ihre Macht über Sie zu brechen.

Ohne es zu merken, begann Joe zu trauern, als er in Kontakt mit seiner Wut trat. Trauer und Wut sind eng miteinander verbunden. Die eine ist fast unmöglich ohne die andere.

Bislang haben Sie vielleicht noch nicht begriffen, wie weitreichend Ihre emotionalen Verluste waren. Kinder giftiger Eltern erfahren diese Verluste fast tagtäglich und ignorieren oder verleugnen sie häufig. Diese Verluste verlangen einen hohen Preis von Ihrem Selbstwertgefühl, denn weil Trauer sehr schmerzlich ist, tun die meisten Menschen fast alles, um sie zu vermeiden.

Wenn man die Trauer umgeht, vermeidet man sie vielleicht eine Zeitlang, aber der aufgeschobene Kummer kehrt früher oder später zurück – manchmal, wenn man ihn am wenigsten erwartet. Viele Menschen trauern zum Zeitpunkt des Verlustes nicht, weil man von ihnen erwartet, »stark« zu sein, oder sie glauben, sie müßten sich um alle anderen kümmern. Aber diese Menschen brechen fast immer irgendwann zusammen, manchmal Jahre später, oft anläßlich eines unwichtigen Ereignisses. Erst, wenn sie die aufgeschobene Trauer erfahren haben, gelangen sie emotional wieder auf die Füße. Trauer hat einen Anfang, eine Mitte und ein Ende. Und wir müssen alle Stadien durchleben. Wenn Sie versuchen, Trauer zu vermeiden, wird sie immer bei Ihnen bleiben und alle positiven Gefühle verhindern.

Carol, deren verbal mißhandelnder Vater ihr immer wieder sagte, sie röche schlecht, hatte in der Therapie ausgezeichnete Fortschritte gemacht. Sie war in ihrem privaten wie auch beruflichen Leben viel selbstbewußter geworden und wurde allmählich zur Expertin für nichtdefensive Kommunikation. Aber als sie begann, mit ihrer Trauer in Kontakt zu treten, staunte sie, wie tief und intensiv ihre Gefühle waren:

»Ich fühle mich, als trauerte ich. Wenn ich daran denke, was für ein liebes, süßes Mädchen ich war und wie schrecklich mein Vater mich behandelt hat und wie meine Mutter es einfach zuließ, kann ich es immer noch nicht glauben. Es macht mich so traurig, auch jetzt, wo ich weiß, daß es nicht meine Schuld war. Warum ließ er mich so leiden? Ich weine in dem einen Moment und werde im nächsten wild vor Empörung.«

Zum Trauerprozeß gehören Schock, Wut, Ungläubigkeit und natürlich Traurigkeit. Manchmal scheint die Traurigkeit nie enden zu wollen. Man fühlt sich, als könne man nie wieder aufhören zu weinen. Sie sind nur mit Ihrem Kummer beschäftigt. Vielleicht schämen Sie sich deshalb sogar.

Die meisten Männer schämen sich weniger, wenn sie wütend werden, als wenn sie trauern. Im Gegensatz zu Frauen bekommen Männer viel mehr gesellschaftliche Bestätigung, wenn sie Aggressionen und Wut zeigen als bei Traurigkeit und Leid. Viele Männer zahlen einen schrecklichen Preis an körperlichem und emotionalem Wohlbefinden für die unmenschliche Erwartung, wie sich ein »richtiger« Mann verhält.

Joe kam, wie viele Männer, mit denen ich gearbeitet habe, viel besser mit seiner Wut zurecht als mit dem traurigen kleinen Jungen in ihm, weil der kleine Junge ihn sich schwach und verletzlich fühlen ließ. Als geschlagenes Kind hatte Joe früh gelernt, seine Emotionen streng unter Verschluß zu halten. Um ihm zu helfen, das zu betrauern, was er in der Kindheit verloren hatte, bat ich Joe, eine »Beerdigungs«-Übung zu machen. Das ist eine Übung, die ich oft anwende, meistens mit Erwachsenen, die als Kinder mißhandelt wurden. Ich habe dafür eine Vase mit getrockneten Blumen in meinem Büro, die ich vor Joe stellte und sagte, sie bedeuteten ein Grab. Dann bat ich ihn, das folgende zu wiederholen:

»Ich begrabe hiermit meine Phantasie von einer glücklichen Familie. Ich begrabe meine Hoffnungen und Erwartungen hinsichtlich meiner Eltern. Ich begrabe meine Vorstellung, daß es etwas gab, das ich als Kind hätte tun können, um sie zu ändern. Ich weiß, daß ich niemals die Eltern haben werde, die ich mir wünschte, und diesen Verlust betrauere ich. Aber ich akzeptiere ihn. Mögen meine Phantasien in Frieden ruhen.«

Als Joe diese Trauerrede beendete, stiegen ihm Tränen in die Augen, und er sagte:

»Das tut schrecklich weh. Es tut so weh! Warum muß ich das alles durchmachen? Ich habe das Gefühl, ich gehe in Selbstmitleid unter. Das ekelt mich an. Tue ich mir nicht einfach selbst leid? Viele Leute hatten ein schlimmeres Schicksal als ich.«

Ich antwortete:

»Es ist an der Zeit, daß Ihnen der kleine Junge leid tut, der so verletzt wurde. Wem sollte er sonst leid tun? Ich möchte, daß Sie alles vergessen, was Sie über Selbstmitleid gehört haben. Wenn man den Verlust einer glücklichen Kindheit betrauert, hat das nichts mit Selbstmitleid zu tun. Menschen, die sich in Selbstmitleid ergehen, warten darauf, daß jemand anderes ihr Leben für sie regelt. Sie vermeiden persönliche Verantwortung. Sie haben nicht den Mut, die Arbeit zu leisten, um die ich Sie bitte. Trauer ist aktiv, nicht passiv. Sie setzt Sie frei. Sie läßt zu, daß Sie heilen und Ihre Probleme wirklich angehen.«

Wenn Sie sich große Mühe geben, den Anschein zu vermeiden, Mitleid mit sich selbst zu haben, betrügen Sie sich um das Recht, die Verluste Ihrer Kindheit zu betrauern. Wenn Sie das innere Kind nicht durch Gefühle und ausgedrückte Trauer und Wut absolvieren, werden Sie sich immer weiter selbst strafen.

Auch wenn die Trauerarbeit für die erwünschten Veränderungen wichtig ist, können Sie währenddessen Ihr Leben nicht anhalten. Sie haben immer noch Verantwortlichkeiten sich selbst und anderen gegenüber und müssen weiter funktionieren. Wut und Trauer können jeden aus dem Gleichgewicht bringen, daher ist es sehr wichtig, daß Sie sich während dieser Phase besonders gut um sich selbst kümmern. Tun Sie alles nur Mögliche, um an angenehmen und interessanten Aktivitäten teilzunehmen. Sie brauchen nicht vierundzwanzig Stunden am Tag über diese Dinge nachzudenken. Seien Sie so nett zu sich wie zu einem Freund, der eine schwierige Phase durchmacht. Suchen Sie alle mögliche Unterstützung von Menschen, an denen Ihnen liegt.

Es hilft, über Ihre Trauer zu sprechen, doch nicht jeder kann sich gut darauf einlassen. Viele Menschen haben die eigenen Verluste der Kindheit nicht bewältigt, und ihr Kummer kann deren Verteidigungsmechanismen schwächen.

Stellen Sie eine Liste von zehn Dingen auf, die Sie jede Woche unternehmen könnten, um sich aus der Trauer herauszureißen. Definieren Sie dies als den »Fürsorgevertrag« mit sich selbst. Dieser Vertrag sollte entspannende Aktivitäten umfassen, die Ihnen Spaß machen. Es handelt sich um einfache Dinge, wie ein ausgedehntes Schaumbad, einen Kinobesuch, vielleicht gehen Sie öfter zum Sport oder halten sich Zeit frei, einen Roman zu lesen. Was immer auf Ihrer Liste steht, es ist wichtig, diese Dinge auch zu tun, nicht nur daran zu denken.

Trauer hat ein Ende

Es ist vielleicht schwer zu glauben, wenn man mitten in der Arbeit steckt, aber Trauer kommt irgendwann zu einem Ende. Es dauert eine Weile, bis sich Trauer auflöst, aber es ist kein unendlicher Prozeß. Sie brauchen Zeit, Ihre Verluste zu integrieren und die Realität zu akzeptieren. Und Sie brauchen Zeit, Ihre Energien vom Schmerz der Vergangenheit zur Wiedergeburt von Gegenwart und Zukunft umzulenken. Allmählich werden aus den scharfen Schmerzstoßen kleine Nadelstiche. Sie fühlen sich bereits besser, wenn Sie die Tatsache akzeptieren, für die betrauerten Verluste nicht verantwortlich gewesen zu sein.

Persönliche Verantwortung

Wenn Sie die Verantwortung dahin verlagern, wohin sie wirklich gehört – zu Ihren Eltern –, haben Sie damit keinen Freibrief auf selbstzerstörerisches Verhalten, indem Sie sagen: »Es war alles deren Schuld.« Wenn man das Kind freispricht, das sie waren, spricht man in keiner Weise gleichzeitig den Erwachsenen von seiner Verantwortung frei.

Die folgende Liste hilft Ihnen, sich auf einige dieser Verantwortungen hinsichtlich Ihrer Beziehung zu den Eltern zu konzentrieren. Sagen Sie laut: »Ich bin als Erwachsener in Beziehung zu meinen Eltern verantwortlich dafür . . .«, und ergänzen Sie mit den entsprechenden Punkten der Liste:

1. ein von meinen Eltern abgelöstes Individuum zu werden,
2. die Beziehung zu ihnen ehrlich zu beurteilen,
3. mich der Wahrheit über meine Kindheit zu stellen,
4. den Mut aufzubringen, die Verbindung zwischen den Ereignissen meiner Kindheit und meinem Erwachsenenleben zu erkennen,
5. den Mut aufzubringen, ihnen meine wahren Gefühle zu zeigen,
6. die Kontrolle und Macht, die sie über mein Leben haben, zu konfrontieren und zu verringern, ob sie noch leben oder schon tot sind,
7. mein eigenes Verhalten zu ändern, wenn es grausam, verletzend, kritisch oder manipulativ ist,
8. die notwendigen Quellen zu finden, um mein inneres Kind zu heilen,
9. meine Macht als Erwachsener und mein Selbstvertrauen wiederzugewinnen.

Es ist wichtig, zu erkennen, daß die Punkte auf dieser Liste Ziele sind, auf die man zuarbeitet, nichts, das man über Nacht erreichen könnte. Wenn Sie auf diese Ziele zuarbeiten, werden Sie Rückfälle

erleben. Sie verfallen vielleicht wieder in alte Verhaltens- und Denk-
muster und beschließen womöglich sogar, aufzugeben. Lassen Sie
sich jedoch nicht entmutigen. Sie sollten, im Gegenteil, erwarten, ab
und zu aus der Bahn geworfen zu werden. Es handelt sich um einen
Prozeß, nicht um plötzliche Perfektion. Einige dieser Ziele sind vielleicht leichter zu erreichen als andere, aber alle sind realisierbar. Sie
können das Kind in sich von der ewigen Strafe befreien.

13. Konfrontation:
Der Weg zur Unabhängigkeit

Die Arbeit, die Sie in den letzten drei Kapiteln geleistet haben – die Übungen, die Listen, der Weg zur Einsicht, wer wirklich verantwortlich war –, haben Sie auf die Konfrontation vorbereitet. Konfrontation bedeutet, Ihre Eltern überlegt und mutig über die schmerzliche Vergangenheit und schwierige Gegenwart zu befragen. Es ist eine der angstbeladendsten und zugleich bestärkendsten Handlungen, die Sie jemals vollziehen werden.

Der Prozeß ist simpel, aber nicht leicht. Wenn Sie bereit sind, schildern Sie Ihren Eltern ruhig, aber bestimmt, alle negativen Ereignisse, an die Sie sich aus der Kindheit erinnern. Sie sagen ihnen, wie diese Ereignisse Ihr Leben beeinträchtigt haben und die Beziehung zu ihnen nun beeinflussen. Sie definieren deutlich diejenigen Aspekte der Beziehung, die schmerzlich sind und Ihnen schaden. Dann setzen Sie neue Grundregeln fest.

Der Sinn der Konfrontation mit Ihren Eltern *ist nicht*:

– sich zu rächen,
– sie zu bestrafen,
– sie herabzusetzen,
– Ihre Wut auf ihnen abzuladen,
– etwas Positives von ihnen zurückzubekommen.

Der Sinn der Konfrontation mit Ihren Eltern hingegen *ist es*:

- sich ihnen zu stellen,
- ein für allemal die Angst vor einer Konfrontation zu überwinden,
- Ihren Eltern die Wahrheit zu sagen,
- die Beziehung zu definieren, die Sie nun zu ihnen wünschen.

»Es wird nichts nutzen«

Viele Leute, darunter einige bekannte Therapeuten, halten nichts von der Konfrontation. Ihre Gründe sind vertraut: »Blicken Sie nicht zurück, sondern nach vorn!« »Sie wird nur weitere Belastungen und Wut erzeugen«, oder: »Das heilt keine Wunden, sondern öffnet nur die alten.« Diese Kritiker verstehen nicht, worum es geht.

Es ist absolut richtig, daß eine Konfrontation vielleicht nicht dazu führt, daß Ihre Eltern Ihnen die gesuchte Anerkennung, Entschuldigung, Bestätigung oder Annahme von Verantwortung zeigen. Nur selten reagierten giftige Eltern auf eine Konfrontation mit den Worten: »Es ist wahr. Wir haben dich schrecklich behandelt«, oder: »Bitte verzeih mir«, oder: »Was kann ich tun, um es wiedergutzumachen?«

Eigentlich tritt eher das Gegenteil ein. Eltern leugnen, behaupten, alles vergessen zu haben, projizieren die Schuld auf das Kind und werden sehr wütend.

Wenn Sie bereits versucht haben, Ihre Eltern zu konfrontieren, aber vom Ergebnis bitter enttäuscht wurden, haben Sie den Erfolg vermutlich danach beurteilt, ob Sie eine positive Reaktion bekamen oder nicht. Indem Sie die Reaktion Ihrer Eltern als Indikator benutzten, haben Sie das Scheitern vorprogrammiert. Sie hätten erwarten müssen, daß sie negativ reagieren. Denken Sie immer daran, daß Sie dies für sich selbst tun, nicht für Ihre Eltern. Sie sollten die Konfrontation an sich schon als Erfolg betrachten, weil Sie den Mut dazu aufbrachten.

»Warum soll ich meine Eltern konfrontieren?«

Ich rate meinen Klienten dringend, ihre giftigen Eltern zu konfrontieren, und zwar aus einem einzigen Grund: Konfrontation funktioniert. Ich habe im Verlauf der Jahre beobachtet, wie sie im Leben von Tausenden von Menschen dramatische, positive Veränderungen bewirkten. Das heißt nicht, daß ich nicht anerkenne, wie ängstlich Sie sich fühlen, wenn Sie an eine Konfrontation mit Ihren Eltern auch nur denken. Emotional steht viel auf dem Spiel. Doch die bloße Tatsache, daß Sie es versuchen, einige Ihrer vielleicht tiefsitzendsten Ängste anzugehen, reicht, um das Machtgleichgewicht zwischen Ihnen und Ihren Eltern zu verändern.

Jeder hat Angst, sich der Wahrheit über die Eltern zu stellen. Wir haben Angst, anzuerkennen, daß wir nicht das bekamen, was wir brauchten, und es auch nicht bekommen werden. Aber die Alternative zur Konfrontation ist ein Leben mit diesen Ängsten. Wenn Sie es vermeiden, positiv für sich zu handeln, verstärken Sie die Gefühle von Hilflosigkeit und Unterlegenheit und untergraben Ihre Selbstachtung.

Es gibt noch einen weiteren sehr wichtigen Grund für eine Konfrontation:

Was Sie nicht zurückgeben, reichen Sie weiter.

Wenn Sie Ihre Angst, Ihre Schuldgefühle und Ihre Wut auf die Eltern nicht angehen, lassen Sie sie an Ihrem Partner und Ihren Kindern aus.

Wann sollte ich meine Eltern konfrontieren?

Ich fordere meine Klienten auf, den Zeitpunkt der Konfrontation sorgfältig zu bedenken. Sie wollen ja weder einen Schuß aus der Hüfte abgeben, noch die Sache unendlich lange aufschieben.

Bei der Entscheidung zur Konfrontation durchlaufen Sie für gewöhnlich drei Stadien:

1. Das kann ich nie.
2. Vielleicht eines Tages, aber nicht jetzt.
3. Wann kann ich es tun?

Wenn ich meine Klienten zum ersten Mal auffordere, Ihre Eltern zu konfrontieren, behaupten sie unweigerlich, daß es ihnen nicht guttäte. Ich kann in der Regel von dem Syndrom ausgehen, das man mit »Alles, nur das nicht« umschreiben könnte. Die Klienten stimmen zu, eine Reihe von Veränderungen vorzunehmen, solange sie ihre Eltern nicht zu konfrontieren brauchen – alles, nur das nicht!

Ich sagte zu Glenn, der Probleme mit Schüchternheit hatte und bedauerte, seinen alkoholsüchtigen Vater in die Firma genommen zu haben, daß er diesen konfrontieren müsse. Er mußte ihm entweder Grenzen setzen oder ihn aus dem Geschäft entfernen. Er antwortete mit dem klassischen: »Alles, nur das nicht!«

»Ich werde meinen Vater nicht konfrontieren. Ich weiß, Sie halten mich für einen Feigling. Aber ich will einfach meinen Eltern keinen weiteren Kummer bereiten. Ich bin sicher, es gibt eine Menge anderer Dinge, die ich statt dessen tun kann. Ich kann meinem Vater eine Stelle mit weniger Streß geben, bei der er nicht so viel mit Kunden zu tun hat. Ich kann ihm verbieten, mich anzubrüllen. Ich kann üben, besser Dampf abzulassen. Ich kann . . .«

Ich unterbrach Glenn: »Alles, nur das nicht, nicht wahr? Alles, nur nicht die einzige Handlung, die Ihr Leben bedeutsam ändern würde.«

Ich sagte Glenn, ein Großteil seiner Gereiztheit und Schüchternheit sei direkte Folge seiner unterdrückten Wut auf seinen Vater und dessen Unwilligkeit, persönliche Verantwortung für seine Probleme zu übernehmen. Ich sagte, daß die meisten Klienten zu Beginn der Therapie mit »alles, nur das nicht« reagieren, und versicherte ihm, ich fühlte mich dadurch nicht entmutigt. Er sei einfach noch nicht bereit dazu. Aber wenn wir einen Plan für diese Konfrontation aufstellten und sie übten, würde er sich gewiß selbstsicherer fühlen.

Glenn hatte seine Zweifel, aber im Verlauf der Zeit erlebte er, wie mehrere Gruppenmitglieder die Entscheidung trafen, zu konfrontieren. Alle kamen mit Erfolgsmeldungen zurück. Glenn erkannte, daß die Konfrontation bei diesen Menschen funktioniert hatte, fügte aber rasch hinzu, daß seine Situation anders sei. Ohne sich dessen bewußt zu sein, rückte Glenn ins zweite Stadium seiner Konfrontationsentscheidung.

Im Verlauf seiner Therapie arbeitete er sehr hart an nichtdefensiven Reaktionen und Positionsbestimmungen. Er hatte begonnen, diese Techniken auch in Geschäftssituationen und bei einigen seiner Freunde anzuwenden. Er hatte ein gutes Gefühl dabei. Aber die ständige, tagtägliche Belastung durch seinen Vater und die enorme Last seiner Kindheitsgeschichte bedrückten ihn weiterhin sehr.

Etwa sechs Wochen nach Beginn der Gruppensitzungen sagte Glenn, er habe über eine Konfrontation nachgedacht. Zum ersten Mal gab er zu, daß sie eine Möglichkeit darstellte . . . irgendwann. Er war im zweiten Stadium angekommen. Ein paar Wochen später fragte er mich, wann er es meiner Meinung nach tun könnte. Stadium drei.

Glenn hoffte, ich könnte ihm einen »Zauberplan« aufstellen, der ihm verriet, wann seine Angstschwelle niedrig genug wäre, um die Konfrontation zu wagen. In Wirklichkeit aber sinkt die Angst nach der Konfrontation erheblich. Man kann nie den optimalen Zeitpunkt festlegen; man muß nur vorbereitet sein.

Ehe Sie Ihre Eltern konfrontieren, müssen Sie vier Grundbedingungen erfüllen:

1. Sie müssen sich stark genug fühlen, um mit der Zurückweisung, Verleugnung, Schuldzuweisung, Wut oder anderen negativen Reaktionen auf die Konfrontation fertig zu werden.
2. Sie brauchen ein ausreichendes Unterstützungssystem, das Ihnen durch die Vorbereitungsphase, die Konfrontation selbst und die Nachwehen hilft.
3. Sie müssen einen Brief geschrieben oder geprobt haben, was Sie sagen wollen. Und Sie müssen in nichtdefensiven Reaktionen geübt sein.
4. Sie dürfen sich nicht mehr verantwortlich für die schlimmen Dinge Ihrer Kindheit fühlen.

Der letzte Punkt ist besonders wichtig. Wenn Sie immer noch die Last der Verantwortung für die Traumata der Kindheit tragen, ist es für eine Konfrontation zu früh. Sie können Ihren Eltern keine Verantwortung geben, die selbst zu verdienen Sie immer noch überzeugt sind.

Wenn Sie sich einigermaßen selbstsicher fühlen und die vier Bedingungen erfüllen, gibt es keinen besseren Zeitpunkt. Warten Sie nicht länger.

Die Angst vor der Konfrontation ist immer schlimmer als diese Konfrontation selbst.

Ich sagte zu Glenn, es sei für ihn wichtig, einen nicht allzuweit entfernten Zeitpunkt zu bestimmen. Er mußte sich ein genaues Ziel setzen, auf das er zuarbeitete. Zu dieser Arbeit würden längere Übungen gehören, mit denen er sich auf die wichtigste Vorstellung seines Lebens vorbereiten könnte.

Wie konfrontiere ich meine Eltern?

Konfrontation kann von Angesicht zu Angesicht geschehen oder mittels eines Briefs. Ihnen fällt bestimmt auf, daß ich das Telefon nicht erwähne. Es scheint zwar sicherer, aber eine Konfrontation per Telefon ist fast immer unwirksam. Es ist für ihre Eltern zu leicht, den Hörer aufzulegen. Außerdem ist das Telefon »künstlich« und macht echten emotionalen Ausdruck sehr schwer. Wenn Ihre Eltern an einem anderen Ort leben und es schwierig ist, daß sie entweder zu Ihnen kommen oder Sie sie besuchen, schreiben Sie ihnen einen Brief.

Briefe schreiben

Ich bin eine entschiedene Vertreterin des Briefeschreibens als therapeutische Technik. Ein Brief bietet die wunderbare Gelegenheit, zu gliedern, was Sie sagen wollen, und so lange umzuformulieren, bis Sie zufrieden sind. Er gibt dem Empfänger Gelegenheit, ihn mehr als einmal zu lesen und über den Inhalt nachzudenken. Ein Brief ist sicherer, wenn Sie es mit einem potentiell gewalttätigen Elternteil zu tun haben. Konfrontation ist wichtig, aber sie ist es nie wert, einen körperlichen Angriff zu riskieren.

Schreiben Sie immer getrennt an Ihre beiden Eltern. Auch wenn die Themen teilweise die gleichen sind, Ihre Beziehungen und Gefühle sind jedem gegenüber unterschiedlich. Schreiben Sie den ersten

Brief an den Elternteil, den Sie für giftiger oder mißhandelnder halten. Die Gefühle ihm gegenüber kommen leichter an die Oberfläche und können besser beschrieben werden. Wenn Sie mit dem ersten Brief die Schleusentore geöffnet haben, stellen sich die Gefühle für den anderen Elternteil leichter ein. Im zweiten Brief können Sie den freundlicheren Elternteil mit ihrer oder seiner Passivität und mangelnder Beschützung konfrontieren.

Eine Konfrontation per Brief funktioniert genauso wie eine persönliche. Beide beginnen mit den Worten: »Ich werde Dir etwas sagen, was ich noch nie zuvor gesagt habe.« Beide sollten vier Hauptpunkte abdecken:

1. Das hast du mir angetan.
2. So habe ich mich damals gefühlt.
3. So hat es mein Leben beeinflußt.
4. Das wünsche ich mir jetzt von dir.

Ich habe festgestellt, daß diese vier Punkte eine solide, konzentrierte Basis für eine Konfrontation bilden. Diese Struktur deckt gewöhnlich alles ab, was Sie sagen sollten, und verhindert, daß Ihre Konfrontation zerstreut und unwirksam wird.

Carol, die von ihrem Vater ständig wegen Körpergerüchen geneckt wurde, beschloß, sie sei bereit für eine Konfrontation, als ein größerer Auftrag sie abhielt, die Eltern zu besuchen, um sie persönlich abzuwickeln. Ich versicherte ihr, daß sie ihre Eltern sehr wirksam auch brieflich konfrontieren könne, und schlug vor, die Briefe in Ruhe und ungestört zu Hause zu schreiben.

Das Schreiben solcher Briefe ist immer eine intensive emotionale Erfahrung. Ehe sie ihn abschickte, sollte Carol ihren Brief mehrere Tage lang beiseite legen und noch einmal durchlesen, wenn sie ruhiger war. Wie die meisten Menschen schrieb sie einen großen Teil dann neu. Vielleicht schreiben Sie sogar mehrere Fassungen, ehe Sie zufrieden sind. Es geht nicht um einen Stilwettbewerb. Der Brief muß kein literarisches Meisterwerk sein – er soll nur die Wahrheit über Ihre Gefühle und Erfahrungen ausdrücken.

Hier ein Auszug aus Carols Brief, den sie mir vorlas:

Lieber Papa,

ich werde Dir etwas sagen, was ich noch niemals gesagt habe. Zunächst möchte ich Dir verraten, warum ich in den letzten Monaten nur selten zu Euch gekommen bin. Es überrascht und wundert Dich vielleicht, aber ich wollte euch nicht sehen, weil ich vor euch Angst hatte. Ich hatte Angst, mich hilflos zu fühlen und verbal von Dir angegriffen zu werden. Und ich habe Angst, mich emotional von Dir abhängig zu machen, um dann wieder von Dir verlassen zu werden. Laß es mich erklären:

[Das hast du mir angetan]

Als ich klein war, hatte ich meiner Erinnerung nach einen Vater, der mich liebte, anbetete und beschützte. Aber als ich älter wurde, änderte sich alles. Als ich etwa elf war, fingst Du an, mich sehr grausam zu behandeln. Du hast mir ständig gesagt, ich röche schlecht. Du hast mir für alles die Schuld gegeben, was schiefging. Du hast mir Vorwürfe gemacht, als ich das Stipendium nicht bekam. Du hast mir Vorwürfe gemacht, als mein Bruder stürzte und sich verletzte. Du hast mir Vorwürfe gemacht, als ich mir das Bein brach. Du hast mir Vorwürfe gemacht, als Mama dich eine Weile verließ. Als Mama fortging, hatte ich überhaupt keine emotionale Unterstützung mehr. Du hast mir Witze erzählt, die zu unanständig waren, Du sagtest, ich sähe sexy in einem bestimmten Pullover aus, und hast mich entweder wie eine Freundin behandelt oder mir vorgeworfen, wie eine Hure auszusehen.

Seit ich zwölf war, hatte ich keine elterliche Zuwendung mehr. Ich bin sicher, daß Du selbst es in diesen Jahren schwer hattest, aber Du hast mir sehr weh getan. Vielleicht hattest Du nicht die Absicht, mich zu verletzen, aber deshalb tat es nicht weniger weh.

Als ich fünfzehn war, versuchte ein Mann, mich zu vergewaltigen, und Du hast mir deswegen Vorwürfe gemacht. Ich habe wirklich geglaubt, es sei meine Schuld, weil Du es gesagt hast. Als ich im achten Monat schwanger mit meinem Sohn war, hat mich mein Mann verprügelt, und Du sagtest, ich müsse etwas Schlimmes getan haben, daß er so wütend wurde. Du hast mir immer von den schrecklichen Dingen erzählt, die Mutter tat. Du hast gesagt, sie hätte mich nie geliebt, da ich innerlich schmutzig sei und kein Hirn hätte.

[Wie ich mich damals fühlte]

Ich fühlte mich ängstlich, gedemütigt und verwirrt. Ich fragte mich immer wieder, warum Du mich nicht mehr liebtest. Ich sehnte mich danach, wieder Papas Liebling zu sein, und fragte mich, was ich verbrochen hätte, um Deine Liebe zu verlieren. Ich habe mir für alles selbst die Schuld gegeben. Ich haßte mich. Ich fühlte mich nicht liebenswert und glaubte, ich sei ekelhaft.

[Wie es mein Leben beeinflußte]

Ich war als Person sehr verstört. Viele Männer haben mich brutal behandelt, und ich habe es immer für meine eigene Schuld gehalten. Als Hank mich verprügelte, schrieb ich ihm einen Entschuldigungsbrief. Ich hatte ungeheuer wenig Glauben an mich, an meine Fähigkeiten und meinen Wert.

[Das wünsche ich mir von Dir]

Ich will, daß Du Dich für Dein grausames, dummes Verhalten als Vater entschuldigst. Ich will, daß Du die Schäden anerkennst und anerkennst, daß Du mir Leid und Schmerz zugefügt hast. Ich will, daß Du mit Deinen verbalen Angriffen aufhörst. Es ist zum letzten Mal passiert, als ich Dich um einen Rat in geschäftlichen Dingen bat. Da hast Du mich völlig grundlos angebrüllt. Ich hasse das. Damals habe ich nachgegeben, aber das werde ich nicht mehr tun. Ich möchte Dir hiermit sagen, daß ich das in Zukunft nicht mehr dulde. Ich will, daß Du zugibst, daß gute Väter ihre Töchter nicht lüstern betrachten, daß gute Väter ihre Töchter nicht beleidigen und degradieren, daß gute Väter ihre Töchter beschützen.

Ich bin traurig, daß wir beide nicht die Beziehung gehabt haben, die wir hätten haben können. Ich habe eine Menge vermißt, weil ich meinem Vater, den ich so gern geliebt hätte, keine Liebe geben konnte. Ich werde Dir weiterhin Grüße und Geschenke schicken, weil ich mich dann wohl fühle. Aber wenn ich Dich treffe, wird es nach meinen Regeln geschehen müssen.

Ich kenne Dich nicht sehr gut. Ich kenne Deine damaligen

Probleme und Ängste nicht. Ich bin dankbar, daß Du immer gearbeitet, uns versorgt und mich auf schöne Ferien mitgenommen hast. Ich erinnere mich, wie Du mir die Namen von Bäumen und Vögeln beigebracht hast, Dich mit mir über Menschen und Politik, Sport und Geographie, Camping und Eislaufen unterhalten hast. Ich weiß, daß Du viel gelacht hast. Vielleicht möchtest Du auch gern erfahren, daß es mir in meinem Leben jetzt viel bessergeht. Ich lasse mich nicht mehr von Männern verprügeln. Ich habe gute, hilfreiche Freunde, einen schönen Beruf und einen Sohn, den ich sehr liebe.

Bitte, schreib mir und gehe auf meinen Brief ein. Wir können die Vergangenheit nicht ändern, aber von neuem beginnen.

Carol

Persönliche Konfrontation

Viele meiner Klienten ziehen die Sicherheit des Briefschreibens vor, doch andere brauchen die unmittelbare Reaktion, um zu spüren, ob die Konfrontation erfolgreich war. Für diese Klienten geht es nur von Angesicht zu Angesicht.

Der erste Schritt bei der Planung einer persönlichen Konfrontation, unter der Voraussetzung, daß Sie die emotionale Arbeit der Vorbereitung geleistet haben, ist, einen Ort dafür auszuwählen. Wenn Sie in Behandlung sind, könnte diese Szene im Büro des Therapeuten stattfinden. Ihr Therapeut kann die Begegnung leiten, dafür sorgen, daß Sie angehört werden, Ihnen helfen, wenn Sie steckenbleiben und, am wichtigsten, Ihnen beistehen und Sie schützen. Mir ist bewußt, daß Sie dadurch Ihren Eltern gegenüber einen Vorteil haben, aber besser Sie als Ihre Eltern, besonders in einer so kritischen Situation.

Wenn Sie die Konfrontation im Büro des Therapeuten planen, sorgen Sie dafür, daß Sie selbst die Eltern dort empfangen. Niemand kann vorhersagen, was in dieser Sitzung geschehen wird. Sorgen Sie dafür, daß Sie allein wieder nach Hause gelangen können. Auch wenn die Konfrontation positiv endet, möchten Sie vielleicht allein sein, um ihre Gefühle und Gedanken zu verarbeiten.

Vielleicht möchten Sie jedoch lieber bei der Konfrontation allein sein. Vielleicht haben Sie keinen Therapeuten – oder vielleicht möchten Sie Ihren Eltern zeigen, daß Sie Ihre Unabhängigkeit auch ohne dessen Hilfe beweisen können. Viele Eltern weigern sich schlicht, in die Praxis eines Therapeuten zu kommen. Aus welchem Grund Sie auch entscheiden, es allein anzugehen, Sie müssen bestimmen, ob es bei Ihnen zu Hause oder bei Ihren Eltern stattfinden soll. Ein öffentlicher Ort, wie z. B. ein Restaurant, wirkt viel zu hemmend. Sie brauchen völlige Ungestörtheit.

Wenn Sie die Wahl haben, rate ich Ihnen, die Konfrontation bei sich zu Hause zu planen. Sie fühlen sich auf Ihrem eigenen Territorium viel sicherer. Wenn Sie in eine andere Stadt fahren, versuchen Sie, Ihre Eltern zu bewegen, in Ihr Hotelzimmer zu kommen.

Falls unumgänglich, können Sie auch bei den Eltern zu Hause eine Konfrontation zum Erfolg führen. Aber Sie müssen sich große Mühe geben, um nicht wieder in die Ängste, Schuldgefühle und Hilflosigkeit der Kindheit zurückzufallen. Besonders wachsam sollten Sie sein, wenn Ihre Eltern immer noch in dem gleichen Haus leben, in dem Sie aufwuchsen.

Es gibt keine festen Regeln oder Ratschläge, ob Sie Ihre Eltern allein oder getrennt konfrontieren sollen. Doch ich ziehe es vor, es gemeinsam zu machen. Giftige Eltern errichten ein Familiensystem, das vorwiegend auf Geheimnistuerei, Tricks und Verleugnung basiert, um das Gleichgewicht zu halten. Wenn Sie mit beiden Eltern gleichzeitig reden, hindern Sie sie größtenteils daran.

Wenn Ihre Eltern andererseits völlig verschiedene Positionen einnehmen, andere Perspektiven und Verteidigungsmechanismen haben, können Sie vielleicht besser kommunizieren, wenn Sie getrennt mit ihnen reden.

Manche Menschen machen sich Gedanken, daß sie zuviel geprobt haben und ihre Spontaneität verlieren. Machen Sie sich keine Sorgen darum. Sie tragen genügend Ängste in sich, um stark von der Vorlage abweichen zu können. Wie oft Sie auch geprobt haben, die Worte werden sich nicht leicht einstellen. Es ist sogar sehr wichtig, vorher zu wissen, daß Sie sehr, sehr nervös sein werden. Ihr Herz wird rasen, Ihr Magen krampft sich zusammen, Sie schwitzen und können kaum atmen. Vielleicht bekommen Sie auch kein Wort heraus und vergessen alles Geplante.

Manche Menschen werden unter großem Druck völlig gelähmt. Wenn Sie davor Angst haben, schreiben Sie Ihren Eltern einen Brief, den Sie ihnen dann vorlesen. Das ist eine ausgezeichnete Methode, die Anfangsschwierigkeiten zu überwinden und Ihre Botschaft durchzusetzen.

Vorbereitung für die Premiere

Gleich, wo Sie die Konfrontation stattfinden lassen und ob Sie Ihre Eltern gemeinsam oder getrennt konfrontieren, Sie müssen sorgfältig vorbereiten, was Sie sagen wollen. Proben Sie alles laut, entweder allein oder mit einem anderen, bis Sie es auswendig wissen. Eine solche persönliche Auseinandersetzung ist wie eine Premiere am Broadway, und niemand würde, ohne den Text gelernt zu haben und das Stück zu begreifen, auf die Bühne treten. Vor der Konfrontation sollten Sie sowohl ausreichend proben als auch ein Gefühl für das entwickeln, was Sie erreichen wollen.

Sie sollten damit beginnen, die Regeln festzulegen. Ich schlage vor, etwa mit folgenden Worten:

»Ich werde euch etwas sagen, was ich noch nie gesagt habe, und ich möchte, daß ihr zuhört, bis ich fertig bin. Das ist mir sehr wichtig, daher widersprecht oder unterbrecht mich bitte nicht. Wenn ich alles gesagt habe, was ich sagen möchte, habt ihr jede Menge Zeit, darauf zu antworten. Seid ihr dazu bereit?«

Es ist sehr wichtig, daß Ihre Eltern sich dazu bereit erklären. Das werden die meisten tun. Wenn sie dazu nicht bereit sind, ist es vermutlich besser, die Konfrontation neu anzusetzen. Es ist wichtig, daß Sie sagen, was Sie geplant haben, ohne abgelenkt, unterbrochen oder auf andere Weise von ihrem Ziel abgebracht zu werden. Wenn Ihre Eltern sich weigern, Sie ausreden zu lassen, sollten Sie sie vielleicht besser schriftlich konfrontieren.

Nach Ihrer Einleitung werden die meisten giftigen Eltern einen Gegenangriff starten. Denn wenn sie die Fähigkeit hätten, zuzuhören, vernünftig zu sein, Ihre Gefühle zu respektieren und Ihre Unabhängigkeit zu bestätigen, wären sie keine giftigen Eltern. Sie werden Ihre Worte vermutlich als verräterischen persönlichen Angriff begreifen. Sie werden sich der gleichen Taktiken und Verteidigungsmechanismen bedienen, die sie immer angewendet haben, nur vielleicht noch verstärkt.

Unzulängliche oder schwache Eltern werden vielleicht noch jämmerlicher und hilfloser. Alkoholiker verleugnen vielleicht ihre Sucht noch heftiger, und wenn sie sich auf dem Weg der Heilung befinden, werden sie diese Tatsache benutzen, Ihr Recht in Frage zu stellen, sie zu konfrontieren. Kontrollierende Eltern lassen ihre Beschuldigungen und ihre Selbstgerechtigkeit vielleicht eskalieren. Mißhandelnde Eltern werden wütend und versuchen vermutlich, Ihnen die Schuld für die Mißhandlungen zuzuschieben. All diese Verhaltensweisen stehen im Dienst, das Familiengleichgewicht aufrechtzuerhalten und Sie wieder in die unterlegene Position zu schieben. Es ist vermutlich gut, das Schlimmste zu erwarten – alles, was besser ausfällt, kann dann als Erfolg gewertet werden.

Wichtig dabei ist, wie wir im Auge behalten sollten, nicht die Reaktion Ihrer Eltern, sondern Ihre eigene. Wenn Sie die Wut, Beschuldigungen und Vorwürfe Ihrer Eltern aushalten können, tragen Sie den Sieg davon.

Es hilft sehr, sich das Schlimmste auszumalen. Stellen Sie sich die Gesichter Ihrer Eltern vor – wütend, mitleiderregend, tränenerstickt. Hören Sie die wütenden Worte, ihre Ableugnungen, die Anschuldigungen. Wappnen Sie sich dagegen, indem Sie laut aussprechen, was Ihre Eltern vermutlich antworten, und dann proben Sie gelassene, nichtdefensive Reaktionen. Bitten Sie Ihren Partner oder einen Freund, die Rolle Ihrer Eltern zu spielen. Fordern Sie ihn oder sie auf, keine Hemmung zu zeigen und Ihnen die schlimmsten Dinge an den Kopf zu werfen, die Sie sich vorstellen können. Lassen Sie Ihren Ersatzpartner brüllen, kreischen, schimpfen und drohen, Sie zu verstoßen und als undankbar und egoistisch bezichtigen. Üben Sie die Antworten, die etwa so lauten sollten:

– Ich bin sicher, daß du das so siehst.
– Schimpfen und Beleidigungen bringen uns nicht weiter.
– Ich bin nicht bereit, eure Schimpferei zu akzeptieren.
– Das ist ein gutes Beispiel, warum eine solche Unterredung nötig ist.
– Es ist nicht recht, daß du so mit mir sprichst.
– Du hast doch zugestimmt, mich ausreden zu lassen.
– Machen wir ein andermal weiter, wenn ihr ruhiger seid.

Hier nun ein paar typische Elternreaktionen auf eine Konfrontation, zusammen mit entsprechenden Reaktionen, die Sie vielleicht üben sollten:

»*Das ist nie passiert.*« Eltern, die mit Verleugnung auf ihre eigene Minderwertigkeit oder Angst reagiert haben, werden zweifelsohne diesen Satz bei der Konfrontation benutzen, um ihre Version der Realität durchzusetzen. Sie bestehen darauf, daß die Dinge, die Sie ihnen vorwerfen, nie geschehen wären, oder daß Ihr Vater nie imstande wäre, so etwas zu tun. Sie werden sich nicht erinnern oder Sie beschuldigen, zu lügen. Diese Reaktion ist besonders häufig bei Alkoholikern, deren Verleugnungen durch die Erinnerungslücken aufgrund des Trinkens verstärkt werden.

Ihre Reaktion: »Nur weil ihr euch nicht erinnert, heißt das nicht, daß es nicht passiert ist.«

»*Es war deine Schuld.*« Giftige Eltern sind fast nie bereit, die Verantwortung für ihr destruktives Verhalten zu akzeptieren. Statt dessen geben sie Ihnen die Schuld dafür. Sie sagen, Sie seien schlecht oder schwierig gewesen. Sie behaupten, sie hätten alles versucht, aber Sie hätten immer nur Schwierigkeiten gemacht. Sie werden sagen, daß Sie sie verrückt gemacht haben, und versuchen, das zu beweisen, indem sie behaupten, alle anderen in der Familie teilten diese Meinung. Sie kontern mit einer Erklärung aller gegen sie angeführten Anklagen.

Eine Variation besteht darin, die Konfrontation mit gegenwärtigen Problemen in Ihrem Leben in Verbindung zu bringen. »Warum greifst du uns an, wenn dein wirkliches Problem darin besteht, daß du in keiner Stelle lange aushältst, deine Kinder nicht disziplinieren, deinen Mann nicht halten kannst.« So verkleiden sie zuweilen ihre Taktik sogar als Mitleid. Sie versuchen alles, um die Aufmerksamkeit von ihrem eigenen Verhalten abzulenken.

Ihre Reaktion: »Versucht ruhig weiter, alles mir zuzuschieben, aber ich werde die Verantwortung für das, was ihr mir als Kind angetan habt, nicht annehmen.«

»*Ich habe doch gesagt, es tut mir leid.*« Eltern versprechen vielleicht, sich zu ändern, liebevoller zu werden oder Ihnen mehr zu helfen, aber das ist oft nur ein Zuckerbrot. Wenn der Staub sich wieder gelegt hat, setzen sich die alten Gewohnheiten wieder durch, sie entziehen sich und kehren zur Peitsche ihres giftigen Verhaltens zurück. Manche Eltern erkennen ein paar der von Ihnen vorgebrachten Dinge an, sind aber nicht bereit, etwas dagegen zu unternehmen. Am häufigsten fällt dabei der Satz: »Ich habe doch gesagt, es tut mir leid. Was willst du denn noch?«

»*Ihre Reaktion:* »Ich akzeptiere deine Entschuldigung, aber das kann nur ein Anfang sein. Wenn es euch wirklich leid tut, werdet ihr mir nun helfen, wenn ich euch brauche, und alles mit mir durcharbeiten, um unsere Beziehung zu verbessern.«

»*Wir haben uns alle Mühe gegeben.*« Eltern, die entweder unzulänglich waren oder die stummen Partner darstellten, werden häufig in der gleichen passiven, wirkungslosen Weise mit der Konfrontation umgehen wie mit den damaligen Problemen. Diese Eltern werden Sie daran erinnern, wie schwer sie es hatten, als Sie klein waren, und wieviel Mühe sie sich gegeben haben. Sie sagen Dinge wie: »Du wirst nie begreifen, was ich durchgemacht habe«, »Du hast ja keine Ahnung, wie oft ich versucht habe, ihn/sie davon abzuhalten«, oder: »Ich habe mein Bestes versucht.« Diese Reaktion stößt vielleicht bei Ihnen auf Mitleid. Das ist verständlich, erschwert aber, sich auf das zu konzentrieren, was Sie in dieser Konfrontation sagen wollen. Es besteht wieder einmal die Versuchung, die elterlichen Bedürfnisse vor die eigenen zu setzen. Es ist wichtig, daß Sie deren Schwierigkeiten akzeptieren, aber ohne die eigenen abzuwerten.

Ihre Reaktion: »Ich verstehe, daß ihr es damals schwer hattet, und ich bin sicher, ihr habt mich nicht aus böser Absicht verletzt, aber ich brauche euer Verständnis dafür, daß euer Verhalten mir wirklich weh getan hat.«

»*Was haben wir nicht alles für dich getan!*« Viele Eltern versuchen, gegen Ihre Vorwürfe Erinnerungen an die wunderbare Zeit, die Sie als Kind hatten, und die liebevollen gemeinsamen Momente heraufzubeschwören. Indem sie sich auf die guten Zeiten beschränken, vermeiden sie, sich an die dunkleren Seiten ihres Verhaltens zu erinnern. Die Eltern werden Sie an Geschenke erinnern, an gemeinsame Ferien, Opfer, die sie für Sie brachten, und bestimmte gute Augenblicke. Sie sagen etwa: »Das ist nun der Dank dafür!« Oder: »Für dich war nichts gut genug.«

Ihre Reaktion: »Ich schätze diese Dinge sehr, aber sie machten die Schläge (beständige Kritik, Gewalt, Beleidigungen, Alkoholismus usw.) aber nicht wett.«

»*Wie kannst du uns das antun!*« Einige Eltern verhalten sich wie Märtyrer. Sie brechen in Tränen aus, ringen die Hände und reagieren schockiert und ungläubig auf Ihre »Grausamkeit«. Sie verhalten sich, als würden sie durch die Konfrontation zum Opfer. Sie beschuldigen Sie, ihnen weh zu tun oder sie zu enttäuschen. Sie beklagen sich, daß sie das nicht verdienten, denn sie hätten genug Probleme. Sie werden sagen, sie seien nicht stark oder gesund genug, um das zu verkraften, und daß die Schmerzen sie umbringen werden. Ein Teil ihrer Trauer wird echt sein. Es ist sehr schlimm für Eltern, wenn sie sich ihren eigenen Fehlern stellen müssen und merken, daß sie ihren Kindern bedeutsame Schmerzen zugefügt haben. Aber ihre Traurigkeit kann auch manipulativ und kontrollierend sein. Das ist ihre Methode, Sie mit Schuldgefühlen zum Zurückweichen zu zwingen.

Ihre Reaktion: »Es tut mir leid, daß euch das so aufregt. Es tut mir leid, daß es euch verletzt. Aber ich bin nicht bereit, jetzt zurückzustecken. Auch mir wurde lange Zeit weh getan.«

Manchmal ist es wirklich unmöglich

Die typischen Reaktionen und vorgeschlagenen Antworten helfen Ihnen vermutlich, einigen emotionalen Treibsand während der Konfrontation zu vermeiden. Doch es gibt Menschen, mit denen man nicht kommunizieren kann, so sehr man es auch versucht.

Einige Eltern lassen den Konflikt während der Konfrontation so stark eskalieren, daß jede Kommunikation unmöglich wird. Wie vernünftig, freundlich, klar und gelassen Sie auch sein mögen, das Verhalten der Eltern erfordert, die Konfrontation abzubrechen. Sie drehen Ihnen die Worte im Mund um und unterschieben Ihnen böse Motive. Sie lügen, unterbrechen Sie ständig, obwohl sie versprochen haben, es zu unterlassen, sie beschuldigen Sie, schreien, zerschlagen Porzellan und geben Ihnen bestenfalls das Gefühl, verrückt zu sein, schlimmstenfalls rufen sie Mordgedanken in Ihnen hervor. So wichtig es ist, Ihre Ängste zu überwinden und sich alle Mühe zu geben, Ihren Eltern das zu sagen, was Sie ihnen sagen wollen, es ist ebenso wichtig, zu erkennen, wann dies unmöglich wird. Wenn Sie aufgrund des elterlichen Verhaltens die Konfrontation abbrechen müssen, scheitern Ihre Eltern, nicht Sie.

Die ruhige Konfrontation

Nicht viele Konfrontationen geraten außer Kontrolle, auch wenn sie stürmisch verlaufen. Manche sind sogar überraschend gelassen.

Melanie, die immer wieder versuchte, unzulängliche Männer zu retten und als Kind an eine Leserbriefspalte schrieb, weil sie gezwungen war, ihren depressiven Vater während seiner häufigen Tränenausbrüche zu trösten, beschloß, mit ihrer Mutter Ginny in meine Praxis zu kommen (ihr Vater war gestorben). Sie begann mit den Worten, die wir gemeinsam geprobt hatten, und ihre Mutter stimmte zu, sie anzuhören.

Melanie: »Mutter, ich muß mit dir über einige Dinge in meiner Kindheit reden, die mir immer noch weh tun. Ich habe mir als Kind immer an allem die Schuld gegeben...«
Ginny (sie unterbrechend): »Wenn du das immer noch so siehst, Schatz, dann kann dir deine Therapie nicht viel nützen.«
Melanie: »Du hast zugestimmt, mich ausreden zu lassen und nicht zu unterbrechen. Wir sprechen jetzt nicht über die Therapie, sondern über meine Kindheit. Weißt du noch, wie Papa sich immer aufregte, wenn ich mich mit meinem Bruder stritt? Dann brach Papa in Tränen aus und sagte, wie gut Neal zu mir sei und wie schrecklich ich ihn behandelte. Weißt du noch, wie oft du mich in Papas Zimmer geschickt hast, wenn er weinte, und mir sagtest, ich solle ihn aufheitern? Hast du eine Ahnung, wieviel Schuldgefühle du mir gabst, indem du mich zu seinem Versorger machtest? Ich mußte mich um ihn kümmern, als ich eigent-

lich ein Kind hätte sein sollen. Warum hast du dich nicht selbst um ihn gekümmert? Warum konnte Papa sich nicht um sich selbst kümmern? Warum mußte ich das tun? Du warst nie da, auch wenn du zu Hause warst. Ich habe mehr Zeit mit Haushälterinnen verbracht als mit dir. Weißt du noch, als ich diesen Brief an die Leserbriefspalte schrieb? Auch das hast du einfach ignoriert.«

Ginny (leise): »Ich kann mich an nichts Derartiges erinnern.«

Melanie: »Mama, vielleicht willst du dich nicht erinnern, aber wenn du mir helfen willst, mußt du mich zu Ende anhören. Niemand will dich angreifen. Ich versuche nur, zu sagen, wie ich mich gefühlt habe. So fühlte ich mich damals. Ich fühlte mich absolut allein gelassen. Ich hielt mich für einen schlechten Menschen. Ich fühlte mich sehr schuldig und überfordert, weil ich versuchte, Dinge besser zu machen, die ich nicht ändern konnte. So fühlte ich mich. Und jetzt sage ich dir, wie das mein Leben beeinflußt hat. Bis ich anfing, diese Dinge zu verarbeiten, fühlte ich mich sehr leer. Jetzt geht es mir besser, aber ich habe immer noch Angst vor sensiblen Männern. Deshalb suche ich mir immer diese kalten, gefühllosen Männer aus. Es ist für mich sehr schwer, herauszufinden, wer ich bin, was ich will oder was ich brauche. Ich stehe damit erst am Anfang. Das Schwerste für mich ist, mich selbst zu mögen. Jedesmal, wenn ich das versuche, höre ich Papa sagen, was für ein schlimmes Kind ich sei.«

Ginny (beginnt zu weinen): »Ich kann mich ehrlich an diese Dinge nicht erinnern. Aber wenn du es sagst, sind sie sicher passiert. Vermutlich war ich so mit meinem eigenen Unglück beschäftigt . . .«

Melanie: »Oh, nein. Jetzt fühle ich mich schuldig, weil ich deine Gefühle verletzt habe.«

Susan: »Melanie, warum sagen Sie Ihrer Mutter nicht, was Sie sich jetzt von ihr wünschen?«

Melanie: »Ich will eine Beziehung zwischen Erwachsenen. Ich will eine ehrliche Beziehung. Ich möchte dir die Wahrheit sagen können. Ich will, daß du mir zuhörst, wenn ich über die Vergangenheit rede. Ich will, daß du bereit bist, dich zu erinnern, und daß du nachdenkst, was wirklich geschehen ist. Ich will, daß du die Verantwortung dafür übernimmst, daß du dich nicht um

244

mich gekümmert hast und mich nicht vor Papas Launen beschützt hast. Ich will, daß wir einander die Wahrheit sagen
können.«

Ginny machte ein paar aufrichtige Versuche, ihrer Tochter zuzuhören und sie anzuerkennen. Sie zeigte auch Fähigkeit zu vernünf-
tiger, rationaler Kommunikation. Schließlich stimmte sie zu, sich
Mühe zu geben, um Melanies Forderungen nachzukommen, doch es
war klar, daß sie sich ziemlich überfordert fühlte.

Die explosive Konfrontation

Joes Eltern waren nicht so verständnisvoll. Joe war der Psychologiestudent, der von seinem Vater verprügelt worden war. Mit viel
Überredungskunst gelang es Joe schließlich, seinen alkoholsüchtigen
Vater und die koabhängige Mutter in meine Praxis zu bekommen. Joe
hatte seit einiger Zeit auf eine Konfrontation gedrängt. Sie stellte sich
als viel schwieriger heraus als Melanies.

Joes Vater, Alan, schritt mit der Erwartung in meine Praxis, die
Sache in die Hand zu nehmen. Er war ein großer, hellhaariger Mann,
der älter wirkte. Jahrzehnte der Wut und des Alkohols hatten seinem
Aussehen ihren Preis abverlangt. Joes Mutter, Joanne, wirkte grau:
graue Haare, graue Haut, graues Kleid, graue Persönlichkeit. Ihr
Blick wanderte unruhig hin und her, wie oft bei geschlagenen Frauen.
Sie folgte ihrem Mann, setzte sich, faltete die Hände und starrte zu
Boden.

Ein Großteil der ersten halben Stunde wurde mit dem Versuch
zugebracht, eine Atmosphäre zu schaffen, in der Joe sagen konnte,
was er wollte. Sein Vater unterbrach ihn ständig, brüllte, fluchte –
alles, um seinen Sohn einzuschüchtern. Als ich einschritt, um Joe zu
schützen, wandte sich Alan mir zu und beschimpfte mich und meinen
Beruf. Joes Mutter sprach kaum ein Wort und flehte nur ihren Mann
an, sich zu beruhigen. Ich sah einen Mikrokosmos von vierzig Jahren
Unglück vor mir. Joe verhielt sich unter den fast unmöglichen Umständen überraschend gut. Es gelang ihm mit großer Mühe, ruhig zu
bleiben, doch ich erkannte, daß er vor Wut schäumte. Alan tobte
schließlich los, als Joe seine Trunksucht erwähnte:

Alan: »Okay, du kleiner Scheißer, jetzt reicht's. Für wen, zum Teufel, hältst du dich eigentlich? Das Problem mit dir ist, daß ich immer zu gut zu dir war. Alles, was du von mir bekommen hast, hättest du dir selbst verdienen müssen. Was erlaubst du dir, mich vor einer völlig Fremden einen Alkoholiker zu nennen? Du Hundesohn, du bist erst glücklich, wenn du diese Familie endgültig auseinandergebrochen hast. Ich bleibe jedenfalls nicht hier sitzen und lasse mir von dir unseligem, undankbarem kleinen Bastard und dieser verfluchten Irrenärztin sagen, was ich zu tun habe.«

An diesem Punkt stand Alan auf und wollte den Raum verlassen. An der Tür drehte er sich um und fragte Joanne, ob sie mitkäme. Joanne flehte ihn an, bleiben zu dürfen. Alan erwiderte, er warte unten in einem Café, und wenn sie in einer Viertelstunde nicht da sei, könne sie sehen, wie sie nach Hause käme. Dann stampfte er hinaus.

Joanne: »Es tut mir leid. Ich schäme mich so. So ist er eigentlich nicht. Aber er ist sehr stolz und kann es nicht ertragen, das Gesicht zu verlieren. Er hat eigentlich einen sehr guten Charakter...«
Joe: »Mama, hör auf. Hör um Gottes willen auf! Genau das hast du mein ganzes Leben lang gemacht. Du hast für ihn gelogen, ihn beschützt, ihn seine Kinder verprügeln lassen und nie etwas dagegen unternommen. Ich stellte mir immer vor, ich würde dich vor alledem retten. Ist dir jemals in den Sinn gekommen, mich zu retten? Hast du eine Ahnung, wie ich mich als Kind in diesem Haus gefühlt habe? Jeden Tag ging das so. Warum hast du nichts dagegen getan? Warum unternimmst du jetzt nichts dagegen?«
Joanne: »Du hast dein eigenes Leben. Warum läßt du uns nicht in Frieden?«

Joes Konfrontation war explosiv und frustrierend, aber in Wirklichkeit ein großer Erfolg. Er akzeptierte endlich die Tatsache, daß seine Eltern von ihren eigenen Dämonen besessen und fest in ihr giftiges Verhalten eingeschlossen waren. Er konnte endlich seine vergebliche Hoffnung aufgeben, daß sie sich ändern würden.

Was können Sie nach einer Konfrontation erwarten?

Unmittelbar nach der Konfrontation erleben Sie vielleicht einen Ansturm von Euphorie aufgrund Ihres Mutes und Ihrer Kraft. Sie durchflutet Erleichterung, weil Sie endlich die Konfrontation hinter sich gebracht haben, auch wenn sie nicht genauso verlief, wie Sie es erwartet hatten. Sie fühlen sich viel leichter, weil Sie viele der Dinge gesagt haben, die Sie so lange für sich behalten hatten. Aber Sie fühlen sich vielleicht auch stark aus dem Gleichgewicht gebracht oder enttäuscht. Sie werden sich gewiß ängstlich fragen, was wohl als nächstes geschieht.

Egal, wie Sie anfänglich reagiert haben, es dauert eine Weile, bis Sie die vollen, dauerhaften Auswirkungen der Konfrontation spüren. Es dauert mehrere Wochen oder vielleicht Monate, die wirkliche Bestärkung zu erfahren, die eine Konfrontation Ihnen geben kann. Doch erfahren werden Sie sie. Schließlich fühlen Sie weder das Extrem der Euphorie noch das der Enttäuschung. Statt dessen erfreuen Sie sich an einem immer stärker werdenden Gefühl von Wohlbefinden und Selbstvertrauen.

Die Reaktion Ihrer Eltern

Die Eigenart Ihrer Konfrontation weist nicht notwendigerweise darauf hin, wie es weitergeht. Alle Beteiligten brauchen Zeit, um die Erfahrung zu verdauen und jeder auf seine eigene Weise zu bewältigen.

Das Ergebnis einer Konfrontation beispielsweise, die vermeintlich positiv geendet hat, kann sich verändern, wenn Ihre Eltern Zeit fanden, darüber nachzudenken. Vielleicht kommen verspätete Reaktionen nach. Sie verhielten sich während der Konfrontation vielleicht relativ ruhig, nur um später mit wütenden Vorwürfen zu reagieren und Sie zu beschuldigen, einen Familienzwist verursacht zu haben.

Ich habe allerdings auch schon Konfrontationen erlebt, die in Wut und Erregung endeten, aber schließlich zu positiven Veränderungen in der Interaktion zwischen dem Klienten und seinen Eltern führten. Wenn sich der anfängliche Sturm gelegt hat, kann die Tatsache, daß Sie den Deckel vom Dampfkessel der Vergangenheit genommen haben, zu offenerer, ehrlicherer Kommunikation zwischen Ihnen und Ihren Eltern führen.

Wenn ein Elternteil nach der Konfrontation wütend reagiert, fühlen Sie sich vielleicht versucht, ihn anzugreifen. Doch vermeiden Sie aufheizende Bemerkungen wie: »Das ist mal wieder typisch!«, »ich kann mich auf nichts, was du sagst, verlassen.« Es ist sehr wichtig, daß Sie bei Ihrem nichtdefensiven Verhalten bleiben, sonst geben Sie die neuerlangte Macht gleich wieder an Ihre Eltern zurück. Statt dessen sagen Sie vielleicht folgendes:

- Ich bin bereit, mit dir über deine Wut zu reden, werde mich aber nicht von dir anbrüllen oder beleidigen lassen.
- Ich komme wieder, wenn du ruhiger bist, und dann reden wir darüber.

Wenn Ihre Eltern ihre Wut ausdrücken, indem sie Sie anschweigen, versuchen Sie etwa:

- Ich bin bereit, mit dir zu reden, wenn du bereit bist, mich nicht mehr mit deinem Schweigen zu strafen.
- Ich habe riskiert, dir zu sagen, was mich bewegt. Warum bist du nicht bereit, das gleiche zu riskieren?

Eines ist absolut sicher: Nichts wird wieder wie früher. Es ist wichtig, daß Sie in den folgenden Wochen, Monaten und vielleicht Jahren auf die Nachbeben Ihrer Konfrontation achten. Sie müssen einen klaren Kopf und einen klaren Blick behalten, wenn Sie die veränderte Beziehung zu Ihren Eltern und anderen Familienangehörigen einschätzen wollen.

Ihre Aufgabe ist es, Ihre eigene Realität zu bewahren und nicht wieder in die alten, reaktiven, defensiven Verhaltensmuster zu verfallen, gleich, was Ihre Eltern tun.

Zusätzlich zu den dramatischen Veränderungen in Ihrer Beziehung zu den Eltern müssen Sie auch Veränderungen in deren Beziehung zueinander erwarten.

Wenn zur Konfrontation die Aufdeckung eines Familiengeheimnisses gehörte, das der eine Elternteil vor dem anderen bewahrte, wie etwa Inzest, wird die Wirkung auf deren Beziehung fundamental sein. Ein Elternteil verbündet sich vielleicht mit Ihnen gegen den anderen. Die Ehe zerbricht vielleicht sogar. Wenn bei der Konfrontation das Unaussprechliche ausgesprochen wurde, das jeder wußte, aber niemals ansprach, wie etwa Alkoholismus, ist die Wirkung auf die Beziehung Ihrer Eltern vielleicht nicht so extrem, aber immer noch stark. Ihre Beziehung kann sehr gefährdet werden.

Sie fühlen sich vielleicht versucht, die Schuld für die Probleme auf sich zu nehmen, die Ihre Eltern in ihrer Beziehung entwickeln. Sie werden sich fragen, ob es nicht besser gewesen wäre, alles beim alten zu belassen.

Als Carla, die ihre Reise nach Mexiko absagte, um ihre hilflose, trunksüchtige Mutter zu besuchen, deren Alkoholismus und die Koabhängigkeit des Vaters konfrontierte, erlitt die Ehe der Eltern einen schweren Schlag. Als ihre Mutter sich auf den Weg zur Heilung begab, brach der Vater zusammen. Seine Selbstachtung war vornehmlich davon abhängig gewesen, den starken, allmächtigen Elternteil zu spielen. Ohne eine Frau, die sich auf ihn stützte, verlor seine Rolle in der Familie an Bedeutung. Ihre Ehe basierte auf einem bestimmten Interaktionsmuster, das nicht mehr zutraf. Sie wußten nicht, wie sie kommunizieren sollten, hatten kein Gleichgewicht und verloren den gemeinsamen Boden. Carla hatte dabei gemischte Gefühle:

Carla: »Sehen Sie, was ich da angefangen habe! Ich habe die ganze Familie aus dem Gleichgewicht gebracht.«
Susan: »Warten Sie mal! *Sie* haben doch nichts angefangen. Ihre Eltern haben das getan.«
Carla: »Aber wenn sie sich scheiden lassen, fühle ich mich bestimmt schrecklich.«
Susan: »Es gibt für Sie keinen Grund, sich schuldig zu fühlen.

Ihre Eltern schätzen ihre Beziehung neu ein, weil sie andere Informationen bekommen haben. Sie haben diese Informationen ja nicht erfunden, sondern einfach nur beleuchtet.«

Carla: »Aber vielleicht war das keine so gute Idee. Ihre Ehe war vorher in Ordnung.«

Susan: »Nein, das war sie nicht.«

Carla: »Nun, zumindest nach außen hin.«

Susan: »Nein, auch das nicht.«

Carla (nach langer Pause): »Vermutlich habe ich solche Angst, weil ich endlich beschlossen habe, mich nicht mehr für sie zu opfern. Ich lasse sie zur Abwechslung mal für sich selbst verantwortlich sein. Und wenn sich alle darüber aufregen, dann muß ich damit eben fertig werden.«

Carlas Eltern ließen sich nicht scheiden, doch Frieden kehrte in ihrer Ehe nicht mehr ein. Sie kämpften weiter miteinander, aber dieser Kampf vergiftete Carlas Leben nicht mehr. Indem sie die Wahrheit sagte und nicht wieder mit ihren Eltern verstrickt wurde, als diese begannen, ihre schon lange schwelenden Konflikte auszuagieren, erreichte sie für sich selbst eine Freiheit, die sie immer für unmöglich gehalten hatte.

Die Reaktionen der Geschwister

Dieses Buch konzentriert sich zwar vornehmlich auf die Beziehung zu Ihren Eltern, aber die Konfrontation findet nicht im leeren Raum statt. Sie sind Bestandteil eines Familiensystems, und jeder in diesem System wird davon betroffen. Genau wie Ihre Beziehung zu Ihren Eltern nach der Konfrontation nie mehr die gleiche sein wird, wird sich auch die Beziehung zu Ihren Geschwistern verändern.

Manche Geschwister haben ähnliche Erfahrungen wie Sie gemacht und werden Ihre Erinnerungen bestätigen. Andere erlebten zwar das gleiche, aber aufgrund ihrer eigenen Verstrickung mit den Eltern leugnen sie sogar die schrecklichsten Mißhandlungen ab. Wiederum andere haben andere Erfahrungen als Sie gemacht und tatsächlich keine Ahnung, wovon Sie reden.

Manche Geschwister fühlen sich durch Ihre Konfrontation vielleicht extrem bedroht und werden wütend, weil Sie das empfindliche Gleichgewicht der Familie ins Schwanken gebracht haben. So reagierte Carols Bruder.

Als Carols Vater den Brief erhalten hatte, rief er an und gab ihr unerwartet Unterstützung. Er sagte, er erinnere sich anders als sie an die Dinge, die sie in ihrem Brief beschrieb, aber er entschuldigte sich für allen Kummer, den er ihr bereitet hatte. Carol war zutiefst gerührt und aufgeregt über die Möglichkeit einer neuen Beziehung zu ihrem Vater. Nach wenigen Wochen jedoch wurde sie durch eine zweite Unterhaltung mit ihm zutiefst verstört, bei der er nicht nur die von ihr beschriebenen Erlebnisse abstritt, sondern auch, sich dafür entschuldigt zu haben. Zu allem Überfluß rief Carols jüngerer Bruder an und griff sie an, weil sie es gewagt habe, »ekelhafte Lügen« über den Vater zu verbreiten. Er warf ihr vor, »krank« zu sein, weil sie den Vater beschuldigte, sie mißhandelt zu haben.

Wenn Geschwister negativ auf die Konfrontation reagieren, wenden sie vermutlich viel Energie auf, Sie wissen zu lassen, wie sehr Sie die Familie aufgeregt haben. Sie erhalten wahrscheinlich zahlreiche Briefe, Anrufe oder sogar Besuche. Die Geschwister werden zu Gesandten der Eltern und bringen Botschaften, Bitten, Drohungen und Ultimaten. Sie beschimpfen Sie vielleicht und versuchen alles, um Sie zu überzeugen, daß Sie entweder unrecht haben oder verrückt sind oder beides. Wieder einmal ist es sehr wichtig, nichtdefensive Reaktionen anzuwenden und die Wahrheit zu sagen.

Hier einige Beispiele, was Sie Ihren Geschwistern antworten könnten:

– Ich bin bereit, mit dir darüber zu reden, aber ich lasse mich von dir nicht beleidigen.
– Ich verstehe, daß du sie schützen willst, aber was ich sage, ist die Wahrheit.
– Ich tue das nicht, um jemanden aufzuregen, sondern für mich selbst.
– Die Beziehung zu dir ist mir sehr wichtig, aber ich werde meine eigenen Bedürfnisse nicht zurückstellen, um sie aufrechtzuerhalten.
– Nur, weil es dir nicht passiert ist, muß das nicht heißen, es sei mir nicht passiert.

Kate, deren Vater, der Bankier, sowohl ihre Schwester Jody wie sie mißhandelte, oft gleichzeitig, war überzeugt, ihre Schwester würde sie verachten, weil sie die schmerzliche Vergangenheit wieder aufgewühlt hatte. Kate entschloß sich jedoch, dieses Risiko einzugehen.

»Ich habe mich Jody gegenüber immer sehr beschützend gefühlt. Oft bekam sie es schlimmer ab als ich. An dem Abend, als ich den Brief an meine Eltern abschickte, rief ich sie an, weil ich wollte, daß sie Bescheid weiß. Sie sagte, sie käme sofort zu mir, und wir müßten miteinander reden. Ich rechnete damit, sie würde wütend sein. Doch darin lag ich völlig falsch. Als ich ihr die Tür öffnete, sah ich sofort, daß sie geweint hatte. Wir fielen einander um den Hals und hielten uns lange umschlungen. Wir redeten und umarmten uns und lachten und weinten. Wir sind alles durchgegangen. Jody erinnerte sich an manches, was ich völlig vergessen hatte, und sie war sehr froh, darüber reden zu können. Sie sagte, ohne mich hätte sie alles in sich aufgestaut, Gott weiß, wie lange. Sie stünde mir nun viel näher. Sie fühle sich mit dem ganzen Mist nicht mehr so allein. Sie bewundere meinen Mut und versicherte mir, sie stünde völlig auf meiner Seite. Als Jody das sagte, bin ich fast dahingeschmolzen.«

Indem sie die Wahrheit sagten, konnten Kate und Jody ihre Beziehung zueinander verbessern und sich gegenseitig gut unterstützen. Kates mutige Tat regte die Schwester auch an, selbst eine Therapie zu beginnen, um mit den Schmerzen der eigenen Kindheit fertig zu werden.

Andere Reaktionen der Familie

Eine Konfrontation betrifft jeden, dem Sie sich emotional verbunden fühlen, besonders Ihren Partner und Ihre Kinder, die Sekundäropfer der giftigen Eltern. Nach der Konfrontation brauchen Sie alle Liebe und Zuwendung, die sie bekommen können. Fürchten Sie sich nicht, ihnen zu sagen, daß Sie in einer sehr schweren Phase stehen. Aber denken Sie daran, daß sie nicht die gleichen intensiven Emotionen erleben und nicht voll begreifen, warum Sie das tun mußten. Es mag auch für die anderen eine schwierige Phase sein, und wenn sie Sie nicht so unterstützen, wie es Ihnen lieb wäre, versuchen Sie, auch deren Gefühle zu verstehen.

Ihre Eltern versuchen vielleicht, andere Familienmitglieder als Verbündete zu gewinnen, sich von der Schuld zu befreien und Sie als den Bösewicht hinzustellen. Dazu gehören vielleicht Verwandte, die Ihnen sehr nahestehen, wie Großeltern oder eine Lieblingstante. Einige reagieren auf den Familienkrach, indem sie sich auf die Seite der Eltern stellen. Andere werden sich mit Ihnen verbünden. Wie bei Ihren Eltern und Geschwistern ist es wichtig, mit jedem einzelnen zu seinen oder ihren Bedingungen umzugehen und jeden daran zu erinnern, daß Sie positive Schritte zum eigenen Wohlbefinden unternehmen und sie nicht gezwungen sind, Partei zu ergreifen.

Sie hören vielleicht aus unerwarteter Ecke etwas, von der besten Freundin Ihrer Mutter oder dem Pfarrer. Aber Sie schulden keinem der nicht zur Familie gehörigen Mittler eine Erklärung. Vielleicht sagen Sie statt dessen folgendes:

– Ich schätze Ihre Anteilnahme, aber dies betrifft nur meine Eltern und mich.
– Ich verstehe, daß Sie gern helfen möchten, aber ich will das mit Ihnen nicht diskutieren.
– Sie beurteilen etwas, über das Sie nicht vollständig informiert sind. Wenn sich alles etwas beruhigt hat, können wir ja vielleicht darüber reden.

Manchmal kann ein Verwandter oder ein Freund der Familie nicht verstehen, warum Sie Ihre Eltern konfrontieren mußten, und daraufhin kann Ihre Beziehung zu dieser Person leiden. Das ist nie leicht und vielleicht einer der schmerzlicheren Preise, die Sie für Ihre emotionale Gesundheit zahlen müssen.

Die bei weitem gefährlichste Reaktion, auf die Sie nach der Konfrontation vorbereitet sein sollten, ist, daß Ihre Eltern einen letzten Versuch unternehmen und zerstören, was Sie erreicht haben. Sie ziehen vielleicht sämtliche Register. Sie beschimpfen Sie unausgesetzt wegen Ihres Verrats oder brechen den Kontakt zu Ihnen ab. Sie drohen mit Ausschluß aus der Familie oder Enterbung. Sie haben immerhin die Familienregeln des Schweigens gebrochen. Sie haben den Familienmythos zerstört. Sie definieren sich als eigenständiges Wesen und wehren sich gegen die hoffnungslose Verstrickung in die Familienverrücktheit.

Sie haben, kurz gesagt, eine emotionale Atombombe gezündet. Nun müssen Sie mit den Nachwirkungen rechnen. Je wütender Ihre Eltern werden, um so stärker fühlen Sie sich, Ihrer neugewonnenen Kraft abzuschwören und »Frieden um jeden Preis« zu suchen. Sie fragen sich, ob das Erreichte wirklich diesen Tumult wert ist. All Ihre Zweifel, Vorbehalte und selbst die Sehnsucht, zum Status quo ante zurückzukehren, sind verbreitet. Giftige Eltern versuchen fast alles, um das vertraute und bequeme Familiengleichgewicht wiederherzustellen. Sie können unglaublich verführerische Sirenengesänge der Schuld, des Mitleids und der Vorwürfe anstimmen.

Das ist die Phase, in der das emotionale Stützsystem besonders wichtig wird. Wie der griechische Held Odysseus sich von seiner Schiffsmannschaft an den Mast fesseln ließ, damit er die Sirenen singen hören konnte, ohne ihrer unwiderstehlichen, aber tödlichen Anziehung nachzugeben, kann Ihr Freund, Therapeut oder Partner, all das womöglich in einer Person, Sie an einen schützenden emotionalen Anker fesseln. Er oder sie können Ihnen die benötigte Fürsorge und Bestätigung geben, um den Glauben an sich selbst und die wichtige Entscheidung zu behalten.

Meiner Erfahrung nach führen giftige Eltern nur selten die Drohung aus, Ihre Kinder aus der Familie zu verstoßen. Sie neigen dazu, drastische Veränderungen zu meiden. Doch dafür gibt es keine Garantie. Ich habe Eltern erlebt, die ihre Kinder aus ihrem Leben verbannten, die Drohungen wahrmachten, sie zu enterben oder ihnen den Geldhahn zuzudrehen. Sie müssen emotional und psychologisch auf diese und andere Reaktionen vorbereitet sein.

Es ist nicht leicht, sich zu behaupten, wenn die gesamte Familie sich neu gruppiert. Sich den Folgen des neuen Verhaltens zu stellen, ist eine der mutigsten Handlungen, die Sie sich jemals abfordern. Aber es wird auch eine der lohnendsten sein.

Welche Beziehung wollen Sie zu Ihren Eltern?

Wenn der Wirbel sich wieder gelegt hat und Sie die Folgen der Konfrontation mit Ihren Eltern eingehend betrachten, werden Sie entdecken, daß Ihnen drei Möglichkeiten offenstehen.

Erstens, Ihre Eltern haben einige Fähigkeit gezeigt, Ihren Schmerz zu verstehen, und sogar einen kleinen Teil Verantwortung für die Konflikte zwischen Ihnen anerkannt. Wenn sie Bereitschaft zeigen, weiter mit Ihnen zu diskutieren, zu forschen und Gefühle und Sorgen mit Ihnen zu teilen, besteht eine gute Chance, gemeinsam eine weniger giftige Beziehung aufzubauen. Sie können zum Lehrer Ihrer Eltern werden und sie in der hohen Schule unterweisen, jemanden als ebenbürtig zu behandeln und ohne Kritik und Aggression mit ihm zu kommunizieren. Sie können ihnen beibringen, ihre Gefühle angstfrei auszudrücken. Sie können ihnen zeigen, was in der Beziehung zu ihnen gut ist und was nicht. Ich will nicht behaupten, daß dies meistens geschieht, nicht einmal häufig, aber manchmal geschieht es. Sie erkennen die Fähigkeiten Ihrer Eltern erst, wenn Sie sie dem wichtigen Test der Konfrontation unterworfen haben.

Zweitens, wenn Ihre Eltern nur geringe Bereitschaft zeigen, sich in der Beziehung zu Ihnen zu verändern und sofort wieder zur Tagesordnung übergehen, halten Sie es vielleicht für das Beste, mit ihnen in Kontakt zu bleiben, aber unter deutlich weniger anspruchsvollen Bedingungen. Ich habe mit vielen Menschen gearbeitet, die zögerten, den Kontakt zu den Eltern ganz abzubrechen, doch ebenso unwillig waren, zum Status quo ante zurückzukehren. Diese Personen ziehen sich zurück und halten eine freundliche, aber oberflächliche Beziehung zu den Eltern aufrecht. Sie zeigen ihnen ihre innersten Gefühle und Verletzlichkeiten nicht mehr und begrenzen Unterhaltungen auf neutrale Themen. Sie stellen neue Grundregeln für den Kontakt zu den Eltern auf. Diese gemäßigte Position scheint für viele Klienten gut zu funktionieren, vielleicht auch für Sie. Es ist gut, mit giftigen Eltern in Verbindung zu bleiben, solange die Beziehung Ihnen nicht abverlangt, Ihr emotionales Wohlbefinden zu opfern.

Die dritte und letzte Möglichkeit ist, die Beziehung zu den Eltern völlig aufzugeben, damit es Ihnen weiterhin gutgeht. Manche Eltern sind nach der Konfrontation gnadenlos kritisch und verstärken ihre giftigen Verhaltensweisen. In diesem Fall sind Sie vielleicht gezwungen, sich zwischen ihnen und Ihrer emotionalen Gesundheit zu entscheiden. Sie sind Ihr ganzes Leben den ersten Weg gegangen, jetzt ist es an der Zeit, neue Pfade einzuschlagen.

Man entscheidet sich für diese dritte Möglichkeit nicht ohne Kummer, aber es gibt einen Weg, ihn zu bewältigen. Man kann sich auf Probe trennen. Machen Sie eine Pause von Ihren Eltern: drei Monate ohne Kontakt. Das bedeutet, keine Besuche, keine Anrufe, keine Briefe. Ich nenne dies die Entgiftungsphase, weil es allen Beteiligten eine Chance gibt, einen Teil des Gifts in ihnen loszuwerden und neu einzuschätzen, wieviel die Beziehung ihnen wert ist. Diese Pause ist vielleicht schwierig, aber sie kann eine Phase ungeheurer Entwicklung sein. Ohne viel Energien in die Konflikte mit den Eltern stecken zu müssen, haben Sie mehr Kraft für Ihr eigenes Leben übrig. Wenn Sie den emotionalen Abstand erst geschaffen haben, entdecken Sie und Ihre Eltern vielleicht sogar einige echte, positive Gefühle füreinander.

Nach diesem Moratorium müssen Sie abschätzen, ob Ihre Eltern ihre Position verändert haben. Bitten Sie sie um ein Treffen, um dies zu diskutieren. Wenn sie sich nicht geändert haben, können Sie entweder eine weitere Kontaktsperre vereinbaren oder ein Ultimatum stellen und sich nach dessen Ablauf eventuell völlig von ihnen lösen.

Wenn Sie entscheiden, ein völliger Bruch sei der einzige Weg, Ihr Wohlbefinden zu bewahren, rate ich Ihnen zu professioneller Hilfe. Das verängstigte Kind in Ihnen braucht in dieser Phase viel Bestätigung und Beruhigung. Ein mitfühlender Therapeut kann Ihnen helfen, dieses Kind in Ihnen zu versorgen, während er gleichzeitig den Erwachsenen durch die Angst und Schmerzen des Abschieds leitet.

Joes Vater, Alan, blieb noch lange nach der Konfrontation wütend. Er trank weiterhin sehr viel. Nach mehreren Wochen veranlaßte er seine Frau, Joanne, Joe eine Nachricht zu überbringen. Wenn Joe seinen Vater wiedersehen wollte, müsse er sich entschuldigen. Seine Mutter rief Joe fast täglich an und flehte ihn an, der väterlichen Forderung nachzugeben, damit, ihren Worten nach, »wir wieder eine Familie sein können«.

Joe erkannte mit Trauer, daß die Wahrnehmungsverzerrungen in seiner Familie weiterhin seine emotionale Gesundheit beeinträchtigen würden. Er schrieb seinen Eltern, daß er drei Monate Abstand von ihnen wolle. Er hoffe, daß sie in dieser Phase ihre Position noch einmal überdächten. Er bot ihnen an, sich nach dieser Zeit mit ihnen zu treffen, um zu sehen, ob noch etwas der Rettung wert wäre.

Nachdem dieser Brief abgeschickt war, sagte Joe, er fühle sich nun bereit, die Möglichkeit einer endgültigen Trennung zu akzeptieren.

»Ich habe wirklich gehofft, ich wäre stark genug, um eine Beziehung zu ihnen aufrechtzuerhalten und mich von ihrem Wahnsinn nicht verrückt machen zu lassen. Aber ich weiß jetzt, daß ich da zuviel von mir verlange. Da es sich auf eine Entscheidung zwischen ihnen und mir zuspitzt, wähle ich mich. Das ist vermutlich das Gesündeste, das ich jemals getan habe. Aber Sie sollten wissen, wie es in mir aussieht: In einem Moment bin ich stolz auf mich und fühle mich stark, im nächsten innerlich absolut leer. Ich weiß nicht, ob ich es jemals schaffe, gesund zu sein – wie fühlt sich das denn überhaupt an?«

Der Bruch mit den Eltern war sehr schmerzlich für Joe, aber seine Demonstration von Entscheidungsfähigkeit gab ihm ein neues Gefühl von innerer Kraft. Er fühlte sich selbstsicherer im Umgang mit Frauen und entwickelte in den nächsten sechs Monaten eine Liebesbeziehung mit einer Frau, die er als die stabilste bislang bezeichnete. Sein Selbstwertgefühl verbesserte sich, und damit auch sein Leben.

Ob Sie mit Ihren Eltern eine bessere Beziehung aushandeln, sich auf eine oberflächlichere Verbindung zurückziehen oder den Kontakt vollständig abbrechen, Sie tun einen großen Schritt auf die Trennung von den Mächten der Vergangenheit zu. Wenn Sie mit den alten ritualistischen Beziehungsmustern zu Ihren giftigen Eltern brechen, sind Sie viel offener und bereit zu einer wirklich liebevollen Beziehung zu sich selbst und zu anderen.

Die Konfrontation mit kranken oder greisen Eltern

Bei vielen meiner Klienten ist die Konfrontation mit einem schmerzlichen Dilemma verbunden, wenn die Eltern sehr alt, krank oder behindert sind. Sie empfinden oft sowohl heftiges Mitleid als auch gleichzeitige Ablehnung. Manche bindet die menschliche Verpflichtung, sich um die Eltern zu kümmern, in hohem Maße, dazu kommt aber eine Überempfindlichkeit deren Ansprüchen gegenüber. »Was soll es?« fragen sie. »Ich wünschte, ich hätte es schon vor Jahren versucht. Sie können sich an nichts erinnern.« Oder: »Mutter bekäme einen weiteren Schlaganfall, wenn ich sie konfrontierte. Soll ich sie nicht in Frieden sterben lassen?« Doch ohne eine Konfrontation wird es schwerer, Frieden mit sich selbst zu finden.

Ich will die damit verbundenen Schwierigkeiten nicht beschönigen, aber die Tatsache, daß ein Elternteil alt ist oder an einer chronischen Krankheit leidet, bedeutet nicht, daß eine Konfrontation nicht in Frage käme. Ich rate meinen Klienten, die Folgen der emotionalen Belastung mit dem Arzt der Eltern zu besprechen, um zu entscheiden, ob ein ernstes Gesundheitsrisiko besteht. Falls das zutrifft, gibt es Alternativen zur direkten Konfrontation, die Ihnen immer noch ermöglichen, die Wahrheit zu sagen, auch wenn Sie sich entscheiden, dies nicht vor Ihren Eltern zu tun. Sie können entsprechende Briefe schreiben, die Sie nicht abschicken, Sie können diese Briefe Fotos Ihrer Eltern vorlesen, Sie können mit Geschwistern oder anderen Familienangehörigen darüber reden. Wenn Sie in Therapie sind, können Sie Ihre Eltern im Rollenspiel konfrontieren. Ich werde diese Techniken genauer im Kapitel über die Konfrontation mit gestorbenen Eltern beschreiben.

Diese Techniken haben sich bei einigen Klienten als erfolgreich erwiesen, die einen oder beide Elternteile versorgen. Wenn Ihre

Eltern bei Ihnen leben und von Ihnen abhängig sind, können Ihre Bemühungen, offener mit der Beziehung zwischen ihnen umzugehen, die Spannungen vermindern und Ihnen die Versorgerrolle erleichtern. Aber es ist auch möglich, daß eine Konfrontation solche Zwietracht zwischen ihnen schafft, daß ein weiteres Zusammenleben unmöglich wird. Wenn die gegenwärtigen Lebensumstände keine Distanz zwischen Ihnen und Ihren Eltern zuläßt, falls eine Konfrontation Sie noch weiter voneinander entfremdet, können Sie sich für Alternativen zur direkten Konfrontation entscheiden.

Jonathan mied die Bindung an eine Frau, weil er immer noch gegen seine Mutter rebellierte, die ihn ständig unter Druck setzte, zu heiraten. Nach ein paar Monaten Therapie beschloß er, es gäbe zwar viele Dinge, die er seiner zweiundachtzigjährigen Mutter sagen wollte, doch seit einem Herzanfall vor ein paar Jahren war sie angegriffen. Dennoch fuhr sie mit ihren aufdringlichen Anrufen und Briefen fort. Seine Besuche bei ihr wurden zur unangenehmen Heuchelei.

»Sie tut mir so leid, aber ich bin wirklich wütend, wie viel Macht sie über mich hat. Doch ich habe Angst, denn wenn ich jetzt etwas sage, wird sie das umbringen, und das möchte ich nicht auf dem Gewissen haben. Ich spiele also einfach den lieben Jungen. Warum habe ich nicht vor fünfzehn oder zwanzig Jahren mit ihr geredet, als sie noch kräftiger war? Ich hätte mir eine Menge Kummer ersparen können.«

An dieser Stelle erinnerte ich Jonathan, daß eine Konfrontation nicht bedeutet, die andere Person zu vernichten. Wenn wir einen Weg finden könnten, einen Teil seiner Verletztheit und Wutgefühle auf kontrollierte und sanfte Art loszuwerden, entdecke er vielleicht, daß man in der Wahrheit immer mehr Frieden findet als in Verleugnung. Ich wollte ihn nicht zu etwas drängen, das vielleicht Folgen hatte, die er nicht bewältigen könnte, aber es bestand eine sehr reale Chance, daß eine aufrichtige Unterhaltung mit seiner Mutter die Qualität ihrer Beziehung verbesserte.

Ich erzählte ihm von der Arbeit, die gegenwärtig von erwachsenen Kindern mit deren kranken und sterbenden Eltern geleistet wurde und die erkennen ließ, daß eine ehrliche Erforschung der

Beziehung nicht nur den Eltern nicht schadet, sondern oft allen Beteiligten Trost und Nähe bringt.

Jonathans Alternative bestand darin, seine Gefühle zu ignorieren und so zu tun, als bestünde kein Problem. Ich meinte, dies sei eine ungeheure Verschwendung der ihnen verbleibenden Zeit.

Jonathan rang mehrere Wochen mit diesem Problem. Auf meinen Rat hin sprach er mit dem Arzt seiner Mutter, der ihm versicherte, ihr Gesundheitszustand sei stabil.

»Ich habe die Kugel ins Rollen gebracht, indem ich sie fragte, ob sie eine Ahnung hätte, wie ich unsere Beziehung finde. Sie antwortete, daß sie sich frage, warum ich bei ihr immer so gereizt wirke. Das erleichterte mir, ruhig mit ihr darüber zu reden, wie ihr Bedürfnis nach Kontrolle mein Leben beeinträchtigt habe. Wir haben stundenlang geredet. Ich habe Dinge gesagt, die ich nie für möglich gehalten hätte. Sie wurde defensiv. . . sie war verletzt. . . sie stritt eine Menge ab, aber etwas kam durch. Ein paarmal füllten sich ihre Augen mit Tränen, und sie drückte meine Hand. Die Erleichterung war unbeschreiblich. Ich hatte immer Angst, sie zu besuchen, aber sie ist nur eine kranke, alte Frau. Ich kann kaum glauben, wie lange ich Angst hatte, ihr die Wahrheit zu sagen.«

Jonathan war zum ersten Mal in seinem Leben fähig, ehrlich und aufrichtig mit seiner Mutter zu sprechen, und verbesserte so die Qualität ihrer Beziehung erheblich. Er hatte das Gefühl, endlich eine schwere Last abgeworfen zu haben. Er konnte seine Mutter nun sehen, ohne von Erinnerungen und Ängsten heimgesucht zu werden. Er konnte sich auf ihre gegenwärtige Realität einlassen, die ganz anders war als die einer starken, verschlingenden Mutter, an die der kleine Junge in ihm sich erinnerte.

Jonathans Konfrontation mit seiner Mutter hatte ziemlich positive Ergebnisse, aber das trifft nicht immer zu. Alter oder Krankheit machen giftige Eltern nicht immer fähiger, mit der Wahrheit umzugehen. Manche werden im Alter milder und angesichts der eigenen Sterblichkeit aufnahmefähiger dafür, Verantwortung für das eigene Verhalten zu übernehmen. Andere erstarren in ihren Verleugnungen, Mißhandlungen und ihrer Wut, wenn sie sehen, wie das Leben ihnen entgleitet. Ihre Angriffe auf Sie stellen vielleicht ihre einzige Methode dar, Depressionen und Panik abzuwehren. Diese Eltern gehen wütend und ablehnend ins Grab, ohne Sie jemals anerkannt zu haben. Das ist aber gleich. Wichtig ist, daß Sie gesagt haben, was gesagt werden mußte.

Konfrontation mit toten Eltern

Es ist extrem frustrierend, wenn Sie schwer gearbeitet haben, um bis zum Punkt der Konfrontation zu gelangen, aber dann sind einer oder beide Eltern bereits gestorben. Überraschenderweise gibt es aber mehrere Möglichkeiten, sie dennoch zu konfrontieren, obwohl die Eltern körperlich nicht mehr da sind.

Eine der von mir entwickelten Methoden, die sich als sehr erfolgreich erwiesen hat, besteht darin, einen Konfrontationsbrief zu schreiben und laut am Grab der Eltern zu lesen. Dies verleiht Ihnen ein starkes Gefühl, wirklich zu den Eltern zu sprechen und endlich die Dinge ausdrücken zu können, die Sie so lange in sich aufgestaut haben. Im Verlauf der Jahre habe ich nach solchen Grabkonfrontationen immer positive Rückmeldungen bekommen.

Falls es sich nicht ermöglichen läßt, das Grab der Eltern zu besuchen, lesen Sie Ihren Brief einem Foto Ihrer Eltern vor, einem leeren Stuhl oder jemandem, der bereit ist, die Rolle ihrer Eltern zu spielen.

Sie haben noch eine weitere Möglichkeit. Sie können mit einem Verwandten sprechen, am besten mit jemandem aus der gleichen Generation wie Ihre Eltern. Sprechen Sie mit dieser Person (nach Möglichkeit sollte sie blutsverwandt mit Ihnen sein) über die Erfahrungen mit Ihren Eltern. Sie brauchen sie nicht zu bitten, an deren Stelle Verantwortung zu übernehmen, aber es erleichtert Sie gewiß ungeheuer, wenn Sie einer Tante die Wahrheit sagen können.

Ein Verwandter reagiert vielleicht ebenso negativ wie Ihre Eltern, wenn sie noch lebten. Sie hören vielleicht Verleugnung, Ungläubigkeit, Wut oder Verletztsein, und Sie sollten dann genau das gleiche tun wie bei den Eltern: nichtdefensiv und gelassen bleiben. Es ist eine gute Gelegenheit, Ihnen zu vermitteln, daß Sie selbst die Verantwortung für die Veränderung tragen.

Ein Angehöriger kann Sie andererseits aber auch überraschend bestätigen oder sich sogar für Ihre Eltern entschuldigen. Dies passierte Kim, die von ihrem Vater mit Hilfe von Geld und unberechenbaren Launen kontrolliert worden war. Ihr Vater war zwar schon seit mehr als fünf Jahren tot, aber sie meinte, irgendein Familienmitglied konfrontieren zu müssen. Sie entschied sich für die jüngere Schwester ihres Vater, Shirley, und lud sie zum Essen ein.

Bei der darauffolgenden Sitzung erkannte ich sofort, daß Kim über das Ergebnis deutlich froh war:

»Wissen Sie, mein Vater wurde von allen bewundert. Er war der Superstar der Familie, und Shirley verhielt sich immer so, als bete sie ihn an. Sie können sich vorstellen, wie schwer ich es fand, ihr zu sagen, was für ein gemeiner Mensch er gewesen war. Doch dann geschah das Verrückte. Sie sagte, sie hätte immer vor ihm Angst gehabt, schon als kleines Kind, daß er damals schon immer schrecklich zu ihr gewesen sei und es sie ganz und gar nicht überrasche, was ich ihr mitteilte. Dann erzählte sie – das fand ich am besten –, daß sie ihm vor acht Jahren zum Geburtstag ein braunes Hemd geschenkt hatte, Sie wissen, wie es die Nazis trugen. Sie meinte, fast hätte sie noch ein Hakenkreuz darauf gestickt, aber das wäre wohl zu weit gegangen. Wir lachten, wir weinten, es war wunderbar. Die Leute in dem Restaurant müssen uns für völlig verrückt gehalten haben.«

Als Shirley sich Kim gegenüber öffnete, sagte sie in Wirklichkeit: »Ich verstehe, wie du dich fühlst, und weiß, daß das alles wahr ist.« Kim merkte, als sie die Erfahrung in ihre Generation zurückführte, daß sie einen Großteil ihrer aufgestauten Ängste und Schuldgefühle über das loswerden konnte, was ihr Vater ihr angetan hatte.

Ich weiß, daß diese Technik ungerecht sein kann, denn in den meisten Fällen sind die Verwandten nicht für Ihre negativen Erfahrungen verantwortlich. Sie müssen daher das Für und Wider abwägen. Wenn Sie einen Verwandten als Elternersatz benutzen und damit vielleicht ihre seelischen und emotionalen Wunden heilen, ist es sicher wert, ihn oder sie einer recht unangenehmen Erfahrung auszusetzen, die zeitweilig sehr verstörend wirken kann.

Die Konfrontation ist der Höhepunkt auf dem Weg zu Autonomie.

Was immer während oder nach einer Konfrontation geschieht, Sie sind der Sieger, denn Sie hatten den Mut, zu beginnen.

Auch wenn Sie nicht mit einer Trophäe nach Hause kommen, auch wenn Sie nicht alles artikuliert haben, was Sie sagen wollten, auch wenn Sie defensiv wurden und sich schließlich doch erklärten, und selbst wenn Ihre Eltern aufstanden und die Szene verließen – Sie haben es geschafft! Sie haben sich selbst und Ihren Eltern die Wahrheit über Ihr Leben gesagt, und die Angst, die Sie in Ihre alte Rolle ihnen gegenüber fesselte, kann Sie nie mehr kontrollieren.

14. Die Heilung der Inzestwunden

Professionelle Hilfe ist ein Muß für Menschen, die als Kinder sexuell mißbraucht wurden. Meiner Erfahrung nach reagiert niemand dramatischer und umfassender auf Therapie als Inzestopfer, trotz des Ausmaßes ihres Problems.

In diesem Kapitel werde ich Ihnen die Behandlungstechniken schildern, die ich im Verlauf der Arbeit mir mehr als tausend Inzestopfern entwickelt und verfeinert habe. Ich schildere sie Ihnen, weil ich möchte, daß Sie erkennen, wieviel Hoffnung besteht und wie ungewöhnlich die Heilung verlaufen kann. Sie sollten diese Arbeit allerdings nicht allein unternehmen.

Wenn Sie sich gegenwärtig in Therapie befinden, schlage ich vor, Ihren Therapeuten aufzufordern, die Arbeit mit Ihnen gemeinsam anzugehen. Dieser besondere Heilungsprozeß hat einen Anfang, eine Mitte und ein Ende. Der Weg ist deutlich und klar vorgezeichnet. Wenn Sie ihm folgen, werden Sie Ihre Würde und Ihre Selbstachtung wiedererlangen.

Ich weiß, daß manche Therapeuten und Inzestklienten den Begriff *Inzestüberlebender* statt *Inzestopfer* bevorzugen. Meiner Meinung nach ist *Inzestopfer* aber eine genauere Beschreibung der individuellen Erfahrung. Mit dieser semantischen Entscheidung für *Überlebender* macht man Schmerzen erträglicher, solange das Wort nicht benutzt wird, um zu leugnen, daß viel Arbeit geleistet werden muß.

Warum brauche ich Therapie?

Wenn Sie als Kind sexuell belästigt worden sind, werden alle oder die meisten der folgenden Bemerkungen auf Sie zutreffen:

1. Sie haben ein tiefsitzendes Gefühl von Wertlosigkeit, Schuld und Scham.
2. Sie werden leicht von anderen ausgenutzt und ausgebeutet.
3. Sie glauben, alle anderen seien wichtiger als Sie.
4. Sie glauben, der einzige Weg, Liebe zu bekommen, bestehe darin, für andere zu Ihrem eigenen Nachteil zu sorgen.
5. Sie finden es schwer, Grenzen zu setzen, Wut auszudrücken oder »nein« zu sagen.
6. Sie ziehen grausame oder mißhandelnde Menschen in Ihr Leben und sind überzeugt, Sie könnten diese dazu bringen, Sie zu lieben oder nett zu Ihnen zu sein.
7. Sie finden es schwer, zu vertrauen, und erwarten, von anderen verraten oder verletzt zu werden.
8. Ihnen sind Sex oder Ihre eigene Sexualität unangenehm.
9. Sie haben gelernt, zu spielen, alles sei in Ordnung, auch wenn das nicht zutrifft.
10. Sie sind überzeugt, weder Erfolg, Glück noch eine gute Beziehung zu verdienen.
11. Sie finden es schwer, spielerisch oder spontan zu sein.
12. Sie haben das Gefühl, nie Kind gewesen zu sein.
13. Sie sind oft wütend auf Ihre eigenen Kinder und ärgern sich darüber, daß sie es besser haben als Sie damals.
14. Sie fragen sich, wie es ist, normal zu sein.

Das Muster, das Sie immer wieder zum Opfer macht, bestimmt Ihr Leben schon seit langer Zeit. Es ist hartnäckig und allein nur mit Schwierigkeiten zu durchbrechen, aber eine Therapie kann Sie erfolgreich aus seinem Griff befreien.

Die Wahl eines Therapeuten

Es ist sehr wichtig, sich nach einem Therapeuten umzusehen, der Erfahrung in der Arbeit mit Inzestopfern hat. Viele Therapeuten sind auf diesem hochspezialisierten Gebiet nicht bewandert. Und praktisch kein Therapeut lernt während seiner Ausbildung etwas über Inzest. Fragen Sie jeden in Frage kommenden Therapeuten nach seiner besonderen Ausbildung und Erfahrung. Wenn er nicht an Workshops, Seminaren, Konferenzen oder Kursen über Inzestbehandlung teilgenommen hat, suchen Sie sich besser einen anderen.

Therapeuten, die in Familientherapie ausgebildet sind und handlungsorientierte Techniken wie das Rollenspiel anwenden, sind die besten Berater für Inzestopfer, freudianische Psychiater die schlechtesten, denn Freud hat seine ursprüngliche (und zutreffende) Meinung über die Häufigkeit und Schädlichkeit von Inzest deutlich revidiert. Als Folge dessen begegnen viele freudianische Psychiater und Analytiker Berichten von Kindheitsbelästigungen mit Skepsis oder Ungläubigkeit.

In den letzten zehn Jahren haben sich überall Selbsthilfegruppen für Inzestopfer gebildet. Diese Gruppen gewähren Unterstützung und das Gefühl, nicht allein zu stehen, aber sie können Ihnen nicht das gleiche wie ein Therapeut mit Erfahrung im Strukturieren und Anleiten vermitteln. Eine Selbsthilfegruppe ist mehr als nichts, aber es ist weitaus besser, sich einer von einem Experten geleiteten Gruppe anzuschließen.

Einzel- oder Gruppentherapie?

Ein fast unumgängliches Gefühl bei Inzest ist die völlige Isolierung. Doch wenn Sie sich unter Menschen befinden, die über Gefühle und Erfahrungen reden, die den Ihren sehr ähneln, schwindet diese Einsamkeit. Die Mitglieder der Gruppe unterstützen Sie und kümmern sich um Sie. Grundsätzlich sagen sie: »Wir wissen, wie du dich fühlst. Es tut uns mit dir weh. Wir mögen dich und wollen, daß es dir so gutgeht wie möglich.«

Nur wenige Menschen fühlen sich in einer Gruppe nicht wohl, obwohl die meisten anfangs ängstlich sind. Sie fühlen sich vielleicht angespannt und verlegen, vor anderen Menschen »darüber« zu reden. Aber glauben Sie mir, diese Gefühle halten selten länger als zehn Minuten an.

Eine kleine Minderheit von Inzestopfern in einer Gruppe ist allerdings emotional zu empfindlich, um die Intensität der Gruppe zu bewältigen. Für sie besteht die Alternative in der Einzeltherapie.

Ich habe immer gemischte Gruppen mit Männern und Frauen. Die Gefühle und Traumata sind die gleichen.

Die Inzest-Therapiegruppen in meinem Behandlungszentrum sind offen. Das bedeutet auch, daß jemand, der gerade erst mit dieser Arbeit beginnt, sich in einer Gruppe mit Personen in verschiedenen Stadien der Heilung befindet. Es ist sehr ermutigend, andere zu sehen, die kurz vor dem Abschluß stehen und die Inzesterfahrung bald hinter sich lassen können.

Die erste Gruppensitzung

Wenn ein neuer Klient in eine Gruppe kommt, beginnen wir die Sitzung mit einer Initiationsübung, bei der jedes Mitglied von seiner oder ihrer Inzesterfahrung spricht – mit wem sich was abspielte, wann es begann, wie lange es sich fortsetzte und wer darüber Bescheid wußte. Das neue Mitglied ist zuletzt an der Reihe.

Diese Initiation bricht das Eis, damit man sich aktiv an der Gruppe beteiligen kann. Vielleicht reden Sie zum ersten Male überhaupt offen über Ihre Erfahrung. Sie werden erkennen, daß Sie nicht allein sind und daß andere Menschen ähnliche Dinge erlitten haben.

Ihre Initiation ist auch Bestandteil des wichtigen Desensibilisierungsprozesses der anderen Gruppenmitglieder. Jedesmal, wenn ein neuer Klient initiiert wird, müssen die bisherigen Mitglieder wiederholen, was so lange unausgesprochen blieb. Je öfter dies geschieht, um so stärker wird jeder in der Gruppe gegenüber Scham und Schuldgefühlen desensibilisiert. Das erste Mal ist für alle schwierig. Es wird häufig geweint, und Verlegenheit herrscht vor. Beim dritten oder vierten Mal wird es schon leichter, darüber zu reden, und die Verlegenheit schwindet merklich. Wenn man seine Geschichte zehn- oder zwölfmal erzählt hat, ist es nicht schwieriger, als über jede andere Lebenserfahrung zu reden.

Behandlungsstadien

Ich leite Inzestopfer durch drei Grundstadien: Empörung, Trauer und Befreiung.

Empörung ist eine tiefsitzende Wut, die aus der Verletzung und dem Verrat des Kerns einer Person herrührt. Dieser erste, wichtige Teil der Arbeit ist am schwierigsten.

Die meisten Erwachsenen, die als Kinder belästigt wurden, haben sich oft genug traurig, einsam und schlecht gefühlt. Kummer ist ihnen vertraut, aber Empörung nicht. Deshalb versuchen sie oft, diese zu überspringen und so rasch wie möglich zur Trauer überzugehen. Das ist aber ein Fehler. Empörung muß der Trauer vorangehen. Natürlich ist es unmöglich, intensive Gefühle völlig getrennt zu halten – in Trauer ist Empörung enthalten, in Empörung Trauer. Aber um das Ziel unserer Arbeit zu erreichen, müssen wir in getrennten Stadien arbeiten.

Die Empörung des Opfers

Um die Verantwortung entschieden dort zu plazieren, wohin sie gehört, müssen Sie Ihre Empörung akzeptieren und in der sicheren Situation der Therapie lernen, sie herauszulassen.

Für viele ist dies leichter gesagt als getan. Sie haben sie jahrelang in sich verschlossen und Ihre Empörung vielleicht so wirksam unterdrückt, daß Sie zu einem unterwürfigen, sich aufopfernden Perfektionisten geworden sind. Es ist, als sagten Sie: »Ich bin nicht gestört und kann das beweisen, indem ich perfekt bin. Ich opfere mich für andere auf. Ich werde nie wütend und tue immer, was man mir sagt.« Diese Empörung herauszulassen, ist wie die Sprengung eines Vulkans. Die Eruption kann einen leicht überwältigen.

Wenn Sie Ihre Wut völlig aus dem Bewußtsein verdrängt haben, sind Sie auch besonders empfänglich für körperliche oder emotionale Symptome wie Kopfschmerzen und Depressionen.

Manchmal besteht das Problem nicht darin, in Kontakt mit der Wut zu treten, sondern sie zu kontrollieren. Sie schäumen vielleicht vor Wut auf alle in Ihrer Umgebung, nur nicht auf diejenigen, auf die Sie wirklich wütend sind – Ihre Eltern. Sie sind sehr verletzlich und verlagern Ihre Wut von den Eltern auf jeden, der Ihnen in die Quere kommt. Sie verhalten sich so gereizt und aggressiv, daß Sie alle anderen vor den Kopf stoßen.

Die Techniken, die ich Ihnen im weiteren Verlauf dieses Kapitels zeige, erlauben Ihnen, Ihre Empörung auf kontrollierte Weise loszuwerden, das Druckventil langsam zu öffnen und Ihre Wut freizusetzen.

Die Trauer des Opfers

Während des Heilungsprozesses werden Sie viele Verluste aktiv betrauern – den Verlust der Phantasie von der »heiligen Familie«, von der Unschuld, von Liebe, Ihrer Kindheit, von Jahren, die andernfalls glücklich und produktiv gewesen wären. Diese Trauer kann Sie überwältigen. Ihr Therapeut muß den Mut und die Erfahrung haben, Sie hindurchzuleiten und zum Licht am Ende des Tunnels zu führen. Wie bei jeder Trauer gibt es keinen leichten Ausweg oder eine Abkürzung.

Befreiung und Bestärkung

Im letzten Stadium der Behandlung, wenn Sie Ihre Empörung und Ihre Trauer ausgeschöpft haben, werden Sie lernen, die Ihnen abgeforderte Energie zu benutzen, um Ihr Leben und Ihr Selbstbild neu aufzubauen. Zu diesem Zeitpunkt werden Ihre Symptome entweder deutlich nachgelassen haben, oder sie können bewältigt werden. Sie haben neue Würde und ein neues Selbstgefühl als eine wertvolle, liebenswerte Person. Sie sehen zum ersten Mal in Ihrem Leben Wahlmöglichkeiten – weil Sie sich nicht länger wie ein Opfer fühlen und verhalten.

Behandlungstechniken

Die beiden Grundtechniken, die ich bei der Behandlung von Klienten anwende, sind Briefe schreiben und Rollenspiel. Ich habe auch eine Reihe von Gruppenübungen entwickelt, die sich besonders bei Inzestopfern als erfolgreich erwiesen haben, aber auch bei anderen erwachsenen Kindern giftiger Eltern. Diese Techniken können sowohl in Gruppen- wie Einzeltherapie angewendet werden. Da in meinem Behandlungszentrum nur ein kleiner Prozentsatz der Inzesttherapie in Einzelsitzungen erfolgt, habe ich meine Beispiele aus Gruppensitzungen ausgewählt.

Briefe

Ich bitte jedes Gruppenmitglied, pro Woche einen Brief zu schreiben, besonders am Anfang. Sie schreiben diese Briefe zu Hause und lesen sie den anderen Mitgliedern vor. Es wird von niemandem verlangt, diese Briefe auch abzuschicken, doch viele tun dies, besonders, wenn sie sich stärker fühlen. Ich fordere die Klienten auf, die Briefe in der folgenden Reihenfolge zu schreiben:

1. an den Aggressor, die Aggressoren,
2. an den anderen Elternteil (in der Annahme, daß der eine der Aggressor war; falls Erwachsene von einem anderen Familienmitglied als den Eltern sexuell belästigt wurden, sollten sie zuerst an diesen schreiben und dann an beide Eltern getrennt),
3. an das gestörte Kind vom Standpunkt des erwachsenen Selbst aus,
4. ein »Märchen« über Ihr Leben,
5. an Ihren Partner oder Freund (falls vorhanden),
6. an jedes Ihrer Kinder.

Nach dieser Briefserie bitte ich die Gruppenmitglieder, noch einmal von vorn zu beginnen. Auf diese Weise werden die Briefe nicht nur zu wirksamen Instrumenten bei der Heilung, sondern auch zu einem aussagekräftigen Barometer für den Erfolg. Ein in den ersten Wochen der Therapie geschriebener Brief kann in Tonfall und Inhalt deutlich anders ausfallen als einer, der drei oder vier Monate später geschrieben wurde.

Im ersten Brief, an den Aggressor, sollten Sie alles herauslassen und so empört wie möglich werden. Benutzen Sie Wendungen wie: ». . . du wagtest es!«, »Wie konntest du . . . « sooft wie möglich. Das erleichtert Ihnen, in Kontakt mir Ihrer Wut zu treten.

Als ich Janine zuerst traf, eine zierliche, blonde, sechsunddrei-ßigjährige Frau, sprach sie kaum lauter als flüsternd. Ihr Vater hatte sie im Alter von sieben bis elf Jahren sexuell belästigt, aber Janine klammerte sich immer noch an die Hoffnung, irgendwie seine Liebe erringen zu können. Sie zögerte sehr stark, ihre innere Wut auf ihn zu akzeptieren. Bei der Initiation weinte sie, und sie fühlte sich offensichtlich unbehaglich, als ich sie bat, ihrem Vater zu schreiben. Ich forderte sie auf, den Brief zu benutzen, um auf den Vater wütend zu werden, der sie verletzt und verraten hatte, und erinnerte sie daran, daß er diesen Brief ja nie zu sehen bräuchte.

Aufgrund unserer Arbeit erwartete ich, daß ihr erster Brief zögernd, sehnsüchtig und voller Wunschdenken sein würde. Doch dann kam die Überraschung:

Lieber Papa,
»lieb« bist Du ja eigentlich nicht, und mein Vater bist Du auch nur, weil Du dein Sperma eines Nachts in Mutter praktiziert hast. Ich hasse Dich, und Du tust mir leid. Wie konntest Du es wagen, Deine kleine Tochter so zu behandeln?
Wo ist meine Unberührtheit, Papa? Wo ist mein Selbstrespekt? Ich habe nichts getan, Deinen Haß zu verdienen. Ich habe nie versucht, Dich zu erregen. Sind kleine Mädchen enger, oder was war es? Erregen Dich kleine Brüste mehr, du Schwein? Ich hätte Dich bespucken sollen. Ich hasse mich, weil ich nicht den Mut hatte, mich gegen Dich zu wehren. Wie konntest Du es wagen, Deine Macht als Vater zu benutzen, um mich zu vergewaltigen? Wie konntest Du es wagen, mich zu verletzen? Wie konntest Du es wagen, nie mit mir zu reden?
Als ich klein war, hast Du mich einmal an der Hand ins Meer geführt und getan, als wolltest Du es mit mir durchwaten. Erinnerst Du dich daran? Du hattest so schöne blaue Augen, und ich vertraute Dir. Ich wollte so sehr, daß Du mich respektierst. Ich

wollte, daß Du auf mich stolz bist. Du warst mehr für mich als nur ein Kinderschänder, aber das war Dir egal. Ich werde nicht mehr so tun, als sei es nicht geschehen. Es ist geschehen, Papa, und es brennt immer noch in mir.

Janine

Janines Brief brachte mehr Gefühle an die Oberfläche, als stundenlanges Reden jemals vermocht hätte. Sie war von der Intensität ihrer Gefühle erschrocken, doch von dem Wissen getröstet, daß sie einen sicheren Ort kannte, an dem sie sie zum ersten Mal erforschen und ausdrücken konnte.

Connie, eine rothaarige Bankangestellte, deren Vater sehr früh begonnen hatte, sie zu belästigen, und die später ihren Selbsthaß ausagierte, indem sie mit Hunderten von Männern schlief, war ein paar Monate vor Janine zu der Gruppe gestoßen. Connie brauste rasch auf und strahlte Aggressivität und Wut aus. Ich nenne sie zwar ein »rauhes Mädchen«, aber ich weiß noch, wie klein und verletzlich sie sich am Anfang fühlte. In ihrem ersten Brief an den Vater ergossen sich ihre Gefühle kreuz und quer über die Seiten, ohne Grenzen, ohne Form. Doch als Connie den zweiten Brief an ihren Vater vorlas, wurde deutlich, daß sowohl ihre Gefühle als auch ihre Wahrnehmungen organisierter und konzentrierter geworden waren:

Lieber Papa,
es scheint lange her, seit ich meinen ersten Brief schrieb – soviel hat sich verändert. Als ich anfing, war ich ein schreckliches Ungeheuer und verhielt mich in vieler Hinsicht wie Du. Der Inzest war schlimm genug, aber ich mußte ja auch mit Deiner Gewalttätigkeit und Deinen ständigen Drohungen leben. Du warst ein Tyrann. Wie konntest Du es wagen, mir die Kindheit zu rauben? Wie konntest Du es wagen, mein Leben zu ruinieren?
Endlich fange ich an, die Scherben aufzusammeln. Du bist ein kranker, gestörter Mensch. Du hast mich auf alle möglichen Weisen benutzt, wie man einen Menschen nur benutzen kann. Du hast mich zu einer Liebe gezwungen, wie es kein Vater von seiner Tochter verlangen darf, und ich hatte nicht die Macht, Dir Einhalt zu gebieten. Ich fühle mich nicht normal, ich fühle mich

schmutzig. Mein Leben war schlecht, und ich habe mich so selbstzerstörerisch verhalten, daß schon die geringste Veränderung eine Besserung bedeutet.

Ich kann Deine und Mutters Probleme nicht lösen, aber meine eigenen. Und wenn bei diesem Prozeß einer von euch oder beide verletzt werden, kann ich es nicht ändern. Ich habe nicht darum gebeten, sexuell belästigt zu werden.

Connie

Als Connie ihre Wut herausließ, befreite sie sich von einem Großteil ihres Selbsthasses und dem Ekel vor sich selbst. Je häufiger dies geschah, um so stärker konnte sie sich ihrer persönlichen Reifung und Heilung verpflichten.

Brief an den stummen Partner

Nach dem Brief an den Aggressor schreiben Sie an den anderen Elternteil. In den meisten Fällen handelt es sich dabei um Ihre Mutter. Wenn Sie meinen, Ihre Mutter wußte über den Inzest nicht Bescheid, kann dieser Brief die erste Gelegenheit bieten, diese Erfahrungen für sie in Worte zu fassen.

Wenn Sie meinen, Ihre Mutter habe von dem Inzest gewußt, oder wenn Sie es ihr schon mitgeteilt haben, als es passierte, empfinden Sie vermutlich starke Empörung, die Sie ihr gegenüber ausdrükken müssen, Empörung über den fehlenden Schutz, daß Ihnen nicht geglaubt wurde oder man Ihnen die Schuld gab, daß Sie als Opferlamm für die Aufrechterhaltung dieser destruktiven Ehe benutzt wurden, und daß Sie für Ihre Mutter weniger wichtig waren als deren Bedürfnis nach finanzieller Sicherheit und der Beibehaltung des Status quo.

Connies Brief an ihre Mutter ist ein typisches Beispiel für die ungeheure Ambivalenz von Inzestopfern gegenüber der Mutter. Der Brief begann mit einer Aufzählung der sexuellen Mißhandlungen durch ihren Vater. Sie fuhr fort, indem sie aus ihrer Sicht die Rolle der Mutter innerhalb der Familie schilderte.

. . . ich fühle mich auch von Dir verraten, Mutter. Mütter sollten ihre Kinder beschützen, aber das hast Du nicht getan. Du
hast Dich nicht um mich gekümmert, und daher konnte er mir
so weh tun.
Wolltest Du das alles nicht sehen? Oder war es Dir egal? Ich bin
so wütend auf Dich wegen all der einsamen, ängstlichen Jahre,
die ich erlebt habe. Du hast mich verlassen. Der Friede mit ihm
war Dir so verdammt wichtig, daß Du mich geopfert hast. Es hat
sehr weh getan, zu erkennen, daß ich Dir nicht wichtig genug
war, beschützt zu werden. Es hat so weh getan, daß ich meine
Schmerzen verdrängen mußte. Ich kann nicht mehr wie ein
normaler Mensch fühlen. Meine Eltern haben mir nicht nur
meine Kindheit geraubt, sondern auch meine Emotionen. Ich
hasse Dich und liebe Dich gleichzeitig so sehr, daß ich völlig
verwirrt bin. Warum hast Du Dich nicht um mich gekümmert,
Mami? Warum hast Du mich nicht einfach geliebt? Was
stimmte nicht mit mir? Werde ich darauf jemals eine Antwort
bekommen?«

Connies eindringliche Schilderung ihrer Verwirrung spiegelt
die Gefühle aller Inzestopfer wider, wenn die Mütter sie nicht beschützen. Connie drückte es so aus: »Tiere beschützen ihre Jungen . . .«

Brief an das verletzte Kind

In vieler Hinsicht ist der Brief an das verletzte Kind in Ihnen
vielleicht der schwerste, doch vielleicht ist er auch der wichtigste. Das
Schreiben dieses Briefes beginnt mit dem Prozeß, sich wieder Eltern
zu geben. Das bedeutet, Sie müssen tief in sich suchen, um einen
liebenden, wertvollen Elternteil für das verletzte Kind zu finden, das
Sie immer noch in sich tragen. Es ist ein Elternteil, der durch diesen
Brief denjenigen Bereich in Ihnen tröstet, beruhigt und schützt, der
immer noch verletzlich und ängstlich ist.
Viele Menschen, die als Kinder sexuell mißhandelt wurden, sind
von ihrem inneren Kind entfremdet. Ihre Scham drückt sich in
Verachtung und Haß für jenes »unzulängliche«, hilflose Kind aus.

Um sich gegen solche extrem schmerzlichen Gefühle zu wehren, haben Sie vielleicht versucht, sich von diesem Kind zu distanzieren, aber es kann nur verborgen, nicht verlassen werden.

Ich möchte, daß Sie in diesem Brief versuchen, dieses Kind anzunehmen und wieder in Ihre Persönlichkeit zu integrieren. Seien sie ein liebevoller Elternteil. Geben Sie diesem Kind die Liebe und Unterstützung, die Sie selbst nie hatten. Geben Sie ihm zum ersten Mal das Gefühl, wertvoll zu sein. Dan, der Ingenieur, der während seiner gesamten Kindheit und Adoleszenz vom Vater sexuell miß-braucht worden war, hatte lange den kleinen Jungen gehaßt, der er einst gewesen war, den kleinen Jungen, der zu schwach gewesen war, sich gegen seinen Vater zu wehren. Der folgende Auszug aus seinem Brief an diesen kleinen Jungen zeigt, wie dramatisch diese Gefühle sich nach nur wenigen Sitzungen verändert hatten:

Lieber kleiner Dan,
Du warst ein wunderbares Kind, eine Unschuld. Du warst die reine Liebe. Ich werde mich von nun an um Dich kümmern. Du warst begabt und sehr kreativ. Ich werde Dir Stimme geben. Jetzt bist Du sicher. Du kannst lieben und Liebe empfangen. Du wirst nicht mehr verletzt. Jetzt kannst Du unterscheiden. Ich werde mich um uns beide kümmern. Ich bringe uns wieder zusammen. Wir waren immer getrennt und haben verschiedene Rollen gespielt, weil wir lernen mußten, mit allem fertig zu werden. Du bist nicht verrückt. Du hattest Angst. Er kann Dir nun nicht mehr weh tun. Ich habe mit dem Trinken und den Drogen aufgehört, die Deine Wut, Deine Empörung, Deine Traurigkeit, Deine Depression, Deine Schuldgefühle und Deine Angst verbargen. Diese Gefühle kannst Du jetzt ablegen. Ich habe aufgehört, uns zu bestrafen wie er. Ich habe mich Gott ergeben. Wir sind wertvoll. Ich bin wertvoll. Die Welt, die wir erfanden, ist zu Ende. Wir erwachen. Es tut immer noch weh, aber nicht mehr so stark. Und endlich ist alles Wirklichkeit.

Dan

Dan benutzte diesen Brief nicht nur, um mit dem Kind in sich zu kommunizieren, sondern um sich zu versichern, daß seine Entschei-dung, Drogen und Alkohol zu entsagen, ein Schritt sei, der sein Ich bestätigte und stabilisierte. Beim Schreiben dieses Briefes begriff er zum ersten Mal die Verbindung zwischen seinem selbstzerstörerischen Verhalten und den Schmerzen seiner Kindheit.

Das Märchen

Nach diesen drei Briefen sollen Sie Ihr Leben in märchenhafter Sprache und Begriffen beschreiben. Sie schreiben über sich selbst als kleine Prinzessin oder sanften jungen Prinzen, der bei bösen Königen oder häßlichen Monstern und Drachen in dunklen Wäldern oder Ruinen lebte. Sie beschreiben den Inzest als Schwarze Pest, ein Gewitter oder das Ende aller Freude, je nachdem, was Ihre Phantasie Ihnen eingibt. Bei diesem Märchen schreiben Sie zum ersten Mal in der dritten Person statt aus der Ichperspektive. Das hilft, Ihre Innenwelt von einem neuen, objektiveren Standpunkt aus zu erkennen und emotionalen Abstand zwischen Ihnen und Ihren Kindheitstraumata zu schaffen. Indem Sie das kleine Mädchen als »sie« statt »ich« bezeichnen, beginnt der scharfe Schmerz der Erinnerung nachzulassen. Wenn Sie Ihre Gefühle symbolisch ausdrücken, können Sie auf einer Ebene mit ihnen umgehen, die Sie bislang noch nicht erreicht haben, und neue, deutlichere Erkenntnis daraus gewinnen, was damals mit Ihnen geschah.

Die einzige Vorschrift dabei ist, daß Ihr Märchen trotz seines traurigen Anfangs ein glückliches Ende hat. Das Märchen ist immer die Allegorie Ihres eigenen Lebens, und es besteht tatsächlich Hoffnung. Das mögen Sie zu Beginn der Arbeit vielleicht nicht glauben, aber wenn Sie optimistisch über die Zukunft schreiben, beginnen Sie, positivere Bilder zu sehen. Das ist besonders wichtig für Menschen, die sich keine glückliche Zukunft vorstellen können. Mit der Ausmalung eines glücklicheren Lebens können Sie beginnen, sich konkrete, erreichbare Ziele zu setzen, und wenn man erst einmal Ziele hat, besitzt man etwas, auf das man zuarbeitet.

Ich werde nie vergessen, wie Tracy – die von ihrem Vater, dem Versicherungsvertreter, sexuell mißbraucht worden war, ihr Märchen vorlas. Es war sehr lang, daher folgt es hier nur in Auszügen. Die Wahrheit und die Hoffnung, die sie durch diese Übung finden konnte, änderten Tracys Sicht ihrer eigenen Situation dauerhaft.

Es war einmal eine kleine Pflanze, die in einem sehr einsamen, von Bergen umgebenen Tal lebte. Diese kleine Pflanze hieß »Ivy« [eine Abkürzung für »incest victim« -Inzestopfer] und war recht unglücklich. Sie starrte oft zum Fluß und wünschte sich, ans andere Ufer zu entkommen.

Ivys kleiner Winkel wurde von dem berüchtigten König Moris Lester regiert, den man als Moe kannte. Wenn man seinen Spitznamen und den Nachnamen zusammenzieht, wird daraus Moe Lester [»molester« – Sexualtäter], und was man dann hört, ist auch das, was man bekommt.

Moe hatte eine Leidenschaft für zarte junge Pflänzchen. Als Ivy zu blühen begann, erspähte Moe sie und war ganz begeistert von der Tatsache, daß sie zwar reif war, aber noch so jung, wie sie nur sein konnte. Moe beging an Ivy eine schlimme Tat nach der anderen, aber dennoch verehrte sie ihn weiter und behandelte ihn wie einen König.

Moe hatte keine Scham, doch Ivy glich aus, an was es ihm mangelte. Die arme Ivy zog sich von der Welt zurück und hatte in ihrer schrecklichen Einsamkeit nur einen einzigen Gefährten: Gil Trip [»guilt trip« – Schuldbewußtsein].

Gil war ein niederes, schleimiges Wesen, das über Ivy kroch und an ihren Blättern, ihrem Stengel und ihren Wurzeln knabberte. Gil hielt Ivy so, wie alle anderen, krank und beschädigt in jenem Tal zurück.

Doch eines Tages traf Ivy eine Befreierin. »Wer bis du?« fragte sie erstaunt. »Ich bin deine gute Fee, die man als Susan aus dem Norden kennt. Pack dein Bündel, und zwar rasch. Du wirst entwurzelt.« Ivy geriet in Panik. »Aber ich komme nicht über den Fluß«, weinte sie. »Doch, doch«, beschwichtigte sie Susan. »Du kannst auf meiner Empörung reiten. Die hat mich weit gebracht und wird dich mitnehmen.« Ivy klammerte sich an die Empörung, die sie noch nie erlebt hatte, und ließ sich von ihr weit fort aus dem Tal ihres Unglücks tragen.

Abgesehen von ihren Einsichten ermöglichten die wunderbare Phantasie und der Humor Tracy, einen Teil der spielerischen Eigenschaften wieder einzufangen, auf denen in ihrer Kindheit so herumgetrampelt worden war.

Einige Klienten protestieren, wenn ich ihnen das Märchen aufgebe, und behaupten, sie könnten nicht schreiben, oder daß ein Märchen zu schreiben frivol sei. Aber das Märchen erweist sich immer als eine der bewegendsten und heilendsten Übungen.

Brief an Ihren Partner

Der nächste Brief sollte an Ihren Partner gerichtet werden. Wenn Sie keinen Ehemann, Liebhaber, Partner oder Freund haben, reicht ein ehemaliger Freund oder Ehemann. (Sie müssen ja auch diesen Brief nicht abschicken.) Erklären Sie ihm oder ihr, wie Ihr Kindheitstrauma Ihre Beziehung beeinträchtigte. Sie müssen nicht die Verantwortung für jedes gemeinsame Problem übernehmen, aber Ihre Unfähigkeit, zu vertrauen, Ihr Bedürfnis, nachzugeben, und Ihre sexuellen Erfahrungen haben bestimmt ihren Zoll verlangt. Das wichtigste an diesem Brief ist, daß Sie offen und ehrlich über das reden, was mit Ihnen geschah, denn es ist ein wichtiger Bestandteil des Prozesses, sich von ihrer Scham zu befreien.

Briefe an die Kinder

Ihre Briefserie endet mit einem Brief an jedes Ihrer Kinder. Wenn Sie keine haben, schreiben Sie vielleicht an das Kind, das Sie sich wünschen oder nie gehabt haben. Benutzen Sie diesen Brief, um ihre Liebesfähigkeit neu zu bestätigen und zu begreifen, daß Sie die Kraft haben, ein besserer Elternteil zu sein, wenn Sie ihren Schmerz durcharbeiten und hinter sich lassen.

Die Kraft des Rollenspiels

Nachdem alle Briefe vorgelesen wurden, improvisieren wir in der Gruppe kurze Szenen, um die schriftlich aufgebrachten Themen zu bewältigen. Ich habe festgestellt, daß dieses Psychodrama oder Rollenspiel ein wunderbar erkenntnisförderndes und wirksames Mittel ist, Inzesttraumata durchzuarbeiten.

Ein Rollenspiel umgeht die Intellektualisierung und Verleugnung, die Sie vielleicht als Verteidigungsmechanismen gegen Ihre Gefühle aufgebaut haben. Es bietet Ihnen eine Gelegenheit, die volle Bandbreite Ihrer Gefühle gegen ein Familienmitglied auszuagieren, ehe Sie bereit sind, diese zu konfrontieren. Es schafft eine sichere Atmosphäre, in der Sie neue Verhaltensweisen ausprobieren können. All diese Faktoren sind für eine erfolgreiche Behandlung notwendig.

Nach drei Monaten in der Gruppe fühlte sich Connie stark genug, um die Briefe an ihren Vater und ihre Mutter abzuschicken. Aber sie merkte, daß sie viel Unterstützung brauchen würde, wenn diese Briefe ihre Empfänger erreichten. Ich fragte sie, ob ihr Mann Wayne ihr helfen könnte, und sie gab verlegen zu, ihm immer noch nichts von den sexuellen Übergriffen ihres Vaters erzählt zu haben.

Wie die meisten Inzestopfer war Connie überzeugt, daß er das Interesse an ihr verlieren und sie für ihn abstoßend und ekelhaft sein würde. Trotz vieler Jahre mit Wayne, in denen er sich als liebevoll und hilfsbereit erwiesen hatte, verhinderte ihre Angst immer noch, ihr schmerzliches Geheimnis zu enthüllen. Doch jetzt mußte Sie es ihm sagen.

Um Connies Ängste zu mildern, bat ich sie, es Wayne im Rollenspiel mitzuteilen, ehe sie es in Wirklichkeit versuchte. Wir spielten eine Reihe von Szenen, bei denen ich oder ein anderes Gruppenmitglied Waynes Rolle übernahm. Wir reagierten auf verschiedene Weisen, von völliger Akzeptanz bis zu totaler Ablehnung.

In einer besonders dramatischen Szene spielte Connie selbst Wayne, um einige seiner Gefühle zu erfahren. Ich spielte Connie. Nachdem ich »Wayne« erzählt hatte, was mein Vater mir angetan hatte, sagte ich ihm, was ich nun von ihm brauchte.

Susan (als Connie): »Ich brauche jetzt wirklich deine Liebe und dein Verständnis. Ich muß wissen, daß dir das nichts ausmacht und du mich nicht haßt oder für schmutzig hältst.«

Connie (als Wayne): »Natürlich hasse ich dich nicht. Ich wünschte mir nur, du hättest es mir eher gesagt, damit ich dir hätte helfen können. Dieses Wissen macht dich für mich nur kostbarer. Ich habe immer geahnt, daß in dir ein schmerzliches Geheimnis ruht, weil du immer so mißtrauisch und wütend warst, und da ich es jetzt weiß, ergibt alles einen Sinn. Ich wünschte, ich könnte etwas tun, damit dieser Schmerz verschwindet und daß du mir genug vertraut hättest, um es mir eher zu sagen...«

An diesem Punkt brach Connie aus ihrer Rolle aus.

Connie: »Ich konnte seine Liebe wirklich spüren, als ich ihn spielte. Es wird alles gut. Ich weiß es. Und wenn das nicht zutrifft (sie lächelte), dann werfe ich ihn hinaus...«

Man kann Rollenspiel benutzen, um sich zu ermutigen, das Schweigen zu brechen. Als Connie es Wayne tatsächlich erzählte, merkte sie, daß die Proben in der Gruppe ihre Angst beträchtlich gemildert hatten. Wayne war in der Tat so verständnisvoll, wie sie es gespürt hatte. Und seine Unterstützung während der restlichen Zeit der Therapie half ihr ungeheuer.

Übungen zur Heilung des inneren Kindes

Zusätzlich zum Briefschreiben gibt es eine Reihe sehr wirksamer Gruppenübungen. Ich beschreibe im folgenden die beiden wirksamsten:

Das Neuschreiben der Geschichte – die »Nein«-Übung

Wenn es Ihnen wie der großen Mehrheit der Inzestopfer ergeht, wissen Sie nicht, wie man »nein« sagt. Sie halten sich für machtlos und glauben, alles tun zu müssen, was man von Ihnen verlangt. Diese Überzeugungen haben ihren Ursprung in Ihrer Erfahrung, von einem starken Elternteil gezwungen, eingeschüchtert und gedemütigt worden zu sein.

Um Ihre Macht neu zu gebären, schließen Sie die Augen und stellen sich vor, wie es war, als Sie zum ersten Mal sexuell belästigt wurden, doch dieses Mal verändern Sie das Geschehene. Stellen Sie sich den Raum vor, in dem es geschah. Sehen Sie den Täter an. Strecken Sie die Hände aus und schieben Sie ihn mit den Worten fort:

»Nein. Das darfst du nicht! Ich lasse es nicht zu! Ich verrate dich! Ich schreie!« Stellen Sie sich vor, daß er Ihnen gehorcht. Sehen Sie, wie er sich abwendet und den Raum verläßt und immer kleiner wird, als er aus der Tür geht.

Auch wenn Sie vielleicht starken Schmerz spüren, weil Sie es damals nicht konnten, diese Neuschreibung der Geschichte ist eine aufregende und bestärkende Übung. Dan sagte: »Mein Gott, ich hätte alles in der Welt dafür gegeben, das tun zu können. Aber auch jetzt gibt es mir eine Kraft, die ich in mir nicht vermutet hatte. Damals konnte keiner sich selbst wehren, aber wir können das alle lernen!«

Seien Sie ein Kind, seien Sie erwachsen

Bei einer der beeindruckendsten Gruppenübungen spielen sich die Mitglieder in dem jeweiligen Alter, in dem sie erstmals sexuellen Übergriffen ausgesetzt wurden.

Es geht darum, die Gefühle der Kindheit wieder auszudrücken. Um Ihnen das zu erleichtern, setzen Sie sich auf den Boden – Stühle und Sofas sind für Erwachsene. Denken Sie daran, daß kleine Kinder nicht wie Erwachsene reden – sie haben ihr eigenes Vokabular und eine eigene Betrachtungsweise der Welt. Wenn sich die Gruppe mißhandelter Kinder gebildet hat, erzählen Sie dem Gruppenleiter von den »komischen Sachen«, die sich bei Ihnen zu Hause abspielen. Die anderen »Kinder« können Fragen stellen, Sie aber auch trösten. Der folgende Auszug einer Gruppensitzung illustriert, wie Connie einen größeren Durchbruch erlebte:

Susan: »He, mein Schatz, wie alt bist du?«
Connie (mit Kinderstimme): »Sieben.«
Susan: »Ich habe gehört, dein Papi macht ziemlich doofe Sachen mit dir. Es hilft vielleicht, wenn du uns das einmal erzählst.«
Connie: »Also ... ich weiß nicht. Ich schäme mich, aber mein Papi ... er kommt in mein Zimmer ... und zieht meine Hose herunter ... und dann faßt er mich an und leckt mich ... da unten. Dann reibt er seinen Willi an meinem Bein und keucht so, und nach einer Weile kommt da so klebriges weißes Zeug raus.

Dann muß ich ein Handtuch holen und es wegwischen, und er sagt, wenn ich das jemanden verrate, verprügelt er mich.«

Susan: »Und wie geht es dir, wenn dein Papi so was mit dir macht?«

Connie: »Ich habe Angst und mir ist schlecht. Ich muß ein böses Kind sein, wenn mein Papi so was mit mir macht. Manchmal möchte ich sterben, denn dann merkt er, wie schlimm ich mich fühle, und wenn ich tot wäre, würde er auch damit aufhören.«

An diesem Punkt zerbrach Connies »harte« Schale. Die anderen Gruppenmitglieder bildeten einen Kreis um sie und hielten sie, während sie minutenlang weinte.

Unter Schluchzen erzählte Connie, daß sie jahrelang nicht geweint und Angst davor habe, wie verletzlich sie sich dabei fühle. Ich versicherte ihr, die Bloßlegung ihrer weichen, verletzlichen Seite würde für sie eine große Quelle von Kraft sein, nicht von Schwäche. Das verängstigte, verletzte Kind in ihr brauche sich dann nicht mehr zu verstecken.

Wenn Ihr Kind eine Gelegenheit gehabt hat, sich auszudrücken, und getröstet und bestätigt worden ist, müssen Sie sich bewußt entscheiden, zu Ihrem Erwachsenenselbst zurückzukehren. Stehen Sie auf und mustern Sie Ihre Körpergröße. Fühlen Sie Ihre erwachsene Macht. Die Fähigkeit, zum Erwachsenenselbst zurückzukehren, ist eine Quelle großer Kraft, die Sie jederzeit heranziehen können, wenn Sie sich wie ein hilfloses Kind fühlen.

Das sind nur zwei der vielen Gruppenübungen, die Ihr Therapeut vielleicht anwendet. Zusammen mit dem Briefeschreiben und dem Rollenspiel bilden diese Übungen die Hauptstufen auf dem Weg, nicht mehr Opfer zu sein.

Die Konfrontation Ihrer Eltern

Indem ich dies niederschreibe, muß ich Sie leider davor warnen, daß die Menschen, die Sie versorgen, lieben und schützen sollten, Sie voraussichtlich angreifen werden, wenn Sie es unternehmen, die Wahrheit zu sagen. Alles, was ich Ihnen bisher über Konfrontation gesagt habe, wiegt doppelt, wenn es sich um einen Inzest handelt:

- Sie brauchen starke Unterstützung,
- Sie müssen immer wieder proben,
- Sie müssen Ihre Überzeugung verändert haben, wer verantwortlich ist,
- Sie müssen darauf vorbereitet sein, Ihre Beziehung zu Ihren Eltern deutlich zu verändern oder sogar zu opfern.

Wenn Ihre Eltern noch zusammenleben, können Sie sie entweder zusammen oder einzeln konfrontieren. Ich habe jedoch festgestellt, daß bei Inzest die Konfrontation gewöhnlich weniger explosiv verläuft, wenn Sie die Eltern einzeln angehen. Zusammen verbünden sich Eltern von Inzestopfern oft und verteidigen ihre Ehe gegen das, was sie als Angriff verstehen. In diesem Fall stehen zwei gegen einen. Dann wird es für Sie besonders wichtig, Unterstützung zu haben.

Man kann nie vorhersagen, wie ein Täter reagieren wird, doch wenn man ihm allein gegenübersteht, nimmt man der Situation ein wenig Sprengstoff. Er streitet den Inzest vielleicht kategorisch ab, wird wütend und verläßt die Szene, attackiert Ihren Therapeuten, weil er Sie ermutigt hat, die Familie anzugreifen, oder er versucht, seine Verbrechen zu verniedlichen, erkennt vielleicht sogar an, was er tat. Sie müssen auf alles vorbereitet sein. Wenn er tatsächlich seine Taten zugibt, hüten Sie sich vor Entschuldigungen. Aggressoren versuchen oft, ihre Opfer zu manipulieren, indem sie in diesen Mitleid erregen.

Die Schritte zur Konfrontation sind die gleichen wie bei anderen giftigen Eltern, daneben gibt es aber auch bestimmte Dinge, die zu Ihren Forderungen für die Zukunft gehören. Die Reaktion des Aggressors auf diese Wünsche ist der einzig zuverlässige Indikator für eine künftige Beziehung zu ihm.

Das wollen Sie:

1. Volle Anerkennung des Geschehenen. Wenn der Aggressor behauptet, sich nicht zu erinnern, bitten Sie ihn, trotzdem anzuerkennen, daß es wahr sein muß, denn *Sie* erinnern sich.
2. Eine Entschuldigung.
3. Volle Übernahme der Verantwortung und Ihre ausdrückliche Entlastung.
4. Bereitschaft, es wiedergutzumachen. Er/sie kann sich zum Bei-

spiel in Therapie begeben, Ihre Therapie bezahlen, sich bei anderen Menschen in Ihrem Leben für den verursachten Schmerz entschuldigen und zu Gesprächen darüber bereit sein, wenn Sie dies brauchen.

Ein Wort der Warnung: Entschuldigungen können sehr verführerisch sein und die falsche Hoffnung wecken, daß sich in Ihrer Beziehung alles ändert. Wenn auf Entschuldigungen aber keine Verhaltensänderungen folgen, bleibt alles beim alten. Er/sie muß bereit sein, etwas gegen das Problem zu unternehmen. Andernfalls sind Entschuldigungen leere Worte, die Ihnen nur weiterhin Verletzungen und Enttäuschungen bereiten.

Offensichtlich bekommen nur wenige Opfer eine positive Reaktion auf alle oder die meisten dieser Forderungen, aber es ist für Ihre Reifung sehr wichtig, daß Sie sie stellen. Sie müssen die Grundregeln für eine zukünftige Beziehung festlegen. Sie müssen deutlich zeigen, daß Sie nicht mehr mit Lügen, Halbwahrheiten, Geheimnissen und Verleugnungen leben werden. Am wichtigsten aber ist, daß Sie deutlich machen, nicht mehr die Verantwortung für die gegen Sie verübte Gewalt zu übernehmen – nicht mehr bereit sind, Opfer zu sein.

»Es ist Zeit, mit den Täuschungen aufzuhören«

Tracy entschied, Vater und Mutter einzeln zu konfrontieren. Sie erzählte ihrem Vater von der Therapie, erläuterte aber die genauen Umstände nicht. Sie sagte, es sei sehr nützlich, wenn er mit ihr in eine Sitzung käme. Er erklärte sich dazu bereit, sagte aber mehrere Termine ab, ehe er sich endlich zeigte.

Harold, Tracys Vater, war ein schlanker, leicht kahler Mann Ende Fünfzig. Er war makellos gekleidet, jeder Zoll der Geschäftsmann, der er inzwischen geworden war. Als ich ihn fragte, ob er wisse, warum Tracy ihn bei dieser Sitzung dabeihaben wolle, antwortete er, er »habe so eine Ahnung«. Ich begann, indem ich Tracy bat, ihrem Vater zu sagen, was für eine Art Therapie sie mache:

»Ich bin in einer Gruppe für Inzestopfer, Papa. Das sind Menschen, denen Väter und manchmal Mütter antaten, was du mir angetan hast.«

Harold errötete sichtlich und wandte den Blick ab. Er wollte etwas sagen, doch Tracy unterbrach ihn und verlangte ihm die Zustimmung ab, sie ausreden zu lassen. Sie erzählte ihm nun, was er ihr angetan hatte und wie sie sich daraufhin krank, verängstigt, verwirrt und schmutzig gefühlt hatte. Dann schilderte sie, wie der Inzest ihr Leben beeinträchtigt hatte:

»Ich fand es nie normal, einen Mann zu mögen. Ich hatte immer das Gefühl, dich zu verraten oder zu betrügen. Ich fühlte mich wie ein Besitztum, als hätte ich außer dir kein Leben. Ich glaubte dir, als du sagtest, ich sei eine Hure – immerhin trug ich dieses schmutzige Geheimnis mit mir herum. Ich hielt es für meine Schuld. Ich bin fast mein ganzes Leben lang depressiv gewesen, aber ich lernte, mich so zu verhalten, als sei alles in Ordnung. Dabei ist nichts in Ordnung. Und jetzt ist es Zeit, daß wir mit der Schauspielerei aufhören. Meine Ehe ist fast zerbrochen, weil ich Sex so haßte. Ich haßte meinen Körper, haßte mein Selbst! Das ändert sich Gott sei Dank nun alles. Aber du bist unbeschadet davongekommen, während ich mich mit der gesamten Last abgemüht habe. Du hast mich verraten, du hast mich benutzt, du hast mir das Schlimmste angetan, was ein Vater seiner kleinen Tochter antun kann.«

Dann sagte Tracy, was sie sich von ihrem Vater wünschte: Eine Entschuldigung und die volle Anerkennung seiner Verantwortung. Sie gab ihm auch die Gelegenheit, es ihrer Mutter mitzuteilen, ehe sie es tun würde.

Er beschuldigte sie, ihn zu erpressen. Er unternahm keinen Versuch, den Inzest abzustreiten, aber versuchte, ihn herunterzuspielen, indem er Tracy daran erinnerte, ihr niemals »körperlich weh getan« zu haben. Er entschuldigte sich, doch seine Hauptsorge galt den Folgen für seine Ehe und seinen Beruf, wenn dies »öffentlich« würde. Er stritt ab, eine Therapie zu brauchen, denn er habe ein »nützliches und produktives« Leben geführt.

In der folgenden Woche drängte Tracy ihren Vater, es der Mutter »zu gestehen«. Dann berichtete Tracy der Gruppe von den Folgen:

> »Meine Mutter war ziemlich schockiert, aber im nächsten Atemzug bat sie mich, ihm zu vergeben und es niemand anderem zu erzählen. Als ich antwortete, dazu sei ich nicht bereit, fragte sie mich, ob ich *ihnen* denn so sehr weh tun müsse. Man stelle sich das vor – plötzlich bin *ich* der Bösewicht bei alldem!«

Alle in der Gruppe fragten Tracy, wie sie sich fühlte, nachdem sie diesen großen Schritt getan hatte. Ihre Antwort werde ich niemals vergessen:

> »Ich habe das Gefühl, als sei mir ein Dreitonnengewicht von den Schultern genommen worden. Ich merke erst jetzt, daß ich ein Recht habe, die Wahrheit zu sagen, und nicht verantwortlich dafür bin, wenn andere damit nicht umgehen können.«

Wir sahen begeistert mit an, wie Tracy ihre Macht zurückeroberte und einen großen Schritt auf ihr Ziel zugegangen war, nie wieder Opfer zu sein. Tracy entschied sich schließlich, die Beziehung zu den Eltern aufrechtzuerhalten, aber nur in begrenztem Umfang.

Man rennt gegen eine Wand

Tracy benötigte bei der Konfrontation ihres Vaters nur wenig Hilfe von mir. Liz hingegen, deren Stiefvater ein bekannter Prediger war, der sie nicht nur mißbrauchte, sondern auch würgte, als sie den Mut fand, ihm Einhalt zu gebieten, brauchte sehr viel Hilfe, besonders, weil ihre Mutter und der Stiefvater darauf bestanden, zusammen zu erscheinen. Als Liz ihre Eltern bat, in eine Therapiesitzung zu kommen, erwiderten sie, sie täten alles, um ihr bei ihren »psychischen Problemen« zu helfen.

Mit dreizehn hatte Liz ihrer Mutter von den Mißhandlungen des Stiefvaters erzählt, in einem verzweifelten Versuch, diese zu verhindern. Ihre Mutter hatte ihr nicht geglaubt, und Liz hatte das Thema nie wieder berührt.

Liz' Stiefvater Burt war ein höflicher, rosig aussehender Mann Anfang Sechzig. Mir fiel auf, daß er seinen schwarzen Dienstanzug trug. Liz' Mutter Rhoda war eine große, dünne, ernst aussehende Frau mit schwarzem, stark ergrauendem Haar. Beide strahlten schon in der Tür beleidigte Selbstgerechtigkeit aus.

Liz tat und sagte alles, was sie geprobt hatte, aber jedesmal, wenn sie versuchte, über die sexuellen Übergriffe zu reden, stieß sie auf eine Mauer wütender Ableugnung und Anschuldigungen. Ihren Eltern zufolge war sie geistesgestört, hatte alles erfunden und war ein böses, rachsüchtiges Kind, das es Burt heimzahlen wollte, weil er »sehr streng« mit ihr umgegangen war. Liz behauptete sich, aber sie erreichte nichts. Hilflos sah sie mich an. Ich mischte mich ein:

»Sie beide haben Liz nun genug verraten – ich lasse nichts Derartiges mehr zu. Ich bedaure, daß keiner von Ihnen den Mut hat, die Wahrheit zuzugeben. Burt, Sie wissen, daß alles, was Liz gesagt hat, wahr ist. Niemand erfindet solche demütigenden und schmerzlichen Dinge. Und niemand erfindet Jahre der Depressionen und Scham. Ihr Verbrechen ist verjährt, aber ich möchte Ihnen sagen, da Sie sich in einer Position befinden, in der Ihnen andere Kinder anvertraut werden, haben Liz und ich Sie dem Kinderschutzbund gemeldet. Wenn Sie jemals wieder ein Kind verletzen, wird dieser Bericht gegen Sie verwendet. Ich verstehe nicht, wie Sie anderen Menschen predigen können, wenn Ihr ganzes Leben auf einer Lüge beruht. Sie sind ein Betrüger und ein Kinderschänder, Herr Pfarrer! Sie wissen es, und Gott weiß es ebenfalls.«

Burts Gesicht wurde zu Stein. Er blieb stumm, aber seine Wut war offenkundig. Ich wandte mich Liz' Mutter in dem letzten Versuch zu, sie zur Anerkennung der Wahrheit zu bringen, aber meine Worte stießen auf taube Ohren. Burt und Rhodas Verteidigungsmechanismen waren undurchdringlich, und ich sah keinen Grund, Liz' Schmerz zu verlängern. Sie hatte alle Informationen, die sie brauchte, und daher bat ich Burt und Rhoda zu gehen.

Liz wußte nun, daß sie die Entscheidung zwischen ihren Eltern und ihrem emotionalen Wohlbefinden treffen mußte. Beides konnte sie nicht haben. Sie brauchte nicht lange, um sich zu entscheiden:

»Ich muß sie aus meinem Leben verbannen. Sie sind einfach zu verrückt. Der einzige Weg, eine Beziehung zu ihnen zu haben, wäre, ebenfalls verrückt zu sein. Aber ich bin jetzt viel stärker, und es ist, als stammten sie von einem anderen Stern. Gott, diese Frau ist meine Mutter!«

Sie begann zu weinen. Ich umarmte sie, während sie minutenlang schluchzte. Schließlich sagte sie:

»Am meisten tut wohl weh, zu erkennen, daß ich ihnen völlig egal bin und immer war. Nach jeder normalen Definition von Liebe haben sie mich nie geliebt.«

Mit dieser letzten Bemerkung zeigte Liz die Bereitschaft, sich der schrecklichen Wahrheit zu stellen, vor der viele Erwachsene stehen, die als Kinder mißhandelt wurden – letztendlich waren ihre Eltern unfähig, sie zu lieben. Es waren aber deren Versagen und deren Charaktermängel, die diese schmerzliche Tatsache schafften, nicht die eigenen.

Die Konfrontation des stummen Partners

Connies Eltern lebten weit entfernt, daher beschloß sie, sie in Einzelbriefen zu konfrontieren. In der Übung, bei der sie sich als Kind gespielt hatte, erinnerte sie sich, es ihrer Mutter erzählt zu haben, als ihr Vater sie zum ersten Mal sexuell belästigte. Für Connie war besonders wichtig, herauszufinden, warum ihre Mutter nichts unternommen hatte, um sie zu schützen.

Nachdem Connie die Briefe abgeschickt hatte, ging sie vor Angst fast die Wände hoch. Nach drei Wochen klagte sie, sie habe immer noch keine Antwort von ihrem Vater erhalten.

»Doch, das haben Sie«, entgegnete ich. »Seine Antwort lautet, daß er nicht bereit ist, damit umzugehen.«

Connie bekam allerdings einen Brief von ihrer Mutter. Sie las einen Auszug der Gruppe vor:

»Gleich, was ich nun sage, es wird nie ausreichen, den Schaden wiedergutzumachen, der Dir angetan wurde. Damals dachte ich, ich schützte Dich so gut ich kann. Ich habe mit ihm darüber geredet, aber er entschuldigte sich und schwor, es würde nie wieder vorkommen. Er schien das ehrlich zu meinen. Er flehte mich um eine Chance an und sagte, er liebe mich. Niemand wird jemals meine Angst begreifen, meine Unsicherheit. Ich wußte nicht, was ich tun sollte. Ich dachte, das Problem bestünde nicht mehr. Jetzt bemerke ich zu meinem Abscheu, wie leicht er mich hereinlegen konnte. Ich habe mir so sehr eine glückliche Familie gewünscht, daß ich mich auf die Vertuschung einließ. Ich wollte unbedingt den Frieden bewahren. Mir dreht sich der Kopf, und ich kann im Moment nicht mehr dazu sagen. Vielleicht kann ich Dir wie immer nicht helfen, Connie, aber, bitte, glaube mir, daß ich Dich sehr liebe und Dir nur das Beste wünsche.

In Liebe, Mama

Dieser Brief gab Connie Hoffnung, eine ehrlichere Beziehung mit der Mutter beginnen zu können. Auf meinen Vorschlag hin arrangierte Connie ein Telefonat zu dritt zwischen ihrer Mutter, sich selbst und mir. Bei diesem Gespräch drückte Connies Mutter noch einmal ihren Kummer über das Geschehene aus und gab ihre Schwäche und Mitwisserschaft zu. Auch ich begann zu hoffen, daß diese beiden Frauen etwas Wertvolles aufbauen könnten – bis Connie sie um etwas bat, das sie sich wirklich wünschte:

Connie: »Ich erwarte von dir nicht, daß du ihn nach all den Jahren verläßt, aber mir ist eines sehr wichtig. Ich will, daß du ihm sagst, wie schrecklich er zu mir war. Ich verlange nichts von ihm – er ist ein kranker, verrückter Mann, und das muß ich akzeptieren. Aber ich möchte, daß er das aus deinem Mund hört.«

Margaret schwieg lange. Dann sagte sie:

»Das kann ich nicht. Ich kann es einfach nicht. Bitte verlang das nicht von mir.«

Connie: »Du schützt ihn also weiterhin, wie immer. Als ich deinen Brief bekam, dachte ich, nun habe ich vielleicht endlich eine Mutter. Ich dachte, du würdest zum ersten Mal für mich Partei ergreifen. Daß es dir leid tut, ist nicht genug, Mama. Du mußt etwas für mich tun. Du mußt mir zeigen, daß du mich liebst, es nicht nur sagen.«

Margaret: »Connie, das ist alles lange her. Du hast nun dein eigenes Leben, deine eigene Familie. Ich habe nur ihn.«

Connie war bitter enttäuscht, als ihre Mutter sich weigerte, das einzige zu tun, um das sie sie gebeten hatte. Aber sie erkannte, daß ihre Mutter ihre Entscheidung vor langer Zeit getroffen hatte. Es war unrealistisch, zu erwarten, daß sie sich dieses Mal anders verhielt.

Connie entschied sich, um ihres eigenen Wohlbefindens willen, einen Minimalkontakt per Brief und Telefon mit der Mutter aufrechtzuerhalten und deren Grenzen zu akzeptieren, aber sie beschloß, jeglichen Kontakt zu ihrem Vater abzubrechen.

»Wir müssen weiterleben«

Dans Mutter Evelyn, eine pensionierte Rektorin, reagierte anders, als ihr Sohn endlich das Schweigen brach. Dans Eltern waren schon seit zehn Jahren geschieden, als er sich endlich stark genug fühlte, seiner Mutter von der jahrelangen sexuellen Mißhandlung durch seinen Vater zu erzählen.

Evelyn weinte, als sie die Geschichte hörte, trat auf ihn zu und umarmte ihn.

»O Gott, mein Liebling, es tut mir so leid. Warum hast du mir das nie gesagt? Ich hätte etwas dagegen unternehmen können. Ich hatte doch keine Ahnung. Ich wußte, daß etwas mit ihm nicht stimmte. Unsere sexuelle Beziehung war schrecklich, und ich wußte, daß er immer im Bad masturbierte, aber ich hätte mir nie träumen lassen, daß er dir etwas antun könnte. Oh, mein Baby, es tut mir so leid, so leid!«

Dan machte sich Sorgen, seiner Mutter soviel aufzuladen. Er hatte ihre Mitleidsfähigkeit unterschätzt. Aber sie versicherte ihm, lieber die furchtbare Wahrheit mit ihm teilen zu wollen, als ein Leben der Lüge zu führen.

»Ich habe das Gefühl, als sei ich vor eine Mauer gerannt. Aber ich bin so froh, daß du es mir gesagt hast. So vieles ergibt jetzt einen Sinn. Mir fällt es wie Schuppen von den Augen . . . dein Trinken, deine Depressionen und so vieles in unserer Ehe. Weißt du, ich habe mir jahrelang Vorwürfe gemacht, weil er sexuell sowenig an mir interessiert war. Und ich gab mir selbst die Schuld an seinen Wutausbrüchen. Jetzt weiß ich, daß er krank war, wirklich krank, und keinen von uns trifft irgendwelche Schuld. Wir müssen damit jetzt weiterleben.«

Dan hatte sich nicht nur selbst ein Geschenk gemacht, als er die Wahrheit sagte, sondern auch seiner Mutter. Indem er ihr von dem Inzest erzählte, gab er ihr die Antwort auf viele schmerzliche, verwirrende Fragen über ihre Ehe. Dans Mutter reagierte, wie es sich alle Inzestopfer wünschen – mit Mitleid, Wut auf den Aggressor und echter Unterstützung.

Als Dan und seine Mutter meine Praxis Arm in Arm verließen, hatte ich nur den einen Gedanken: Wie schön, wenn alle Mütter sich so verhielten.

Reifeprüfung

Im Verlauf des Behandlungsprozesses kommt ein Punkt, an dem Sie alle Briefe geschrieben und neu formuliert haben, an dem Sie die Rollenspiele, die Übungen und die Konfrontationen hinter sich gebracht und eine Entscheidung getroffen haben, wie die künftige Beziehung zu Ihren Eltern aussehen soll. Ihre Kraft und Ihr Wohlbefinden machen sich immer stärker bemerkbar. Die Veränderungen in Ihren Überzeugungen, Ihren Gefühlen und Ihrem Verhalten wurden in Ihre Persönlichkeit integriert. Kurz, Sie sind bereit für die »Reifeprüfung«.

Es wird eine traurige, aber aufregende Zeit für Sie, für die anderen Gruppenmitglieder und Ihren Therapeuten. Sie werden sich von der einzigen guten Familie verabschieden, die Sie jemals hatten, doch viele Gruppenmitglieder halten auch weiterhin Freundschaft. Diese Freundschaften, die auf gemeinsamen, starken emotionalen Erlebnissen beruhen, sind in der Regel extrem dauerhaft, geben Ihnen weiterhin Zuwendung und Unterstützung und schmälern das Verlustgefühl, wenn Sie die Therapie verlassen.

Der Zeitpunkt Ihrer Reifeprüfung wird von Ihren Bedürfnissen bestimmt. Die meisten Inzestopfer in meinen Gruppen brauchen ein bis anderthalb Jahre, um den Behandlungszyklus zu durchlaufen. Wenn Ihre Eltern ungewöhnlich hilfreich sind, wie Dans Mutter, kann es kürzer sein. Wenn Sie sich entschließen, die Beziehung abzubrechen, wie Connie, müssen Sie vielleicht etwas länger in der Gruppe bleiben, um zu vermeiden, einen Verlust (den der Gruppe) mit einem anderen (dem ihrer Eltern) zu verstärken. Mich erstaunen immer noch die dramatischen Veränderungen, die in dieser relativ kurzen Zeitspanne stattfinden, besonders, wenn man bedenkt, wie groß der anfängliche Schaden war.

Ein neuer Mensch

Von Zeit zu Zeit setzen sich Klienten, die ihre Therapie abgeschlossen haben, mit mir in Verbindung, um mich wissen zu lassen, wie es ihnen ergangen ist. Vor kurzem bekam ich einen Brief von einer meiner ersten Patientinnen, einer jungen Frau namens Patty, der mich besonders berührte und freute.

Patty war in einer meiner ersten Inzestgruppen. Damals war sie sechzehn Jahre alt. Ich habe Patty schon kurz erwähnt; sie war das kleine Mädchen, dem der Vater androhte, zur Adoption freigegeben zu werden, aber sie unterwarf sich ihm nicht. Ich hatte mehrere Jahre nichts mehr von ihr gehört, erinnerte mich aber, daß sie ihren Vater nicht konfrontieren konnte, weil er mehrere Jahre, bevor sie mit der Behandlung begann, verschwunden war. Hier ihr Brief:

Liebe Susan,
ich schreibe Ihnen, um mich noch einmal für Ihre Hilfe zu bedanken, ein neuer Mensch geworden zu sein. Dank Ihnen und der Gruppe geht es mir nun wirklich gut.
Ich bin mit einem netten Mann verheiratet und habe drei Kin-

der. Ich habe wieder gelernt, zu vertrauen. Ich glaube, aufgrund dessen, was ich bei Ihnen durchgearbeitet habe, bin ich eine bessere Mutter geworden. Meine Kinder wissen, daß sie sich nicht von anderen Menschen an den falschen Stellen berühren lassen dürfen, und daß sie, wenn es passiert, es mir erzählen können und ich auf ihrer Seite stehe.

Meinen Vater habe ich schließlich doch noch konfrontiert. Es dauerte eine Weile, bis ich ihn aufgespürt hatte. Ich habe ihm gesagt, was ich über ihn denke und fühle. Seine einzige Antwort lautete: »Ich bin ein kranker Mensch.« Nicht ein einziges Mal hat er gesagt, es täte ihm leid. Aber Sie hatten recht, es war nicht wichtig. Ich mußte nur die Verantwortung dorthin übertragen, wohin sie gehörte, und fühlte mich besser. Danke für Ihre Liebe. Ich verdanke Ihnen mein Leben.

In Liebe, Patty

Patty ist kein ungewöhnlicher Fall. Das Leben sieht aus der Perspektive eines Inzestopfers vielleicht schlimm aus, aber die Therapie funktioniert. Wie schlecht Sie sich auch fühlen mögen, Sie können ein besseres Leben führen, ein Leben voller Selbstrespekt und Freiheit von Schuldgefühlen, Angst und Scham. Alle Menschen, die Sie in diesem Kapitel kennengelernt haben, waren verzweifelt und sind gesund geworden. Das können auch Sie werden.

15. Den Teufelskreis durchbrechen

Kurz nach der Veröffentlichung meines Buches »Liebe als Leid« schrieb mir eine Frau namens Janet, sie habe es soeben gelesen:

»Ich erkannte meinen Mann und mich auf jeder Seite, und ich habe begriffen, daß mein Mann mich nicht nur mißhandelt, sondern ich aus einer Familie mit mehreren Generationen von Frauen als Opfern mißhandelnde Männer stamme. Ihr Buch gab mir den Mut, diese Reihe zu durchbrechen. Ich bin nicht sicher, ob mein Mann bereit ist, sich zu ändern, aber ich weiß, von jetzt an sehen meine Kinder eine Mutter, die sich mit keiner Mißhandlung abfindet und nicht zuläßt, daß sie verbal mißhandelt werden. Meine Söhne werden nicht mit der Überzeugung aufwachsen, daß es in Ordnung ist, Frauen zu mißhandeln, und meine Tochter wird nicht programmiert, Opfer zu sein. Dank dafür, daß Sie mir den Weg gezeigt haben.«

Die Betroffenen ändern sich vielleicht, aber der Teufelskreis giftigen Verhaltens kann sich über Generationen hinweg fortsetzen. Das Familiendrama verläuft zwar in jeder Generation anders, aber alle giftigen Verhaltensmuster ähneln sich bemerkenswert in ihren Folgen: Schmerzen und Leid.

Janet konfrontierte tapfer die fest etablierten Muster von Mißhandlung und Passivität in ihrer Familie. Indem sie ihr eigenes Verhalten änderte und den emotionalen Mißhandlungen ihres Mannes Grenzen setzte, unternahm sie einen Riesenschritt, ihre Kinder von dem Familienerbe zu befreien. Sie durchbrach den Teufelskreis.

Der Ausdruck »den Teufelskreis durchbrechen« wurde ursprünglich im Zusammenhang mit Kindesmißhandlung geprägt – indem man verhinderte, daß ein geprügeltes Kind als Erwachsener seine eigenen Kinder schlägt. Ich habe diesen Begriff aber auf alle Formen von Mißhandlung ausgeweitet.

Für mich bedeutet das Durchbrechen des Teufelskreises, sich nicht mehr wie ein Opfer zu verhalten oder wie ein mißhandelnder oder unzulänglicher Elternteil. Man spielt nicht mehr das hilflose, abhängige Kind gegenüber dem Partner, den Kindern, Freunden, Kollegen und Chefs. Und Sie erhalten Unterstützung, wenn Sie feststellen, daß Sie sich gegenüber Ihrem Partner oder den Kindern auf eine Weise verhalten, über die Sie sich schämen. Die Veränderungen beginnen zwar bei Ihnen selbst, aber die Folgen sind viel weitreichender. Indem Sie den Teufelskreis durchbrechen, schützen Sie Ihre Kinder vor den giftigen Überzeugungen, Regeln und Erfahrungen, die Ihre eigene Kindheit so sehr beeinträchtigt haben, verändern Sie vielleicht den Charakter der familiären Interaktionen auf Generationen hinaus.

»Ich kann für meine Kinder da sein«

Eine der wirksamsten Methoden, den Teufelskreis zu durchbrechen, besteht darin, für die Kinder emotional da zu sein. Melanie stellte fest, daß sie ihren Kindern Liebe geben konnte, obwohl sie diese von den eigenen Eltern nie bekommen hatte. Sie fand es aber schwer, einen Rückfall in alte Gewohnheiten zu vermeiden:

»Ich hatte solche Angst, Kinder zu bekommen. Ich wußte einfach nicht, wie ich als Mutter sein würde. Es war wirklich schwer. Sehr oft habe ich sie angeschrien und in ihr Zimmer geschickt, um meine Ruhe zu haben. Wie können sie nur so verdammt schwach und anspruchsvoll sein! Doch seit ich in Therapie bin, weiß ich, daß meine Mutter mich genauso behandelt hat. Wenn ich mich nicht gut fühle, gebe ich mir große Mühe, sie nicht auszuschließen. Ich muß mich dazu wirklich sehr anstrengen, aber ich schaffe es. Ich bin nicht perfekt, aber immerhin mache ich es ein bißchen besser. Verdammt, das muß doch endlich einmal aufhören!«

Melanie unternahm besondere Schritte, um sich zu heilen. Nachdem sie ihre Mutter konfrontiert hatte, konnten die beiden Frauen viel offener über ihre Gefühle und Erfahrungen reden. Melanie erfuhr, daß sie Produkt mehrerer Generationen von distanzierten, hilflosen Müttern war. Es war aufregend, zuzusehen, wie sie die Verantwortung übernahm, diese Muster bei den eigenen Kindern nicht zu wiederholen.

Zusätzlich zu der Arbeit in der Therapie schrieb sich Melanie bei einer Elternselbsthilfegruppe ein. Sie hatte sich verpflichtet, eine bessere Mutter zu werden, doch da ihre einzigen Rollenvorbilder – ihre Eltern – so unzulänglich waren, konnte sie nicht sicher sein, wie sie das anfangen sollte. Sie hatte nie gute Eltern erlebt. Die Gruppe half ihr bei der Überwindung vieler verständlicher Ängste und der Bewältigung alltäglicher häuslicher Krisen, ohne sich zurückzuziehen oder durch die Ansprüche der Kinder in Panik zu geraten.

Melanie fand auch bessere Methoden, sich um sich selbst zu kümmern und ihre innere Leere zu bekämpfen. Sie schloß neue Freundschaften, sowohl in der Eltern- wie einer Volkstanzgruppe, der sie auf meinen Vorschlag hin beitrat. Sie bekam auch ihre Schwäche besser in den Griff, sich mit gestörten Männern zu verbinden und deren aufopfernde Retterin zu spielen.

»Ich habe geschworen, nicht so zu werden wie mein Vater«

Wir begannen dieses Buch mit Gordon, dem Arzt, der von seinem Vater mit einem Gürtel geprügelt worden war. Nach sechs Monaten Therapie hatte Gordon die Tatsache voll akzeptiert, daß er ein mißhandeltes Kind war. Er hatte seine Briefe geschrieben, sein Rollenspiel und die Konfrontation mit den Eltern hinter sich gebracht. Während er allmählich den vergangenen Schmerz freisetzte, konnte er erkennen, wie er den Teufelskreis der Mißhandlung in seiner eigenen Ehe fortgesetzt hatte:

Gordon: »Ich habe wohl hundertmal geschworen, nie zu werden wie mein Vater, aber wenn ich zurückblicke, habe ich meine Frau wohl genauso behandelt wie er mich.«

Susan: »Liebe und Mißhandlungen waren für Sie eins, als Sie ein Kind waren. Ihr Vater gab Ihnen beides, manchmal gleichzeitig. Da ist es verständlich, daß Sie es verwechselt haben.«

Gordon: »Ich dachte aber wirklich, ich sei anders, denn ich habe meine Frau nicht körperlich mißhandelt. Doch ich habe sie mit Worten verletzt und mit meinen Launen gestraft. Es ist, als hätte ich das Elternhaus verlassen, aber meinen Vater mitgenommen.«

Gordon hatte sein ganzes Leben lang die Tatsache verdrängt, daß sein Vater ihn mißhandelt hatte. Während seiner gesamten Ehe hatte er verleugnet, daß er selbst mißhandelte. In Wirklichkeit hatte Gordon nur eine Mißhandlung durch andere ersetzt. Sein Vater hatte ihn durch körperliche Gewalt und Schmerzen kontrolliert, Gordon kontrollierte seine Frau durch verbale Gewalt und emotionalen Schmerz. Er war zum Rationalisierer und Tyrannen geworden, genau wie sein Vater.

Solange Gordon abstritt, auf gewisse Weise das mißhandelnde Verhalten seines Vaters zu wiederholen, konnte er keine Alternative sehen. Wenn man den Teufelskreis nicht erkennt, kann man sich nicht entschließen, ihn zu durchbrechen. Erst, als seine Frau ihn verließ, konnte er sich der Wahrheit stellen.

Gordon hatte Glück, weil sich seine Mühe lohnte. Seine Frau erkannte die Veränderungen seines Verhaltens an und stimmte vor kurzem zu, es noch einmal mit ihm zu versuchen. Er hat aufgehört, sie einzuschüchtern und herabzusetzen. Er ist seine Wut an der Quelle angegangen, statt sie weiter auf seine Frau zu verlagern. Er kann nun offen über seine Ängste und seine schlechte Kindheit reden. Der Teufelskreis ist durchbrochen worden.

»Meine Kinder sollen nicht mit einem Alkoholiker
aufwachsen«

Glenn, der den Fehler beging, seinen alkoholsüchtigen Vater in die Firma aufzunehmen, schwor, niemals wieder etwas mit einem Alkoholiker zu tun haben zu wollen. Dennoch setzte sich der Teufelskreis der Trunksucht in seiner eigenen Familie fort. Er heiratete eine Alkoholikerin, und seine heranwachsenden Kinder waren in Gefahr, alkohol- und drogensüchtig zu werden.

»Ich hätte nicht gedacht, daß meine Kinder die gleichen Probleme haben würden wie ich, weil ich nicht trinke. Aber ihre Mutter trinkt viel und weigert sich, Hilfe zu suchen. Ich bekam eine Heidenangst, als ich eines Abends nach Hause kam und Denise mit den beiden Jungen einen Kasten Bier leer gemacht hatte. Alle drei waren voll. Nicht zum ersten Mal, wie ich feststellte. Mein Gott, ich rühre keinen Tropfen an, und trotzdem kann ich den Alkohol nicht aus meinem Leben verbannen. Das muß doch einmal aufhören!«

Glenn war nicht mehr der schüchterne, ängstliche Mann, den ich zuerst kennengelernt hatte. Er war bereit, viel konfrontativer zu seiner Frau Denise zu sein als je zuvor. Er wußte, daß er sich Mühe geben mußte, wenn er den Teufelskreis des Alkoholismus durchbrechen wollte, ehe die Kinder darin gefangen wurden. Er drohte seiner Frau schließlich, sie zu verlassen – eine Drohung, die er bereit war, zu verwirklichen, wenn sie nicht Heilung suchte. Daraufhin trat Denise den Anonymen Alkoholikern bei, die beiden Kinder der Angehörigenorganisation, dem Zwölf-Schritte-Programm für junge Leute.

Wenn Sie ein erwachsenes Kind von Alkoholikern sind, besteht ein hohes Risiko, den Teufelskreis der Alkoholsucht in der eigenen Familie fortzusetzen. Auch wenn Sie wie Glenn selbst nicht trinken, fühlen Sie sich vielleicht von jemandem angezogen, der dazu neigt. In diesem Fall wachsen Ihre Kinder mit den gleichen Rollenvorbildern von Süchtigen/Koabhängigen auf wie Sie. Wenn Sie den Teufelskreis nicht selbst durchbrechen, besteht eine hohe Wahrscheinlichkeit, daß sie entweder zum Alkoholiker oder Koabhängigen werden.

»Ich will meinem Kind nicht weh tun«

Holly war vom Gericht an mich überwiesen worden, nachdem sie ihren Sohn körperlich mißhandelt hatte. Ich wußte, um tatsächlich den Teufelskreis zu durchbrechen, mußte Holly auf zwei Schienen arbeiten: der Vergangenheit und der Gegenwart. Aber in den ersten Sitzungen konzentrierten wir uns fast ausschließlich auf Techniken, mit deren Hilfe sie die Impulskontrolle erlangen konnte, die sie so verzweifelt brauchte. Sie mußte zuerst wieder die Kontrolle über ihr Alltagsleben erlangen, über ihre Wut, ehe sie sich dem langwierigeren Prozeß stellen konnte – das Leid ihrer Kindheit zu bewältigen.

Ich bestand darauf, daß Holly an den wöchentlichen Sitzungen einer Selbsthilfegruppe für mißhandelnde Eltern teilnahm. Dort fand Holly einen Berater, den sie anrufen konnte, wenn sie sich in Gefahr wähnte, ihren Sohn zu verletzen. Dieser griff ein, indem er Holly beruhigte, sie beriet oder zu ihr kam, um die Situation zu entschärfen.

Da Holly in dieser Gruppe daran arbeitete, ihre Neigung zu kontrollieren, unter Belastung zuzuschlagen, wählten wir in den Therapiesitzungen einen anderen, aber parallelen Weg. Als erstes sollte Holly lernen, die körperlichen Gefühle zu identifizieren, die ihren wütenden oder mißhandelnden Ausbrüchen vorangingen. Wut hat eine Menge körperliche Komponenten. Ich sagte Holly, ihr Körper sei ein Barometer, das ihr anzeigte, was los sei, wenn sie nur darauf achtete. Als Holly begann, sich auf ihre Körpergefühle einzustimmen, die sie immer dann erlebte, ehe sie gewalttätig wurde, stellte sie überrascht fest, wie viele sie identifizieren konnte.

»Ich habe es anfangs ja nicht geglaubt, aber es stimmt! Ehe ich ausflippe, merke ich, wie mein Hals und meine Schultern sich verspannen. In meinem Magen gurgelt und mahlt es. Mein Kiefer verspannt sich. Ich atme sehr rasch. Mein Herz schlägt wie ein Hammer, und in meinen Augen stehen Tränen.«

Diese Körpergefühle waren Hollys Sturmwarnungen. Ich wies sie darauf hin, daß es ihre Verantwortung sei, auf diese Warnsignale zu achten und den Sturm zu vermeiden. Früher brüllte sie einfach los oder schlug ihren Sohn, um die ungeheure innere Spannung loszuwerden. Sie mußte daher Alternativen zu diesen instinktiven Reaktionen finden, wenn sie den Teufelskreis der Mißhandlungen durchbrechen wollte.

Als Holly die körperlichen Anzeichen ihrer aufsteigenden Wut erkannt hatte, war der Zeitpunkt gekommen, bestimmte alternative Reaktionen auf diese Gefühle zu entwickeln. Holly war so lange schon mit »automatischer Steuerung« gefahren, daß sie es sehr schwer fand, neue Verhaltensweisen zu entwickeln. Um sie auf den

Weg zu bringen, fragte ich sie, was sie sich von den eigenen Eltern statt automatischer Gewalttätigkeit gewünscht hätte. Sie antwortete: »Ich wünschte mir, sie wären einfach fortgegangen, bis sie wieder ruhiger waren, wenn sie einfach einen Spaziergang gemacht hätten.«

Ich schlug ihr daraufhin vor, es beim nächsten Wutanfall vielleicht genauso zu versuchen. Dann fragte ich sie, welche anderen Verhaltensweisen sie sich von ihren Eltern gewünscht hätte, die sie ebenfalls bei sich selbst anwenden konnte.

»Ich könnte bis zehn zählen . . . doch da ich mich kenne, sagen wir lieber, bis fünfzig. Ich könnte meinem Sohn sagen, ich wollte ihm nicht weh tun, und er ginge besser in ein anderes Zimmer. Oder ich rufe meinen Berater an und rede mit ihm, bis ich mich wieder abgeregt habe.«

Ich gratulierte Holly zu diesen ausgezeichneten Verhaltensstrategien. In den nächsten Monaten freute sie sich sehr darüber, daß es ihr gelang, ihre Gefühle und ihr impulsives Verhalten besser zu steuern. Als sie festgestellt hatte, daß sie sich unter Kontrolle halten konnte und nicht dazu verdammt war, sich genauso zu verhalten wie ihre Mutter, war sie bereit für die schwierige Aufgabe, das Leid ihrer Kindheit der Mißhandlungen zu bewältigen.

»Ich lasse meine Kinder nie allein bei meinem Vater«

Janine, die von ihrem Vater sexuell mißhandelt worden war und die nächsten zwanzig Jahre mit dem Versuch zugebracht hatte, seine Liebe wiederzugewinnen, entwickelte nach der Konfrontation neues Selbstvertrauen. Ein Gruppenmitglied fragte sie, wie sie die Beziehung zwischen ihren Eltern und ihrer achtjährigen Tochter Rachel sehe. Janine antwortete, sie hätte sehr strikte Grundregeln über den Umgang der Eltern mit der Enkelin aufgestellt.

»Ich sagte ihnen, ich würde Rachel unter keinen Umständen allein bei ihnen lassen. Ich sagte: ›Du weißt, Papa, daß sich nichts verändert hat. Du hast keine Therapie angefangen. Du bist immer noch die gleiche Person, die mich mißhandelte. Warum sollte ich dir meine Tochter anvertrauen?‹ Dann sagte ich zu meiner Mutter, ich setzte kein Vertrauen in ihre Fähigkeit, für Rachels Sicherheit zu sorgen. Immerhin war sie zu Hause, als mein Vater mich sexuell angriff.«

Janine erkannte, was viele Inzestopfer nicht begreifen: Das Durchbrechen des Teufelskreises bedeutet auch, andere Kinder vor Mißhandlungen zu schützen. Inzest ist ein geheimnisvoller Zwang. Der Täter, der seine eigene Tochter mißbraucht, setzte dies oft bei der Enkelin oder anderen Kindern, zu denen er Zugang hat, fort. Janine konnte in keiner Weise abschätzen, ob ihr Vater sein inzestuöses Verhalten fortsetzen würde, daher war sie lieber vorsichtig.

Janine besorgte auch eine Reihe von Büchern für ihre Tochter, die Kindern helfen sollen, den Unterschied zwischen gesunder Zuneigung und unangemessenem sexuellen Verhalten zu begreifen. Es gibt auch Videos über diese Thema. Ziel dieser Materialien ist nicht, das Kind zu verängstigen, sondern ihm in Ruhe etwas beizubringen, was die eigenen Eltern oft zu peinlich finden, doch alle Kinder müssen sich dieser Tatsache bewußt sein.

Auf meinen Vorschlag hin unternahm Janine noch einen tapferen und heilenden Schritt:

»Ich habe es allen in der Familie erzählt. Sie haben mich überzeugt, daß ich nicht allein für Rachels Sicherheit verantwortlich bin, sondern auch für alle anderen Kinder der Familie. Mein Vater hat schließlich zu allen Kontakt. Nicht alle waren von diesem Schritt begeistert, besonders meine Eltern nicht, aber sie müssen damit fertig werden. Ich habe jahrelang den Mund gehalten, weil ich glaubte, meine Familie zu schützen, während ich in Wirklichkeit nur meinen Vater schützte. Mit diesem Schweigen habe ich die Kinder der Familie in Gefahr gebracht.«

Obwohl Janine sich verantwortlich und mutig verhielt, waren nicht alle für ihre Informationen dankbar. In der Regel werden Ihnen einige Angehörige für die Wahrheit danken, andere Ihnen einfach nicht glauben, andere wieder werden wütend und bezichtigen Sie der Lüge oder des Verrats an den Eltern. Wie bei der Konfrontation bestimmt die Reaktion der Familie die künftige Beziehung zu ihr in hohem Maße. Manche Beziehungen leiden vielleicht, aber das ist zuweilen einfach der Preis, den man für die Sicherheit der Kinder zahlen muß. Inzest kann nur in einer Verschwörung des Schweigens stattfinden. Wenn man dieses Schweigen bricht, hat man auch den Teufelskreis schon fast durchbrochen.

»Es tut mir leid, dir weh getan zu haben«

Eines der Hauptkennzeichen giftiger Eltern ist, daß sie sehr selten, wenn überhaupt, für ihr destruktives Verhalten um Verzeihung bitten. Daher ist die Entschuldigung gegenüber Menschen, die Sie selbst vielleicht verletzt haben – besonders die eigenen Kinder – ein wichtiger Schritt beim Durchbrechen des Teufelskreises. Vielleicht finden Sie dies peinlich oder betrachten es als Zeichen von Schwäche. Sie haben vielleicht Angst, eine Entschuldigung würde Ihre Autorität untergraben. Aber ich habe festgestellt, daß Kinder ihre Eltern nach einer Entschuldigung stärker respektieren. Kinder spüren, daß eine freiwillige Entschuldigung ein Zeichen für Charakter und Mut ist. Eine aufrichtige Entschuldigung ist einer der heilendsten und konstruktivsten Schritte, die Sie tun können.

Als Holly die Schmerzen ihrer mißhandelten Kindheit durcharbeitete, erkannte sie, daß sie sich bei ihrem Sohn entschuldigen sollte. Aber sie hatte Angst davor. Sie wußte einfach nicht, was sie sagen konnte. Ich setzte ein Rollenspiel ein, um ihr zu helfen. In der nächsten Sitzung rückte ich meinen Stuhl eng neben den ihren und umfaßte ihre beiden Hände. Ich bat sie, sich vorzustellen, ihr Sohn Stuart zu sein. Ich spielte die Rolle Hollys. Ich bat »Stuart«, mir zu sagen, wie er sich bei den Mißhandlungen gefühlt habe.

Holly (als Stuart): »Mama, ich liebe dich sehr, aber ich habe oft Angst vor dir. Wenn du ausflippst und mich schlägst, denke ich, du haßt mich. Die meiste Zeit weiß ich nicht einmal, was ich verbrochen habe. Ich gebe mir Mühe, lieb zu sein, aber . . . bitte, Mama, schlag mich nicht mehr!«

Holly brach ab und kämpfte gegen ihre Tränen. Sie erlebte nicht nur die Schmerzen ihres Sohnes, sondern auch ihre eigenen. Sie hätte ihrer eigenen Mutter gern die Dinge gesagt, die sie sich nun von ihrem Sohn vorstellte. Anschließend beschloß sie, nach Hause zu gehen und sich bei ihrem Sohn zu entschuldigen.

In der folgenden Woche erschien sie strahlend zur Sitzung. Die Entschuldigung bei Stuart war nur halb so schwer gewesen, wie sie befürchtet hatte. Sie hatte einfach an die Dinge gedacht, die sie von ihrer eigenen Mutter gern gehört hätte. Sie erklärte:

»Ich sagte: Stuart, ich habe Dinge getan, die dir sehr weh taten, und ich schäme mich dafür. Ich hatte kein Recht, dich zu schlagen. Ich hatte kein Recht, dich zu beschimpfen. Du hast nichts getan, um so etwas zu verdienen. Du bist ein wunderbares Kind. Es war meine Schuld, Schatz, nur meine, aber ich habe endlich die Hilfe gefunden, die ich schon vor langer Zeit hätte suchen sollen. Weißt du, meine Eltern haben mich immer geschlagen, und ich habe nie gewußt, wieviel Wut von damals noch in mir steckte. Ich habe viele neue Dinge gelernt, wie ich mich verhalten kann, wenn ich wütend werde, und du hast vielleicht gemerkt, daß ich nicht mehr ganz so schlimm bin. Ich glaube also ehrlich, daß ich dich nie wieder schlagen werde. Aber wenn es wieder vorkommen sollte, gehst du einfach zur Nachbarin und holst Hilfe. Ich will dir nie wieder weh tun. Das ist für uns beide schlimm. Ich liebe dich sehr, Schatz. Es tut mir wirklich leid.«

Wenn Sie sich bei Ihren Kindern entschuldigen, bringen Sie ihnen bei, ihren Gefühlen und Wahrnehmungen zu trauen. Sie sagen: »Das, was ich dir antat und was du ungerecht fandest, war wirklich ungerecht. Du hattest recht, dich so zu fühlen.« Sie zeigen ihnen auch, daß Sie Fehler machen können, jedoch bereit sind, dafür die Verantwortung zu übernehmen.

Die Botschaft lautet, daß auch Ihre Kinder Fehler machen dürfen, solange sie die Verantwortung dafür übernehmen. Indem Sie sich entschuldigen, geben Sie ein gutes Rollenvorbild für wirklich liebevolles Verhalten.

Sie haben die Macht, das Schicksal Ihrer Kinder zu ändern. Wenn Sie sich von dem Erbe der Schuldgefühle, des Selbsthasses und der Wut befreien, befreien Sie auch Ihre Kinder. Wenn Sie das Familienmuster und damit den Teufelskreis durchbrechen, geben Sie Ihren Kindern und Kindeskindern ein unbezahlbares Geschenk. Sie prägen die Zukunft.

Epilog:
Wie man den Kampf beendet

In dem Film *War Games* war ein amerikanischer Computer programmiert, einen globalen Atomkrieg auszulösen. Alle Versuche, das Programm zu unterbrechen, scheiterten. In der letzten Sekunde hielt sich der Computer jedoch selbst an, indem er sagte: »Interessantes Spiel, aber man kann nur gewinnen, wenn man nicht mitspielt.«

Das gleiche könnte man über ein Spiel sagen, das so viele Menschen immer noch spielen: der Versuch, giftige Eltern zur Änderung zu zwingen. Wir geben uns Mühe, alles mögliche zu tun, um sie zu liebevollen Eltern zu machen. Dieser Kampf verbraucht all unsere Energie und bringt eine Menge Aufregung und Leid mit sich. Und er ist vergeblich. Man kann ihn nur gewinnen, wenn man nicht mitspielt.

Es ist an der Zeit, mit dem Spiel aufzuhören. Das bedeutet nicht, sich von seinen Eltern loszusagen, sondern nur, die folgenden Dinge zu unterlassen:

- versuchen, die Eltern zu ändern, damit man sich selbst besser fühlt,
- versuchen, herauszufinden, was man tun muß, um ihre Liebe zu erlangen,
- emotional auf sie reagieren,
- dem Traum nachhängen, daß sie Ihnen eines Tages die liebevolle Unterstützung geben, die Sie verdienen.

Wie viele erwachsene Kinder giftiger Eltern wissen Sie vielleicht auf intellektueller Ebene, daß die Chancen schlecht stehen, emotionale Zuwendung von Ihren Eltern zu bekommen, wenn Sie diese bislang nicht bekommen haben. Aber diese Erkenntnis sickert nur selten bis zur Gefühlsebene durch. Das sehnsüchtige Kind in Ihnen klammert sich vielleicht immer noch an die Hoffnung, daß Ihre Eltern – wie begrenzt auch immer – eines Tages erkennen, wie wunderbar Sie sind und Ihnen ihre Liebe geben. Sie legen vielleicht eine herzzerreißende Entschiedenheit an den Tag, Ihre Untaten wiedergutzumachen, auch wenn Sie sich der Anklagen nicht deutlich bewußt sind. Aber wenn Sie sich immer wieder an die giftigen Eltern wenden, um die Fürsorge und Bestätigung zu finden, die Sie als Kind entbehrten, gehen Sie zu einem trockenen Brunnen. Ihr Eimer wird immer leer bleiben.

Loslassen

Jahrelang war Sandy, deren religiöse Eltern ihr gnadenlos die lange zurückliegende Abtreibung vorwarfen, in den typischen, hartnäckigen Kampf verwickelt gewesen, ihre Eltern zu ändern. Es bedurfte großen Mutes, um sich die Vergeblichkeit des Hoffens auf ihre Liebe und Bestätigung einzugestehen.

»Ich habe in all den Jahren immer geglaubt, ich hätte wirklich wunderbare Eltern und das Problem sei ich selbst. Ich fand es sehr schwer, zuzugeben, daß meine Eltern nicht wissen, wie sie mich lieben können. Sie wissen, wie sie mich kontrollieren, kritisieren und mir Schuldgefühle geben können, aber sie wissen nicht, wie sie mich akzeptieren können. Sie geben oder entziehen ihre Liebe, je nachdem, ob sie mich für ein braves Kind halten oder nicht. Ich weiß, daß sich das nicht mehr ändert. Sie sind, wie sie sind, und ich habe Besseres zu tun, als ständig zu versuchen, sie anders zu machen.«

Sandy hatte einen langen Weg zurückgelegt und das Bedürfnis hinter sich gelassen, ihre Eltern als Götter zu betrachten. Sie hatte sie mit ihrer Reaktion auf die Abtreibung konfrontiert und das minimale Zugeständnis ihrer Mutter erlangt, sie hätten sie vielleicht besser unterstützen können. Aber noch immer stellten die Eltern ungewöhnlich starke Ansprüche an Sandys Leben und Zeit.

Sandy bat mich, mit ihr zusammen zu überlegen, wie sie den

Besuchen der Eltern, ihrer eigenen Verfügbarkeit und deren Versuchen, sie mit Schuldgefühlen und Kritik zu kontrollieren, Grenzen setzen könnte. Hier einige der Strategien, die Sandy und ich entwickelten:

> Liebe Eltern, ich weiß, daß es euch viel bedeutet, oft mit mir zusammenzusein, aber ich führe mein eigenes Leben und bin nicht mehr bereit, euch zur Verfügung zu stehen, wann immer ihr wollt.
> Ich werde mich nicht mehr von euch angreifen lassen. Ihr habt das Recht auf eigene Meinungen, aber nicht, grausam zu mir zu sein oder mich herabzusetzen. Wenn ihr damit anfangt, werde ich euch unterbrechen.
> Ich sehe, daß euch das aufregt, aber ich werde von nun an viel öfter »nein« zu euch sagen als bisher. Ich werde nicht jeden Sonntag bei euch verbringen. Und ich bin nicht mehr bereit, zu akzeptieren, daß ihr zu mir kommt, ohne es vorher abzusprechen.
> Ich weiß, all dies bedeutet eine Menge Veränderungen, und die machen einem angst. Aber ich halte sie für gesund. Ich weiß, daß wir am Ende eine bessere Beziehung haben werden.

Sandy veränderte die destruktiven Interaktionen zwischen ihren Eltern und sich. Sie setzte dem aufdringlichen, kontrollierenden Verhalten vernünftige Grenzen, während sie gleichzeitig vermied, ihre eigenen Haltungen und Überzeugungen zu ändern.

Einer der schwierigsten Aspekte des Loslassens ist, den Eltern beizubringen, wer man wirklich ist. Man muß nicht stillhalten, wenn sie einen überfahren, doch wenn sie es versuchen, müssen Sie lernen, Ihre Angst auszuhalten und Ihre Reaktionen zu kontrollieren.

Wie Sandy erwartet hatte, waren ihre Eltern sehr aufgebracht über ihr neues Verhalten. Sie erkannten nicht, daß sie sich in Sandys Leben gedrängt und sie wie ein Kind behandelt hatten, aber für Sandy war es sehr wichtig, daß sie dies akzeptierten. Sie hatte die Kontrolle über ihr Leben angenommen, und im Lauf der Zeit akzeptierten ihre Eltern die neuen Grundregeln grollend.

Sandy hatte eine Menge Energie in den Kampf mit den Eltern gesteckt. Da sie sich auf diesen Kampf nicht mehr einließ, konnte sie diese Energie nun auf ihre Ehe und ihre persönlichen Ziele verwenden. Sie und ihr Mann nahmen sich die Zeit, miteinander zu reden, Pläne zu schmieden, sich zu lieben und ihrer Beziehung die nötige Aufmerksamkeit zu schenken. Sie begann auch, auf ihr Ziel zuzuarbeiten, auf ein eigenes Blumengeschäft. Was habe ich mich gefreut, als ich eines Tages eine Annonce bekam, die die Eröffnung von Sandys Laden ankündigte!

Sie verhalten sich vielleicht weiterhin so wie ein kleines und hilfloses Kind, weil Sie darauf warten, daß Ihnen die Eltern die Erlaubnis geben, erwachsen zu werden. Aber diese Erlaubnis erteilen Sie selbst, nicht Ihre Eltern. Wenn Sie den Kampf einfach nicht mehr fortsetzen, werden Sie merken, daß Sie Ihr Leben nicht länger sabotieren.

Liebe – neu definiert

Zu Liebe gehört mehr als nur Gefühl. Liebe ist auch ein bestimmtes Verhalten. Als Sandy sagte: »Meine Eltern wissen nicht, wie sie mich lieben können«, meinte sie, daß sie nicht wüßten, wie man sich liebevoll verhält. Sandys Eltern würden auf die Frage, wie fast alle giftigen Eltern, ob sie ihre Kinder lieben, nachdrücklich mit »ja« antworten. Doch leider fühlen sich fast alle ihre Kinder ungeliebt. Was giftige Eltern »Liebe« nennen, bedeutet nur selten fürsorgliches, liebevolles Verhalten.

Die meisten erwachsenen Kinder giftiger Eltern sind sich sehr unsicher, was Liebe bedeutet und wie man sich dabei fühlt. Ihre Eltern taten ihnen im Namen der Liebe sehr lieblose Dinge an. Sie verstanden daher Liebe als etwas Chaotisches, Dramatisches, Verwirrendes und oft Schmerzliches – etwas, für das sie die eigenen Träume und Wünsche aufgeben mußten. Offensichtlich geht es jedoch bei Liebe um etwas anderes.

Liebevolles Verhalten macht Sie nicht bedrückt und schafft keinen Selbsthaß, sondern stützt Ihr emotionales Wohlbefinden. Liebevolles Verhalten tut nicht weh, sondern ist gut. Wenn sich jemand zu Ihnen liebevoll verhält, fühlen Sie sich akzeptiert, gemocht, wertvoll und respektiert. Echte Liebe schafft Gefühle von Wärme, Freude, Sicherheit, Stabilität und innerem Frieden.

Wenn Sie begriffen haben, was Liebe ist, gelangen Sie vielleicht zu der Erkenntnis, daß Ihre Eltern nicht wissen konnten oder wollten, was Lieben ist. Das ist eine der traurigsten Wahrheiten, die Sie akzeptieren müssen. Aber wenn Sie die Grenzen Ihrer Eltern deutlich erkennen und akzeptieren, ebenso die dadurch erlittenen Verluste, öffnen Sie Ihr Leben für Menschen, die Sie auf die Weise lieben, die Sie verdienen – nämlich echt.

Selbstvertrauen

Als Kind nahmen Sie wie alle Kinder die Bestätigung oder Mißbilligung Ihrer Eltern als Maßstab dafür, ob Sie gut oder schlecht waren. Da die Anerkennung von giftigen Eltern so verzerrt ist, bedeutete dieser Maßstab oft, die eigene Version der Realität aufzugeben, um an etwas zu glauben, was einem als nicht recht erschien. Als Erwachsener bringen Sie vielleicht immer noch die gleichen Opfer.

Wenn Sie jedoch nach dem Durcharbeiten dieses Buches die Grundlage Ihres Maßstabs von den Eltern auf sich selbst verlagern, lernen Sie wieder, der eigenen Wahrnehmung der Realität zu vertrauen. Sie entdecken, daß Sie, wenn Ihre Eltern nicht mit Ihnen übereinstimmen oder mißbilligen, was Sie tun, Ihre Ängste aushalten können, denn Sie brauchen deren Anerkennung nicht mehr. Sie sind selbstdefiniert geworden.

Je selbstdefinierter und unabhängiger Sie werden, desto weniger wird Ihren Eltern das behagen. Denken Sie immer daran, daß giftige Eltern sich durch Veränderungen bedroht fühlen und oft die letzten Menschen in der Welt sind, die Ihr neues, gesünderes Verhalten akzeptieren. Daher ist es so wichtig, den eigenen Gefühlen und Wahrnehmungen zu trauen. Mit der Zeit akzeptieren Ihre Eltern vielleicht Ihre neue Persönlichkeit. Sie entwickeln vielleicht sogar etwas, was eher einer Beziehung zwischen Erwachsenen ähnelt. Aber sie verschanzen sich womöglich auch stärker und kämpfen, um den Status quo aufrechtzuerhalten. Wie dem auch sei, es liegt an Ihnen, sich von den destruktiven Ritualen Ihrer Familieninteraktion zu befreien.

Erwachsenwerden ist kein gleichmäßig verlaufender Prozeß. Er führt sie vor und zurück, seitwärts, nach innen, außen und im Kreis herum. Erwarten Sie Verzögerungen, erwarten Sie Fehler. Sie werden niemals völlig frei von Angst, Unsicherheit, Schuldgefühlen und Verwirrung sein, denn das ist niemand. Aber diese Dämonen werden Sie nicht länger beherrschen. Das ist der Kernpunkt.

Wenn Sie mehr Kontrolle über die vergangene und gegenwärtige Beziehung zu Ihren Eltern gewinnen, stellen Sie fest, daß sich Ihre anderen Beziehungen, besonders zu sich selbst, dramatisch verbessern. Sie haben dann vielleicht zum ersten Mal die Freiheit, Ihr Leben zu genießen.

Nachbemerkung des deutschen Verlages

Unter einer vergifteten Kindheit leiden die Betroffenen nicht erst im Erwachsenenalter, sondern vom ersten Moment einer Mißhandlung an. Deshalb soll auch das Problem der Kindesmißhandlung hier in aller Kürze angesprochen werden.

Verläßliche Aussagen über den Umfang der Gewaltanwendung gegen Kinder sind kaum möglich. Ob es nun darum geht, daß Kinder vernachlässigt werden oder körperlich, seelisch oder sexuell bedrängt – die Dunkelziffer ist ungeheuer hoch. Allein in den westlichen Industriestaaten sind etwa 3–5 % aller Kinder von schwersten Mißhandlungen betroffen.

Ungefähr 10 % aller Verletzungen von Säuglingen und Kleinkindern, so eine bundesdeutsche Schätzung, entstehen durch Mißhandlungen, bei Knochenbrüchen ist der Anteil vermutlich noch höher. Der Kriminalstatistik zufolge werden in der Bundesrepublik jährlich etwa 100 Kinder zu Tode geprügelt und ungefähr 10 000 Fälle von sexuellem Mißbrauch angezeigt. Damit ist aber nur die Spitze eines Eisbergs erfaßt, insgesamt werden nach Annahme der Bundesregierung jährlich ca. 150 000 Kinder sexuell bedrängt und vergewaltigt.

So ungenau die statistischen Angaben sind, so eindeutig sind die Folgen von Kindesmißhandlungen, unter denen die Opfer ein Leben lang zu leiden haben: Neben körperlichen Entwicklungsstörungen kommt es zu Verzögerungen der Sprachentwicklung, werden Lernen und Intelligenz beeinträchtigt, bilden sich neurotische Symptome und Verhaltensstörungen aus.

Dennoch glaubt etwa die Hälfte aller deutschen Eltern, zu einer gelingenden Erziehung gehöre »körperliche Züchtigung« als deren nachdrücklichste Form, und in etwa 15 % aller Familien gehört der Rohrstock bis heute zum Alltag.

Was können Sie tun, wenn Sie sich in Ihrer Umgebung plötzlich mit Kindesmißhandlung konfrontiert sehen? Vermeiden Sie hektische Betriebsamkeit – zu schnell wirkt sich unbedachtes Vorgehen zum Nachteil des Kindes aus. Häufig ist es sinnvoll, Rat und Hilfe Dritter zu erbitten. Sie können sich an das Jugendamt Ihrer Stadt oder Gemeinde wenden. Als Träger der öffentlichen Jugendhilfe soll es die gesetzlich verankerte Erziehung der Kinder »zur leiblichen, seelischen und gesellschaftlichen Tüchtigkeit« gewährleisten, wenn die Eltern dazu nicht in der Lage sind.

Schon im Vorfeld familiärer Konflikte können der Kinderschutzbund und seine 300 Ortsverbände helfen. Der Kinderschutzbund geht davon aus, daß Gewalt gegen Kinder kein plötzliches Ereignis ist, sondern gesellschaftliche, familiäre und persönliche Hintergründe hat. Deshalb versteht er sich nicht als Strafverfolgungsinstitution, sondern bietet unter dem Motto »Hilfe statt Gewalt« telefonische und persönliche Beratung für Eltern und Kinder sowie therapeutische Programme an.

In verschiedenen Städten werden Kinderschutzzentren unterhalten, an die sich Familien, in denen es zu schweren Konflikten oder gewaltsamen Auseinandersetzungen gekommen ist, vertraulich und, wenn nötig, über längere Zeit hinweg wenden können. Auch hier lautet das Motto »Helfen statt Strafen«: Die Psychologen, Sozialpädagogen, Ärzte, Juristen und Laienhelfer in den Kinderschutzzentren wollen das Wohl der Kinder mit den Eltern gemeinsam sichern und stehen dafür mit Rat und Hilfe bereit.

Genauere Informationen gibt es unter folgenden Adressen:

Deutscher Kinderschutzbund
Bundesverband
Droststr. 14–16
3000 Hannover 1
05 11/66 20 56

Landesverband Baden-Württemberg
Haußmannstr. 6
7000 Stuttgart 1
07 11/24 28 18

Landesverband Bayern
Volkhartstr. 18
8900 Augsburg
08 21/15 25 34

Landesverband Berlin
Malplaquetstr. 38
1000 Berlin 65
0 30/4 56 15 24

Landesverband Bremen
Vor dem Steintor 87
2800 Bremen 1
04 21/70 00 37/8

Landesverband Hamburg
Emilienstr. 78
2000 Hamburg 20
0 40/4 91 00 07

Landesverband Hessen
Mittelstr. 11a
6360 Friedberg
0 60 31/31 75

Landesverband Niedersachsen
Drostestr. 14–16
3000 Hannover 1
05 11/62 87 44

Landesverband Nordrhein-Westfalen
Domagweg 8
5600 Wuppertal 1
02 02/75 44 65

Landesverband Rheinland-Pfalz
Reiterstr. 4
6740 Landau
0 63 41/2 02 64

Landesverband Saarland
Postfach 646
6600 Saarbrücken

Landesverband Schleswig-Holstein
Zastrowstr. 2
2300 Kiel 1
04 31/67 61 41

Ein Landesverband Sachsen mit Sitz in Dresden befindet sich zur Zeit im Aufbau, weitere Landesverbände werden folgen.

Weiterführende Literatur

Bast, H./Bernecker, A./Kastein, I./Schmitt, G./Wolff, R. (Hg.):
Gewalt gegen Kinder. Kindesmißhandlungen und ihre Ursachen, Reinbek, 3. Aufl. 1980

Beattie, Melody: *Codependent No More*, New York 1987.

Black, Claudia: *Mir kann das nicht passieren*, Wildberg 1988.

Bowen, Murray: *Family Therapy in Clinical Practice*, New York 1978.

Bradshaw, John: *Healing The Shame That Binds You*, Pompano Beach 1988.

Bundesministerium für Jugend, Familie, Frauen und Gesundheit (Hg.): *Kindesmißhandlung und Kinderschutz, ein Überblick*, Bonn 1980

Dass. (Hg.): *Kindesmißhandlung – erkennen und helfen. Eine praktische Anleitung*, Bonn 1989

Czermak, H./Pernhaupt, G.: *Die gesunde Ohrfeige macht krank – Über die alltägliche Gewalt im Umgang mit Kindern*, Wien 1980

Clarke, Jean Illsley: *Self-Esteem: A Family Affair*, Minneapolis 1978.

Deutscher Bundestag: *Antwort der Bundesregierung auf die Große Anfrage der Fraktion Die Grünen: Sexueller Mißbrauch von Kindern*, Drucksache 10/3845, Bonn 1985

Deutscher Kinderschutzbund (Hg.): *Sexuelle Gewalt gegen Kinder. Ursachen, Vorurteile, Sichtweisen, Hilfsangebote*, Hannover 1987

Forward, Susan/Buck, Craig: *Betrayal of Innocence. Incest And Its Devastation*, New York 1988.

Fossum, Merle/Mason, Marilyn J.: *Facing Shame: Families In Recovery*, New York 1986.

Gerbner, E./Ross, C./Zigler, E. (Hg.): *Child Abuse. An Agenda for Action*, New York/Oxford 1980

Halpern, Howard M.: *Abschied von den Eltern*, Hamburg 1987.

Helfer, R. E./Kempe, C. H. (Hg.): *Das geschlagene Kind*, Frankfurt/M. 1978

Herman, Judith: *Father-Daughter-Incest*, Cambridge 1982.

Kavemann, B./Lohstöter, I.: *Väter als Täter – Sexuelle Gewalt gegen Mädchen*, Reinbek 1984

Kempee, C. H.: *The Battered Child*, University of Chicago Press 1980.

Miller, Alice: *Am Anfang war Erziehung*, Frankfurt/M. 1980.
Dies.: *Das Drama des begabten Kindes*, Frankfurt/M. 1979.

Weissberg, Michael: *Dangerous Secrets: Maladaptive Responses to Stress*, New York 1983.

Whitfield, Charles L.: *Healing The Child Within*, Pompano Beach 1987.

Woititz, Janet Geringer: *Adult Children of Alcoholics*, Pompano Beach 1983.

Zenz, G.: *Kindesmißhandlung und Kindesrechte*, Frankfurt/M. 1979

Danksagung

Viele Menschen haben mir geholfen:

Craig Buck, ein begabter und begeisterter Schriftsteller, gab der Geschichte, die ich erzählen wollte, die notwendige Form.

Nina Miller, M.F.C.C., eine begabte Therapeutin, schenkte mir unbegrenzt ihre Zeit, ihr Wissen und ihre Unterstützung. Sie ist meine treueste Freundin.

Marty Farash, M.F.C.C., teilte großzügig seine Erfahrung in Familiensystemen mit mir.

Meine wunderbare Lektorin Toni Burbank war wie immer klug, einfühlsam und verständnisvoll. Ich hätte mir während manch einer stürmischen Phase keine gelassenere Beraterin wünschen können.

Linda Grey, Präsidentin und Verlegerin von Bantam Books, die von Anfang an an mich und meine Arbeit glaubte.

Unendlich dankbar bin ich meinen Klienten, Freunden und anderen, die mir ihre innersten Gefühle und Geheimnisse anvertrauten, damit anderen geholfen würde. Ich kann sie nicht beim Namen nennen, aber sie wissen, daß sie gemeint sind.

Meinen Kindern Wendy und Matt und meinen Freunden – besonders Dorris Gathrid, Don Weisberg, Jeanne Phillips, Basil Anderman, Lynn Fischer und Madelyn Cain. In ihnen liegen meine Wurzeln, und ich liebe sie sehr.

Meinem Stiefvater Ken Peterson für seine Ermutigung und Freundlichkeit.

Und schließlich möchte ich meiner Mutter Harriet Peterson für ihre Liebe und Unterstützung danken sowie für den Mut, sich zu ändern.

GOLDMANN

Schicksale und Horizonte

Goldmann · Der Taschenbuch-Verlag